省社会科学院基础研究丛书

丛书主编　李中元

语语汇的变异与规范研究

吴建生　安志伟　主编

山西出版传媒集团
山西人民出版社

图书在版编目（CIP）数据

汉语语汇的变异与规范研究 / 吴建生，安志伟主编 . —太原：山西人民出版社，2017.12

ISBN 978-7-203-10019-5

Ⅰ . ①汉… Ⅱ . ①吴… ②安… Ⅲ . ①汉语 – 词汇学 – 研究 Ⅳ . ① H13

中国版本图书馆 CIP 数据核字（2017）第 143941 号

汉语语汇的变异与规范研究

主　　编：吴建生　安志伟
责任编辑：赵晓丽
复　　审：高　雷
终　　审：秦继华
装帧设计：谢　成　郝彦红

出 版 者：山西出版传媒集团・山西人民出版社
地　　址：太原市建设南路 21 号
邮　　编：030012
发行营销：0351 – 4922220　4955996　4956039　4922127（传真）
天猫官网：http://sxrmcbs.tmall.com　电话：0351 – 4922159
E — mail：sxskcb@163.com　发行部
sxskcb@126.com　总编室
网　　址：www.sxskcb.com

经 销 者：山西出版传媒集团・山西人民出版社
承 印 者：山西出版传媒集团・山西新华印业有限公司

开　　本：720mm × 1010mm　1/16
印　　张：20.75
字　　数：260 千字
印　　数：1—2000 册
版　　次：2017 年 12 月　第 1 版
印　　次：2017 年 12 月　第 1 次印刷
书　　号：ISBN 978-7-203-10019-5
定　　价：62.00 元

本书编委会

主　编　吴建生　安志伟

成　员（按姓氏笔画为序排列）

马启红　王海静　刘　嵚　李岑星

李淑珍　安志伟　温朔彬

写在前面的话

《山西省社会科学院基础研究丛书》是山西省社会科学院深入贯彻落实习近平总书记系列重要讲话特别是在哲学社会科学工作座谈会上的讲话精神，着力构建中国特色哲学社会科学学科体系、学术体系、话语体系的具体实践，是充分发挥智库功能，服务决策、服务社会、服务人民，同时强化基础研究、提高基本能力的集中体现。这套丛书从2015 年底开始着手策划、设计，到 2017 年 5 月全部交稿，历时一年多。全院各所、中心结合自身学科方向和研究实际，分别从全面建成小康社会、马克思主义中国化在山西的理论和实践、煤炭产业政策、山西百年史学、地方立法理论和山西实践、晋商学、汉语语汇的变异与规范、哲学视野下的教育理论等集中开展研究，最终形成了展现在各位读者面前的多部著作。

基础研究是构建中国特色哲学社会科学的重要内容，是哲学社会科学工作者的基本功，也是一切应用研究的基础。没有良好的基础研究功力和水平，应用研究只能是水月镜花、空中楼阁。2010 年以来特别是 2014 年 9 月以来，山西省社会科学院作为山西省委、省政府思想库、智囊团，按照山西省委、省政府安排部署，紧紧围绕中心工作，为构建良好政治生态、不断塑造美好形象、逐步实现振兴崛起提出了许多决策建议，多次得到山西省委、省政府主要领导的批示，有的还被相关部门采用。在服务决策过程中我们发现，打造一支对党忠诚、学养深厚、反应快捷、建言有效的社会科学研究队伍，离开基础研究、没有良好的基本功底是无法达到目的的。为此，院里安排专门经费，要求全院各所、中心按照各自学科方向形成基础研究课题，出版《山西省社会科学院基础研究丛书》。

《丛书》的策划、写作、出版始终得到省委宣传部的大力支持，得到山西出版传媒集团特别是山西人民出版社的大力支持，在此一并致谢。我们相信，《丛书》将会为山西省哲学社会科学学术殿堂添砖加瓦，也将为中国特色哲学社会科学学科体系建设贡献一点力量。

不负历史使命　加快智库建设

——《山西省社会科学院基础研究丛书》代序

山西省社会科学院党组书记、院长　李中元

2016年5月17日，习近平总书记在哲学社会科学座谈会上发表的重要讲话，站在人类文明进步的高度、党和国家事业发展全局的高度、中华民族伟大复兴的高度，深刻阐述了什么是中国特色哲学社会科学、怎样发展中国特色哲学社会科学、广大哲学社会科学工作者“为了谁、依靠谁、我是谁”的问题，明确提出中国特色哲学社会科学体系的历史使命、指导思想、根本要求和主要任务，深刻阐明事关哲学社会科学性质、方向和前途的一系列重大问题，是推动当代中国哲学社会科学繁荣发展的纲领性文件，是做好哲学社会科学工作的根本遵循和行动指南。

总书记重要讲话发表一年来，我们反复认真学习，深刻领会其思想精髓、精神内涵和重大意义，深刻感受到作为哲学社会科学工作者的光荣使命和时代担当，更加激发了推动哲学社会科学繁荣发展、加快现代新型智库建设的决心和信心。

一、加快智库建设是贯彻落实习总书记讲话精神、发挥地方社科院职能的有力抓手

习近平总书记在哲学社会科学工作座谈会上指出，要“建设一批国家急需、特色鲜明、制度创新、引领发展的高端智库，重点围绕国家重大战略需求开展前瞻性、针对性、储备性政策研究”。当代世界，依靠技术、资本推动发展正在逐步为依靠智慧推动发展所取代，智库已成为社会发展的一支重要力量。中共中央办公厅、国务院办公厅2015年1月下发《关于加强中国特色新型智库建设的意见》，明确了中国特色新型智库的发展目标、发展方向和发展要求，是指导现代新型智库建设的根本指南。

作为我省最大的哲学社会科学研究机构，我院多年来始终坚持高举旗帜、围绕中心、服务大局，积极发挥省委、省政府思想库、智囊团职能，在服务政府、服务社会、服务人民上搞研究，为推动全省经济社会发展、传承人类文明成果作贡献。2016年以来，我们注重全院智库功能建设，加快实施哲学社会科学创新工程和智库建设步伐，取得明显成效。

从2015年开始，我们牵头发起倡议，组建山西省智库发展协会（三晋智库联盟)。经过一年多的筹备，2017年1月7日，山西省智库发展协会(三晋智库联盟）成立。作为全国首家省级智库团体，协会成立以来，已与中国与全球化治理（CCG)、国研智库、北京大学、清华大学等十多家国内著名智库建立了战略合作关系，聘请了王伟光、谢克昌、郑永年、梁鹤年等国内外知名学者为智库高级学术顾问，整合山西省内智库资源开展了国企国资改革调研，与山西综改示范区达成了“智本+”孵化器入区协议等。

二、加快智库建设是贯彻落实习总书记讲话精神、创新社科研究体制机制的有效平台

习近平总书记强调指出：要统筹国家层面研究和地方层面研究，优化科研布局，合理配置资源，处理好投入和效益、数量和质量、规模和结构

的关系，增强哲学社会科学发展能力。加快智库建设，重在学科创新和体制机制创新。2017年以来，我们结合“两学一做”学习教育制度化、常态化和“两提一创”大讨论活动要求，研究制定了《山西省社会科学院哲学社会科学创新工程行动方案（2017）》，努力破解制约科研生产力提高和智库功能发挥的体制机制障碍，着力推进学术理论创新、学科体系创新、科研体制机制创新，激发科研活力，促进社科研究水平和服务决策能力全面提升，努力把我院建成省级一流、国内知名的思想库、智囊团和特色新型智库。我们将不断加大学科建设和人才建设力度，按照体现继承性、民族性，原创性、时代性，系统性、专业性的目标要求，构建与新型智库需求相适应的学科、人才支撑体系。以问题和需求为导向，进一步优化学科资源，调整学科布局，发展优特学科，加大新兴、交叉学科的扶持和培育力度，逐步形成目标明确、重点突出、特色鲜明的学科体系。大力推进创新工程，确定一批重点学科和学术带头人，打造一支对党忠诚、学养深厚、反应快捷、建言有效的人才队伍。不断加大体制机制改革力度，搭建省情调研平台、跨界科研平台、开放合作平台等多种平台，通过改革创新形成多平台运转模式，发挥多边效应，推动智库发展。

三、加快智库建设是贯彻落实习总书记讲话精神、推动哲学社会科学繁荣发展的根本方向

习近平总书记深刻指出：坚持以马克思主义为指导，是当代中国哲学社会科学区别于其他哲学社会科学的根本标志，必须旗帜鲜明加以坚持。我院既是我省重要的学术殿堂，也是研究传播马克思主义的重要阵地。我们始终坚持守土有责、守土负责、守土尽责，牢牢掌握马克思主义在社科研究领域的领导权，把坚持以马克思主义为指导贯穿社科研究全过程。面对新形势、新征程，我们一定要把深入学习贯彻落实习近平总书记重要讲话精神作为一项长远的重大任务，真学真懂、真信真用、真抓真做，把讲话精神转化为加快智库建设、更好为地方党委政府决策服务的自觉行动，紧密围绕省委、省政府重大战略决策需求，围绕全省经济社会发展的热点、难点问题和人民群众普遍关心的重大理论和实际问题，开展具有前瞻性、针对性、储备性政策研究，不断推出水平较高、质量较好的优秀成果，不断提升服务决策、服务社会、服务人民的能力，以充沛的热情、严谨的精神、科学的态度、求实的学风为全省经济社会发展提供智力支持和决策服务，为我省哲学社会科学事业繁荣发展贡献力量。

目 录

CONTENTS

绪论

第一节 语言变异理论

一、语言变异理论的兴起

人类社会是在不断向前发展的，人类的语言也一直处于发展变化之中。语言的动态变化既包括历时的变化，也包括共时的变化。语言的发展变化不是一蹴而就的，往往历时变化是在共时变化的不断积累中逐步形成的。“语言的动态理论则认为，物体的运动速度不同，速度相对比较慢的叫稳态，速度相对比较快的叫动态，动态是语言的主导方面。也就是说，语言的社会应用，是在稳态的基础上，不断地进行动态更新；在动态更新的基础上，又不断形成新的稳态，如此循环往复螺旋上升。”①

但是自从索绪尔的结构主义语言观盛行以来，对语言的共时研究非常重视，注重研究语言的结构规律，其中最重要的就是组合关系和聚合关系，替换法是主要的研究方法。这一时期对于语言的历时研究

① 戴庆厦主编:《社会语言学概论》，商务印书馆 2004 年版。

和言语的研究关注甚少。转换生成语法兴起之后，语言研究进入了新的阶段。转换生成理论关注语言能力而不是语言运用，转换法是主要的研究方法。虽然转换生成语法理论对于结构主义理论有所批评，但是“它们都把语言看成内部没有变异的、完全统一的一种静态的系统”[①]。这样的语言系统同质说建立了一种研究模式，不管是结构主义还是转换生成语法都强调语言材料的统一性，排除了语言的变异性和差异性。在一定程度上，把语言假设为静态的语言系统有助于揭示语言的系统性，但是纯而又纯的语言系统并不存在。

语言变异理论的出现弥补了这种静态研究中的不足。20 世纪中期出现的语言变异理论从语言作为人类最重要的交际工具的属性出发，把交际因素、社会文化因素等语言系统之外的因素考虑进来，在一个异质的环境中考察语言的运动规律。这是一种“有序异质”的语言观，是对“同质”语言观的重大调整。[②] 在“有序异质”语言观的视角下，许多原来并不被重视的现象都纳入到了语言研究的范围之内，拓展了语言研究的新视野。

二、语言变异与语言变化

语言的动态性必然带来语言在一定范围内的变化，这就涉及语言的变异和语言的变化两个概念。语言的“变异”和“变化”是不同的，二者涉及的语言使用者的范围也不相同。“变异”是立足于共时层面

---

① 徐通锵:《语言变异的研究和语言研究方法论的转折(上)》,《语文研究》,1987 年第 4 期。

② 徐通锵:《语言变异的研究和语言研究方法论的转折(上)》,《语文研究》,1987 年第 4 期。

而言的，“变化”则更侧重于历时的角度。语言变异的载体是语言变体，所谓语言变体，是指具备相同社会特征的人在同一社会环境中所普遍使用的某种语言表现形式。语言变体分为三类：地域变体、社会变体和功能变体。由于地理因素而产生的语言变体叫地域变体，例如方言。由于社会因素影响而产生的变体称为社会变体，如军事语言。[①] 由于语言使用场合和使用功能而产生的语言变体称为功能变体，如在正式场合与非正式场合人们使用的语言是不同的，会出现不同的语言变体，即正式语体与非正式语体。

与语言变异相比，语言变化应该是在较长的时间内发生的，更带有宏观、整体的视角。在空间维度上语言变异与言语群体的大小有关，和语言变化相比，它是微观的、局部的甚至是个人的，往往也是最先改变的。而语言变化的载体是整个语言系统，其范围往往涉及言语社区的全体成员。如果语言随社会的变革而发生了变化，它必须得到全社会成员的承认和运用，才能融入标准语，这使得语言变化具有宏观性，它是整体的、大面积的变化，是社会的整个语言群体在语言使用规则上的变化。

虽然语言的变异与语言的变化不同，但也不是截然分开的。当某种语言变异现象逐步向内扩展到整个语言系统、向外覆盖到整个言语社群时，就表明已经发生了语言变化，并且引起整个语言系统的相对不稳定。久而久之，语言变异的积累往往会引起语言变化。

就本书研究的汉语语汇而言，汉语语汇的历史悠久，传承至今的同

① 邢欣：《语言的社会变体及其分类》，《信阳师范学院学报》（哲学社会科学版），2004年第1期。

一条语往往存在多种变异形式。这些变异形式产生并最终确定下来的时间一般较为漫长，而且多个变异形式产生的时间以及变异的表现也不尽相同。在共时平面存在着的语汇变体，其实是历时因素和共时因素共同起作用的结果，历时和共时相互发生作用，在具体的论述过程中很难截然分开。因此在本书中将不严格区分历时的变化和共时的变异，统称为语汇的变异现象。

第二节 汉语语汇的变异

一、汉语语汇

温端政先生认为语是“由词和词组合成的、结构相对固定的、具有多种功能的叙述性语言单位。”① 汉语中语的总汇就是汉语语汇。对汉语语汇的分类可以从两个层面进行，首先是从语的叙述性特征出发，分为表述语、描述语和引述语，然后从语的形式结构层面出发，看是否为二二相承的形式。以这样的标准去划分，可以把汉语语汇分为谚语、歇后语、惯用语和成语四种类型。

具体来说，谚语是非二二相乘的表述语，是以传授知识为目的的。比如下面的例子就是谚语：②

> 【插起招兵旗，就有吃粮人】〔谚〕旧指只要把招募士兵的旗帜树起来，就会有人来报名入伍。泛指只要有人倡导或召集，就会

① 关于谚语、惯用语、成语和歇后语的定义还有许多其他的说法，这里采纳了温端政先生《汉语语汇学》(商务印书馆 2005 年版)一书中的观点。关于汉语语汇更为详细的阐述，可以参阅该书。

② 例证选自温端政主编《新华语典》，商务印书馆 2014 年版。

有人响应。例真是“～”，招聘广告刚登出去，就有数百人来报名。也说“插上招军旗，就有入伍兵”“竖起帅字旗，自有吃粮人”。

【爱子当先训子，起家应念保家】〔谚〕起家：振兴家业。念：考虑。关爱子女，应当首先训练子女；振兴家业，应当考虑如何保住家业。指训子比爱子更重要，保家比起家更重要。例创立这份家业实在不容易，能否传承下去呢？他想起一句老话：“～。”

【尺有所短，寸有所长】〔谚〕语出战国楚·屈原《卜居》。尺虽然比寸长，但和更长的东西相比，就显得短；寸虽然比尺短，但和更短的东西相比，就显得长。指人或事物的长处、短处都是相比较而言，不是绝对的。例～，用人的艺术就在于扬长避短，使他们各得其所。也说“寸有所长，尺有所短”。

【初生牛犊不怕虎，雏鹰展翅恨天低】〔谚〕语见《三宝太监西洋记》二四回。雏鹰：幼小的鹰。比喻年轻人敢想敢干，无所顾忌，还时常怨恨没有用武之地。例～。小伙子少年得志，巴不得早显身手，建立功勋。也说“初出狸猫凶似虎”“初生之犊猛于虎”“新出犊儿不怕虎”。

【大河有水小河满，大河没水小河干】〔谚〕比喻整体的利益往往会影响局部的和个体的利益。例～。国家强盛了，老百姓的日子才能好起来。也说“大河水涨小河满”“大河有水，小河不干”。

惯用语是非二二相承的描述语，比如下面的例子都是惯用语：

【吃小灶】〔惯〕在集体伙食中单独享用较好的饭食。比喻单独给予特殊的照顾和待遇。例生活再艰苦，他们也不想～。/公司给有培养潜力的青工～，给他们每人都找一位技术骨干当师傅。也说“吃小锅饭”“开小灶”。

【撑门面】〔惯〕比喻勉强维持排场或规模，表面上让人能看得过去。例日子再艰难，我们全家人也准备为大哥结婚撑一回门面。/那家医院水平一般，只有一两个名专家在～。也说“撑场面”“撑面子”。

【扯着骨头连着筋】〔惯〕指两事物彼此关联，彼此影响。例这可是～的事儿，大家要小心对待。

【唱高调】〔惯〕①指讲一些不切实际的言论或大道理。例不要～，每句话都要经得起推敲，都能落到实处。②指说一些好听而不去做的漂亮话。例大家要看你的实际行动，不要光在那里～。

【拆别人屋，盖自己房】〔惯〕比喻人自私，做事只顾自己而不惜损害他人的利益。例咱们还是想点儿别的办法，不能干～的事情来。也说“铲别人的土，填自己的坑”。

成语是二二相承的表述语和描述语，比如下面的例子都是成语：

【和风细雨】〔成〕语出宋·张先《八宝装》词。和：温和。温和的风，细小的雨。①指春天宜人的风雨。例这些日子正是～，不冷不热，困人天气。②比喻做事方式和缓，不粗暴。例这次学习和讨论，采用～的方式，大家都能接受。

【繁征博引】〔成〕指论证时引用大量材料。例他的文章～，资料翔实，论证充分。

【翻天覆地】〔成〕覆：底朝上翻过来。①形容发生了巨大而彻底的变化。例几年没回来，家乡就发生了～的变化。②形容事情闹得很凶、很厉害。例她肚子很痛，像是有什么东西在里面~般地转动着，跳跃着。/老师不在，几个孩子你拉我扯，正闹得~。

【乘虚而入】〔成〕语出宋·王十朋《论用兵事宜札子》。虚：空虚。趁着对方空虚或没有防范时进入。例我军~，一举歼灭了敌军。也说“趁虚而入”。

【安邦定国】〔成〕语见宋·赜藏主辑《古尊宿语录》卷四四。邦：古代诸侯的封国，后泛指国家。使国家安定巩固，避免动乱。例作为一个政治家，必须懂得~之道。也说“安邦治国”“定国安邦”。

歇后语是由引子和注释性叙述两部分组成的引述语，比如下面的例子就是歇后语：

【程咬金上阵——三板斧】〔歇〕程咬金：唐初大将，《隋唐演义》和《说唐》中的人物，打仗时惯使两把很重的板斧，头三下非常厉害，后来就差劲了。比喻人做事开头还可以，后劲不足。有时也用于自谦。例干活儿要耐着性子，不要~，没后劲！/别夸奖我了，我这人是~，后来就不一定比上你们了。也说“程咬金的斧子——就这么三下”。

【草鞋上镶珍珠——不值得】〔歇〕把昂贵的珍珠镶在廉价的草鞋上并不合算。指做某事没有意义或没有价值。例这里虽有矿产，但储量不大，投入这么大的人力财力来开发，是~。

【打锣卖糖——各干一行】〔歇〕行：行业。指各人从事各人的行业。例我们几个从小虽然一起玩儿大，现在却从事着不同的工作，~。

【大佛殿里的罗汉——一肚子泥】〔歇〕罗汉：佛教指断绝了一切嗜好和欲望、解脱了人间烦恼的僧人，此处指罗汉的塑像。本指佛殿里的罗汉都是泥塑的，转讥人虽仪表堂堂，但没有真才实学。例别看他到处吹嘘自己，其实是~，没什么真才实学。

【戴着乌纱弹棉花——有弓（功）之臣】〔歇〕乌纱：乌纱帽，封建时代文官戴的一种帽子，此处代指官职。弓：旧时弹棉花用的一种弓形工具，谐“功”。指有功劳的人。含戏谑意。例企业能快速发展，与你们科学的决策和辛勤工作分不开的，你们真是~啊！也说“戴着纱帽弹棉花——有弓（功）之臣”。

【单口相声——一个人说了算】〔歇〕单口相声：一个人说的相声。指人办事主观武断，不听取群众的意见。例一个集体要讲民主，可不能~。

二、汉语语汇变异的原因

语汇和社会生活的联系非常密切，语汇就是语言在社会使用中逐步产生的。人们对社会上的事物、现象进行观察之后，形成一种认识、一种看法，往往会用形象化的词组或者句子表达出来。这种形象化的词组或者句子往往为人们所喜闻乐见，久而久之就会变成一种相对固定的表达，这些相对固定的表达慢慢就会演变成为各种语。

而这些成语、谚语、惯用语和歇后语在形成之后，依然在不断地使用，他们不可能是一成不变的，而是会在社会条件下、在语言使用中发生各种各样的变化。社会生活的改变往往会导致语发生变化。比如“一文钱难倒英雄汉”，现在人们一般说“一分钱难倒英雄汉”。“文”是旧时小铜钱的计量单位，现在随着币制的改革，“分”成为最小的单位，于是出现了“一分钱难倒英雄汉”，但是“一文钱难倒英雄汉”也还有人在说。再如“跳进黄河也洗不清”，在上海周边被说成“跳进黄浦江也洗不清”。时空转换之后，人们会利用自己所熟悉的大江大河来构成语，在上海及周边地区“黄浦江”就代替了“黄河”。语言的发展变化也会导致汉语语汇产生变异。比如“叶公好龙”，“叶”旧读 shè，现在一般读今音 yè，但是也有人认为这个姓氏在此成语中应该保留古音，如果认同这种说法，那么就可以说“叶公好龙”有两个语音变体。再如“拔苗助长”原来写作“揠苗助长”，因为“揠”字比较生僻，就出现了“拔苗助长”的说法，但是“揠苗助长”也并没有消失，二者之间也存在着变异关系。

语言是发展变化的，语言的重要组成部分之一——语汇也是在不断发展变化中的，这是毋庸置疑的。不管是社会因素还是语言因素，都会促进语汇的发展变化。当变异现象积累到一定程度，就会带动语汇发生变化。

三、汉语语汇变异的表现

语汇变异最突出的表现，就是产生了很多变异条目。有一些语的变异条目可能只有一个或者两个，比如“爱不释手”也说“爱不忍释”，“爱财如命”也说“爱钱如命”，“爱哭的孩子吃奶多”也说“爱闹的孩子有奶吃”，“爱面子”也说“爱脸面”，“爱盘不击鼠”也说“爱冰盘，不击鼠”，“爱亲才做亲”也说“爱亲才结亲”。也有一些语的变异条目不止一两个，而是有三个甚至更多，比如“按下葫芦浮起瓢”也说“按倒葫芦瓢起来”“按倒葫芦起来瓢”“摁倒葫芦瓢起来”，“饱暖思淫欲，饥寒起盗心”也说“饱暖生闲事，饥寒发盗心”“饱暖思淫欲，饥寒生盗心”“富贵思淫欲，饥寒起盗心”，“吃了人家的口软，使了人家的手软”也说“吃了人家的嘴短，花了人家的手短”“吃人的理短，拿人的手软”“拿人家的手短，吃人家的嘴软”“使人家的钱手短，吃人家的饭口软”。语汇变异条目的丰富性是语汇在使用中自然形成的。本书的附录中收录了《新华语典》中部分成语、谚语、惯用语和歇后语的“也说”条目，其中有一部分其实就是对语汇变异情况的集中展示。从中可以感受到语汇变异的丰富性和多样性。

语汇的变异条目中，一部分是为了满足表达需要的临时变异；另一部分是意义完全相同的等义条目，这些条目在语典中以“也作”“亦作”等形式列出。多个等义条目表示相同的意思，属于语言中的冗余性成分，应该通过规范化工作加以整理。

第三节　语言变异与语言规范

一、语言规范的内容

语言规范是指使用某种语言的人所应共同遵守的语音、词汇、语法、书写等方面的标准和典范。语言规范化指根据语言发展的规律，从某一种语言的语音、词汇、语法等方面分歧或混乱的现象中，找出甚至确定大家都应遵循的规范，指出那些不合规范的用法，通过语言研究的著作如语法书、词典、语言学著作等明文规定下来，并通过各种宣传教育的方法，推广那些合乎规范的现象，限制并逐渐淘汰那些不合规范的现象，使人们共同遵守语言规范、进行有效的交际，使语言循着一条统一的正确道路向前发展。语言是不断发展和变化着的，语言规范自然不能是一成不变的条条框框。修辞必须建立在语言的规律规则基础之上，但绝不能机械地、消极地对待语言规范。特定的语言环境和特殊的交际需要及对修辞效果的追求可以允许对语言规则一定程度的违背和超越，只要经过社会、人们和时间的检验证明是可以接受的即可，也有人把语言的规范化理解为话语领域中的博弈。[①]

语言规范观指人们观察语言标准的一种倾向性态度。“语言规范实际上不是规范语言本身，是规范人的语言使用”[②]，是国家语言规划工作的主要内容之一。语言规范观是否科学，直接影响到语言规范工作质量的好坏。语言规范工作在引导与促进人们使用语言方面有较强的学术性，要按语言发展的规律通盘考虑语言使用的不同角度、不同范围和不同层次；在“确定语言在国家、社会中的地位，协调语言关系，保障人民群众的语言权利，强化人们的语言规范意识，加强语言文字规范化、标准化，提高语言声望，增强语言活力”[③]等方面体现国家权威的政治意志，它是政治性与学术性的统一。

语言规范需要社会生活的基础和条件，它随着社会不断发展和语言及语言生活的演变及语言规划的进程而有所变化，因此，古往今来各个国家都有各自不同的规范内容和策略。在我国，古代社会主要侧重书面语的规范，现代社会的语言规范则兼顾了口语和书面语两个方面。无论口语还是书面语，语言的发展都离不开人与社会，语言生活与社会生活紧密相连。目前的语言规范工作要在把握语言开放性、动态性特点的前提下引导并促进人们规范使用语言。

---

① 徐国珍、朱磊:《语言规范:话语领域中的博弈》,《当代修辞学》,2012 年第 5 期。

② 于根元:《应用语言学的基本理论》,《语言文字应用》,2002 年第 1 期。

③ 叶竹钧:《论社会交际中的语言规范策略》,《内蒙古大学学报》(哲学社会科学版),2010 年第 1 期。

二、语言规范的具体工作

语言规范是语言规划的一项重要内容，具体工作有标准语的确定，制定正音法，术语的规范化、标准化，出版规范词典，制定正字法，字母或拼写法的改革，字符改革，出版规范语法等。[①]标准语是一种享有最高社会地位的语言变体，通常以在一个国家的政治、文化中心地区受过教育的本族语的口语和书面语为基础。标准语为政府和司法部门采用，也用于新闻媒介、文学作品、正式的讲话或写作、正规教育以及对非本族语者的第二语言教育。许多国家的标准语同时被指定为全国语或官方语。不同于标准语的变体叫作非标准语，其发音、语法和词汇明显有别于公认的标准。标准语和非标准语无优劣之分。在标准语的形成和发展过程中，由于方言渗入、其他语言影响、古语残存以及使用语言的人常常在习惯爱好、语言修养等方面的差异等原因，语言中往往存在一些不合规律的分歧和混乱现象，直接影响人们之间的交际活动，这就是我们平常所说的不合规范的现象。不规范现象在语音上的突出表现是读音分歧很多；在词汇方面，表现为一个意义有不同说法、存在大量的异形词、生造词语泛滥等；文字方面不规范的突出表现是滥用繁体字和生造简化字；语法方面也存在着大量不规范的现象。由于语言中存在着分歧和不规范现象，因此需要进行语言规范化工作。再如制定术语标准的目的是术语的标准化。运用标准化的手段，通过对概念的严格定义，选择或确立最恰当的术语，减少多义和同义现象，以避免信息交流过程中的歧义和误解。

---

① 道布：《中国的语言政策和语言规划》，《民族研究》，1998 年第 6 期。

三、语言变异和语言规范的关系

语言是在规范中变异，在变异中规范。语言的规范和变异都是推动语言发展的力量，二者密不可分。在语言的发展过程中，“三人成虎”的现象尤为普遍：原来不规范的语言，使用的人多了，就成为规范；原来规范的语言，用得少了就会变成不规范。我们谈到语言的规范，不能不谈语言的变异，语言的规范是在语言变异的基础上进行的。我们谈到语言变异的时候，也不能够离开语言规范，语言的变异不是漫无目的毫无规则的，只有经过规范的符合人类社会历史发展规律的变异语言，才能够真正起到推动语言发展的作用。语言随着时代的发展、社会的进步而不断发展，比如随着新事物的出现会出现新的词语，甚至出现新的句法，但发展的语言必须规范，不经规范的语言，必将造成语言的混乱，必将影响意义的传达；同时，也不能借口语言的规范而因循守旧，拒绝新的词语、新的句法，阻滞语言的发展。不规范的语言是混乱的，不发展的语言是僵化的。总之，语言要在变异中发展，在变异中规范。

第四节　本书的主要内容

本书从语言变异的视角出发，来研究汉语语汇的变异，具体来说包括汉语中成语、惯用语、谚语和歇后语的变异问题，并提出具体的语汇规范的构想。在绪论部分，对变异理论、语汇的变异和语言规范工作的具体任务做了说明。然后，对汉语语汇的四个类型——成语、惯用语、谚语和歇后语的变异现象进行考察，并针对各种语的不同特点提出了一些规范方面的思考。语汇的变异不仅和社会有关，还和地域有关，我们专门在第五章讨论语汇的地域变异问题。变异是从共时的角度考察同一语的不同形式，发展变化则是从历时的角度观察语的变异是如何逐步发生、发展的。因此，在第六章还从语汇的发展变化的角度，观察这些语汇的共时变异是如何引起语汇的发展变化的。在第七章从应用的视角出发，针对语汇变异条目和辞书编纂的关系进行了研究。

书中还附上了《新华语典》（温端政主编，商务印书馆 2014 年版）所收 A 到 G 的成语、惯用语、谚语和歇后语的“也说”条目（为节约篇幅，没有全部附录）。这些被列为主条和标为“也说”的条目，一部分属于同义条目，也有一部分从共时的角度来看是语汇变异的具体表现（因体例原因，在辞书中不做严格区分）。因为篇幅的关系，正文中无法展现更多的例证，希望能够通过附录的形式进一步展示语汇变异的丰富多彩。

第一章　成语的变异与规范

成语植根于历史悠久的汉民族社会文化，是在不断地传承与发展中逐步形成的。经过千百年的锤炼，成语以其顽强的生命力和生动形象的表现力，深为人们所乐用。成语在汉语中具有非常重要的地位，在“为增强民族的凝聚力，为丰赡民族文化的内涵，为沟通古今并将沉浑厚重而丰富多彩的民族文化传续下去，以及为提高全民族的文化水准”等方面都起到了不可代替的作用。但是，长期以来，现代汉语词汇规范的重点都是词，对语汇的规范问题缺乏研究，导致语汇的重要组成部分——成语的使用长期处于一种缺乏引导的状态中，使用中的不规范现象随处可见。尤其是进入 21 世纪以来，随着社会的发展和人们语言生活的变化，语言使用中成语使用的不规范问题又表现出了不少新特点。因此，有必要对成语的变异现象进行调查和分析，并在此基础上制定成语规范的策略和具体方法，以引导成语在语言当中能够健康有序地运用和发展。

成语是汉语中相沿习用的定型结构，是汉语语汇的重要组成部分。一般来说，成语有以下典型的特征：（1）相沿习用性，（2）结构定型性，（3）意义完整性，（4）多为四字格式。一般来说，如果一个固定结构具备了这四个特征，也就可以说具备了成语的资格。温端政先生又进一步指出成语的结构定为四字，并且具有“二二相承”的特性。[①]

第一节　成语的变异现象

一、语言中的成语变异

成语是在漫长的发展过程中逐步形成的，这中间经历了从萌芽到形成再到最后稳定这一动态的约定俗成的过程。这一过程也是成语在语言当中不断被使用的过程，经过无数次的语言实践，逐渐具有了稳固性、定型性的特点，在发展的过程中必然经历了不少变异的过程，在此过程中由一种形式变为另一种形式，最后逐步在语言中固定下来。

（一）成语的历时变异

成语的来源多种多样，有的来自史实，如“完璧归赵”“围魏救赵”“唇亡齿寒”“一鼓作气”等；有的来自神话故事，如“夸父逐日”“精卫填海”；有的来自寓言故事，比如“杞人忧天”“邯郸学步”“刻舟求剑”；还有的来自文学作品，比如“温故知新”来自《论语》、“舍生取义”来自《孟子》、“近水楼台”来自《清夜录》；等等。不管来自何处，其中有一大批最初的形式和现代汉语中不同，是在长期的使用中逐渐凝固和定型的，这体现了成语的历时变异性。

在成语的历时变异过程中，常见的形式是成语的构成成分发生变化。这种变化多种多样，可能体现为成语构成成分的替换、减少，也

① 温端政:《汉语语汇学》,商务印书馆 2005 年版。

可能体现为构成成分位置的调整。比如“呼之欲出”原为“呼之或出”，出自苏轼《郭忠恕画赞序》“恕先在焉，呼之或出”，用以形容艺术作品中的人物形象极其生动逼真，简直像活的一样，似乎只要叫一声，他就会从画里走出来。后来，这个成语由“呼之或出”逐渐演变成“呼之欲出”，如张岱《木犹龙铭》“海立山奔，烟云灭没，谓有龙焉，呼之欲出”。这一形式在现代汉语中固定了下来。“一毛不拔”出自《孟子·尽心上》“杨子取为我，拔一毛而利天下，不为也”，后来在运用过程中“拔一毛不为”逐渐变为“一毛不拔”。“每况愈下”原为“每下愈况”，出自《庄子·知北游》“夫子之问也，固不及质。正获之问於监市履狶也，每下愈况”，在运用中构成成分位置发生变化，演变为今天的“每况愈下”。可见，成语的最终形成是一个漫长的过程，固然有不少像“名落孙山”“近水楼台”“一鼓作气”等直接从古代诗文中提取现成的语句作为成语的，但是也有不少成语是在长期的语言运用实践中，经过了种种变异之后才最终形成的。

在成语的发展过程中，还有一个引人注目的变化就是音步的变异。成语多为四字格，其中不少成语不管从意义还是结构上都遵循“二二相承”的音步形式，比如“举一反三”“开诚布公”“积重难返”“低声下气”“旁敲侧击”等等。但是也有一些成语，从结构和意义的角度分析，并不具有“二二相承”的特征，比如：

爱 / 不释手	足 / 不出户	入 / 不敷出
一衣带 / 水	孤 / 苦 / 伶仃	决 / 一死战
半途 / 而 / 废	背道 / 而 / 驰	必由 / 之 / 路

以上成语，如果从意义和结构的角度去理解，无疑不是典型的

"二二相承"式。显然在长期的发展过程中，音步形式发生了变异。这种变异的原因可能有三个：一是大量"二二相承"式成语影响下的同化作用；二是传统诗歌诵读习惯的影响，以诗为例，诵读音步通常为"二三"式或"二二三"式，这种习惯影响到成语的音步，使其逐渐没有了"一三"式或"三一"式等；三是传统文化中重对称、好骈偶的文化心理的影响。

（二）成语的共时变异

成语的共时变异相对于历时变异而言，指的是成语的不同形式在现代汉语中仍然共存、活跃在语言中的现象。共时变异现象也是从历时演变而言的，不同的是，历时变异后的几个词形先后交替，随着变异完成，曾经出现过的一些形式废弃不用了；共时变异是经过历时变异之后，几个词形在同一阶段和平共存。成语的共时变异有两种情况：一种是局部构成成分不同，另一种是构成成分顺序颠倒。实际上，成语的共时变异即一些学者所说的异形成语现象。

下面几组成语的构成成分中，一般只有一个成分不同，其他成分完全相同，它们属于局部构成成分不同的共时变异成语：

疾恶如仇——嫉恶如仇　　唯命是听——惟命是听
飞短流长——蜚短流长　　安分守己——安份守己
夫唱妇随——夫倡妇随　　一锤定音——一槌定音
百废俱兴——百废具兴　　承上启下——承上起下
吃里爬外——吃里扒外　　惩一儆百——惩一警百
俯首帖耳——俯首贴耳　　好高骛远——好高务远
毕恭毕敬——必恭必敬　　孤苦伶仃——孤苦零丁

在以上例子中，左右两个成语变体有区别的构成成分往往读音相同或相近，如“启”和“起”、“毕”和“必”、“儆”和“警”、“爬”和“扒”、“飞”和“蜚”、“鹜”和“务”，有一些除了读音相似外，书写形式也近似，如“分”和“份”、“俱”和“具”、“唱”和“倡”、“帖”和“贴”等。不同的成分可以处于第一个字的位置，也可以处于其他字的位置。多数是一个字不同，也有少数是两个字不同，比如“毕恭毕敬——必恭必敬”“孤苦伶仃——孤苦零丁”。尽管存在这样的不同，但是左右两边的成语意义完全相同。

下面的几组成语中，左右两边的构成成分没有什么不同，只是构成成分的位置颠倒了：

狗盗鸡鸣——鸡鸣狗盗　　凤舞龙飞——龙飞凤舞
国色天姿——天姿国色　　万水千山——千山万水
虎窟龙潭——龙潭虎窟　　楼台亭阁——亭台楼阁
鹏程万里——万里鹏程　　风调雨顺——雨顺风调

以上成语以第二三字为界分为两个部分，前后两部分可以对换位置而意义不变。但是并不是相同结构的成语就都能如此变换，比如下面的成语其构成成分就不能前后颠倒：

湖光山色——山色湖光　　国泰民安——民安国泰
粗茶淡饭——淡饭粗茶　　阴谋诡计——诡计阴谋
达官贵人——贵人达官　　万紫千红——千红万紫

以上成语，左边的形式是常见的，右边的说法则几乎没有，在语言中是不能成立的。龚穗丰观察到下面的一些成语，它们的构成成分次

序的颠倒方式比较特殊：[①]

卖儿鬻女——卖女鬻儿　　画梁雕栋——画栋雕梁

拨雨撩云——拨云撩雨　　摸鸡偷狗——偷鸡摸狗

白黑分明——黑白分明　　滴水石穿——水滴石穿

锦瑟华年——锦瑟年华　　餐风宿露——露宿风餐

以上成语中，前四组都包含两个“动作+对象”的组合，其中前三组中的动作对象可以互换位置，第四组是表示动作的构成成分可以互换位置，后面的四组变换形式则比较特殊，很少有同类情况出现。

二、言语中的成语变异

结构的定型性和意义的完整性是成语的特点，但是强调成语的定型性并不是说成语就是一成不变的。在实际的言语活动中，经常会对成语进行一些变异使用。这些变异有的会在语言表达中起到积极的作用，有的则是语言当中的消极现象。下面分别论述。

（一）使用别字引起的成语变异

成语是在长期的历史传承中演化而来并逐渐定型的，在这种演化过程中不仅结构固定，而且构成成分也是固定的。其构成成分用哪个汉字书写都是特定的，一般不能随意篡改。但是在成语的运用过程中，有的人因为对一些成语的含义不甚了解，往往使用别字书写成语，于是产生了成语的言语变异形式。

---

① 龚穗丰:《关于异形成语的思考——兼谈〈中国成语大辞典〉中对异形成语的处理》,汉语桥网站,2011年。

〔例 1〕明查（察）秋毫：比喻人目光敏锐，就连细小的东西也能看得清。

〔例 2〕明火执杖（仗）：意为点着火把，拿着武器。原指强盗公开抢劫，现多形容公开地肆无忌惮地干坏事。

〔例 3〕明目壮（张）胆：原形容有胆有识，敢作敢为；后多形容公开而大胆地干坏事，毫无顾忌。

以上几例中，括号外所用的字是错误的，括号内是正确用字。对成语的意义理解不准确，尤其是括号内的正确用字的意义在古代常用而在现代几乎不能单用，现在的语言使用者对其意义不明，造成了误用。“明察秋毫”的“察”是仔细观察的意思，不能写作“查”。“察”和“查”虽然是同音字，但是意义不同，不能混用。在“明火执仗”中，“明火”指点燃火把，“执仗”指拿着武器。“仗”是古代兵器的统称，不是表示木棍的“杖”。“明目”和“张胆”对举，前者指睁大眼睛，后者指放开胆量。因为对“张”的放开义现在不常用，于是有人误解为壮大胆量，导致误写为“壮胆”。

也有的是因为识记有误，错用了形似字，比如：

缪（谬）种流传　　磨（摩）拳擦掌　　年高德邵（劭）

奴颜卑（婢）膝　　弄巧成拙（拙）　　泥沙具（俱）下

以上几例中，“缪”和“谬”、“磨”和“摩”、“邵”和“劭”、“卑”和“婢”、“挫”和“拙”、“具”和“俱”读音相同或相近，在识记过程中容易混淆，有的人就会写错。

这种因写别字而产生的成语变体很多，是成语使用过程中的消极方面。进入21世纪以来，随着电脑的普及，在电脑上打字实现了成语的连写，有效地在打印文档中避免了这些成语变异的产生。但是电脑的普及也使得一些人的书写能力下降，一旦遇到需要手写，可能对一些字只有大概印象而忽略了正确写法，反而导致别字增多。

（二）表达需要造成的成语变异

除了因为写错而产生的成语变异以外，还有一些变异现象是语言的使用者有意为之，即为了特定的表达需要。在这里仅以文学作品中和广告用语中的常见的成语变异现象为例。

在文学作品中，会大量采用成语作为文学语言表达的重要资源库。在使用成语的时候，作者不仅原封不动地把成语用在文章当中，还会根据表达的需要，对成语进行“改造”，创造出新的变异成语来。在文学作品中的成语变异通常有减少、增加、颠倒、替换和拆分等五种形式。其中，减少指在运用中根据情况减少成语的构成成分，增加指根据语言环境增加成语的构成成分，颠倒指在语言表达中根据需要更换成语构成成分的位置，替换指根据情境替换成语的部分构成成分，拆分指为了表达的需要把成语各部分分解出来独立使用。

〔例1〕“当然，因为第二卷的部头较大，难免留有蛇足……”（姚雪垠《李自成》前言）

〔例2〕语颇错杂无伦次，又多荒唐之言，亦不著明，惟墨色字体不一，如非一时所书。（鲁迅《狂人日记》）

〔例3〕辛楣笑道：“不是众叛亲离，是你们自己离亲叛众。这些话不再谈了。我问你，你暑假以后有什么计划？”（钱锺书《围城》）

〔例 4〕在这送旧迎新之际，在清理自己过去一年的生活时，你必然会发现你竟有多么的不如意和遗憾。（程乃珊《如意与遗憾》）

〔例 5〕也许有人担心，允许人人可以参加考核，“鱼目”如果混“珠”怎么办？其实不怕，只要严格掌握考核这一关，“鱼目”是混不进“珠群”的。现在怕的是，正当国家急需“珠宝”的时候，“珠宝”却被埋在“鱼目”堆里。（《考核面前人人平等》《人民日报》1999.1.3）

以上例句中,〔例 1〕把“画蛇添足”简化为“蛇足”，成语的构成成分减少;〔例 2〕中，“语颇错杂无伦次”是对成语“语无伦次”的扩展,在“语无伦次”中间增添了其他的成分;〔例 3〕中，“众叛亲离”被颠倒为“离亲叛众”；〔例 4〕中，“辞旧迎新”在语境中因为表达的需要被改造为“送旧迎新”；〔例 5〕中，成语“鱼目混珠”被割裂成“鱼目”“混”和“珠”三个部分，被当作三个词来用。这些成语的运用都是对成语结构定型性的违背，但是在特定的语言环境中，却增添了不同的表达效果，属于积极的成语变异。

广告中的变异成语也随处可见，这也是和成语的传承性有密切关系的。在千百年间的传承过程中，成语言简意赅、内涵丰富、简约概括的特点一直为人们所喜闻乐见，许多成语在语言当中都是常用语汇。这些语汇在人们的头脑当中已经留下了深刻的印象，利用这些现成的成语作为基础材料创制新的广告语，能够给人一种似曾相识的感觉，让人过目不忘、印象深刻，达到良好的广告效果，为商家赢得更多的利润。比如下面的广告语，就是通过成语变异的方式创造出来的：

食全食美——十全十美（某酒店广告语）

咳不容缓——刻不容缓（某止咳药广告语）

默默无蚊——默默无闻（某杀蚊剂广告语）

牙口无炎——哑口无言（某牙膏广告语）

见伊思迁——见异思迁（房地产广告语）

随心所浴——随心所欲（某浴霸广告语）

广告语中不仅仅对成语通过谐音的方式进行变异，也有对谚语的变异，比如书店的广告“无读不丈夫”来自于“无毒不丈夫”，中国电信的长途电话广告“千里音缘一线牵”来自于“千里姻缘一线牵”。还有一些是对常见四字词组的变异，比如“桌有成效——卓有成效（桌子）”“领鲜一步——领先一步（海鲜）”“终身无汗——终身无憾（空调）”等。但是以成语的变异最多、最常见。

这一类的成语变异中有一部分固然因以原有的成语为基础而起到了一定的广告效果，但是也有不少广告语为了和成语谐音而生拉硬套，使意义表达牵强，正如杨振兰指出的：“这种套用仅仅是对成语语音形式的借用，意义方面没有丝毫的联系，也未构成双关等积极修辞现象。”“第一个用谐音篡改成语的或许是创意，如果经年累月大量地‘复制’创意，那么被津津乐道的创意也没啥技术含量了。”① 反而不如采用其他形式的广告语更好。

① 杨振兰：《汉语词汇的语用探析》，山东大学出版社2002年版。

第二节　成语的规范

一、成语规范的对象

经过千百年来的积累和变异，成语已经成为汉语中独具魅力的组成部分。正确地使用成语，使语言表达简约概括，可以增强文章的表现力和可读性。但是在实际的成语运用中却存在不少混乱现象，这就需要对成语进行适当的规范，以便使成语更好地在语言中发挥作用。我们认为，成语规范问题的实质，就是对成语的各种变异现象进行甄别，有针对性地对需要规范的成语变异现象进行研究并制定相应的措施来进行规范。所以应该首先弄清楚成语规范的具体对象，我们把成语的变异现象分为语言变异和言语变异两种类型，然后又在语言变异中区分了历时变异与共时变异。下面分别论述。

（一）成语的语言变异

成语的语言变异中历时变异的那部分，在漫长的语言演变中已经通过语言的自发调整，摈弃了其中的一些变异形式，保留下来了为人们所习用的形式，比如，“乐极生悲”，原作“乐极则悲”，又可作“乐极而悲”，这两种形式已经在运用中被淘汰，在现代汉语中更常用的是“乐极生悲”。再如前面提到过的“每况愈下——每下愈况”“呼之欲出——呼之或出”，也是在历时的语言竞争中保留一个，淘汰另一个，语言自发的调节功能已经对成语进行了规范。

成语的语言变异中的共时变异，则是在历史演变过程中，通过语言的调整暂时势均力敌，无论使用哪个都为人们所接受，所以就造成了共时变异中的异形成语。这些异形成语读音基本相同，意义完全相同，只保留其中一个丝毫不影响语言表达，反而因为剔除了语言中的多余成分，使得人们在使用时不用再费心选择，也减少了人们的识记负担。因此，异形成语是成语规范工作中的重点内容。已经有不少学者和研究、出版机构注意到了异形成语的规范和整理的重要性，并着手进行了许多工作。教育部和国家语言文字工作委员会 2001 年公布了《第一批异形词整理表》，其中收入了 10 组成语，下面的几组成语包括在内，其中前一个是推荐词形，后一个是不推荐词形：

指手画脚——指手划脚　　直截了当——直捷了当、直接了当

正经八百——正经八摆　　原原本本——源源本本、元元本本

再接再厉——再接再砺　　义无反顾——义无返顾

一锤定音——一槌定音　　秀外慧中——秀外惠中

小题大做——小题大作　　信口开河——信口开合

但是还存在大量的异形成语没有进入这一规范。从目前的辞书来看，也尝试进行了一些异形成语的规范，但是相互之间的处理差异较大。以《现代汉语词典》和《现代汉语规范词典》为例，张杰的统计表明，两部词典共同收录的异形成语有 42 组，其中处理情况相同的有 32 组，处理情况相反的有 8 组，还有 2 条是《现代汉语词典》处理为异形成语，《现代汉语规范词典》分别处理为两个成语，还有一些是只有一部词典收录的。[①] 可见，异形成语问题尽管受到了人们的重视，但是离制定规范标准还有很大的距离，需要重点研究。

（二）成语的言语变异

成语的言语变异属于语言运用的问题，要严格按照成语的规范写

① 张杰：《〈现代汉语词典〉与〈现代汉语规范词典〉成语比较研究》，山东师范大学硕士学位论文，2017 年。

法和读音来写和读，不能写错别字、读错读音。了解成语的准确含义，是成语运用时最基本的要求。掺入错别字的成语变体也属于成语变异的结果，但是这种结果是语言运用的消极方面，应该给予正确的教育和引导。

在文学作品中对成语的变异使用，有的可以增进语言表达的效果，这属于成语变异的积极方面，应该大力提倡。据郑莉娟的研究，钱锺书在《围城》中通过语素变换、语序变更、结构简化、内部扩展和取字面意思等五种手法对成语进行了种种变异使用，使《围城》幽默、讽刺的风格得以完美地体现出来，就是对成语变异的积极使用。[①]

在广告用语中使用变异成语近几年争议不断。语言使用者十分看好这种形式，千方百计地对一些常用成语进行“乔装打扮”，来吻合他们的广告需求。然而，在语言学工作者中则是一片声讨之声。江西和海南甚至还利用法规的形式禁止将篡改成语作为广告语。我们觉得这类语言现象只是某一个阶段的语言运用潮流。当这种形式随处可见、不再能引起人们的注意和新鲜感时，就会主动消失；反之，即使用法规的形式做出限制，也未必会真正起到良好的规范效果。当前最重要的不是对这种流行的变异形式如何限制，而是应教育处于学龄时期的青少年区分成语的规范形式与变异形式，使其能够不被这种变异形式的先入为主影响。

二、成语规范的构想

从上一部分的论述可知，当前成语规范的重点是对语言中成语的

① 郑莉娟:《〈围城〉成语活用》,《文教资料》,2010 年第 7 期。

共时变异形式进行规范，即对异形成语的规范工作。下面仅对异形成语的规范提出一些不成熟的构想供参考。

（一）遵守国家语言文字法律法规

2000年，全国人大常委会通过了《中华人民共和国国家通用语言文字法》。这部法律是我国语言文字工作的基本法律，各项语言文字工作都应该在它的指导下进行，成语的规范工作也不例外。同时，国家对简化字、异体字、常用字、通用字、异读词和异形词等都有相关的规范性文件，在整理异形成语时应该注意成语的用字应该和这些规范性文件推荐的文字或词形相一致。

（二）调查统计异形成语的存在状况

异形成语到底有多少？就目前我们看到的资料，多数只是列举性的，还没有见到对异形成语的权威整体统计。要想对异形成语进行规范，首先应该搞清异形成语到底有多少？每组异形成语有哪些变异形式？这些变异形式的使用频率如何？目前社会上出版了大大小小几十种成语词典，其中有不少标注了同一个成语的不同变异形式，可以考虑从这些成语词典中穷尽式地搜集异形成语，组成异形成语的大型语料库。

在统计异形成语的时候，要注意贯穿历时和共时的观念。就当前的社会应用价值来说，统计现代汉语中仍然经常使用的异形成语最有意义。如果不区分古今，把在不同时段出现的成语都概括进来，那么规范的对象将非常庞杂，难以做到科学研究，而且那样的研究也缺乏现实意义。同时，还要具有地域观念，把范围圈定为现代汉语普通话中的异形成语，把因为方言音变导致书写不同的方言成语排除在外。

（三）借鉴异形词整理的原则

2001年公布的《第一批异形词整理表》整理的原则有通用性原则、理据性原则和系统性原则。通用性原则指“根据科学的词频统计和社会调查，选取公众目前普遍使用的词形作为推荐词形”；理据性原则指“某些异形词目前较少使用，或词频无显著性差异，难以依据通用性原则确定取舍，则从词语发展的理据性角度推荐一种较为合理的词形”；系统性原则指“词汇内部有较强的系统性，在整理异形词时要考虑同语素系列词用字的一致性”。同时，具体到每个词再根据情况综合决定取舍。①

成语的意义和结构固定、历史悠久，与词汇成员有相近之处。异形词的规范原则也可以用来规范异形成语。首先，根据成语的使用频率和社会调查，推荐使用频率高的成语作为规范成语，尽量不使用低频成语。成语具有传承性的特点，许多成语都有自己明确的来源，这时应该根据成语的来源判断成语的标准语形，选择能够和成语的来源相吻合的成语语形。选择哪个字不选择哪个字，还要从所有异形成语出发通盘考虑，如果只针对某一个成语进行规范，可能会妨碍成语规范的系统性。

（四）做好成语规范的推广普及工作

对异形成语进行规范的最终成果是发布《成语规范整理表》和编纂《成语规范词典》。前者以简表的形式出现，后者可包括注音、释义、取舍原因、例句、语源等内容。最终成果产生后，应该适时推荐到国家有关部门，早日把成果公布到全社会，并且做好宣传、推广和普及工作，使成语规范获得良好的社会效益。

---

① 教育部、国家语言文字工作委员会：《第一批异形词整理表》，语文出版社2001年版。

第二章　谚语的变异与规范

各民族谚语的形成都有自己古老悠久的历史。谚语好比历史的一面镜子，真实地折射出社会发展的轨迹。忘掉过去意味着背叛，意味着民族文化根基的动摇。然而，传统并非凝固不变。21 世纪，社会发展变革以加速形式进行，各民族及中外文化频繁接触、交流、传播，文化事象接连发生错综复杂的变化。谚语作为各民族文化中最古老、最有价值的语言表现形式之一，亦非陈陈相因、停滞不变，而是在吐故纳新中不断发展，经历了千百年多次“新变”后传承下来，近年的变异尤其显著。从目前情况来看，一个国家使用的语言文字规范与否，关系到民族的凝聚力，关系到信息的顺利传播，关系到现代化的步伐。变异和规范是语言运动的两个方面，推行规范并不会影响语言文字的创新、丰富和发展。对语言自发的变异现象进行积极主动的规范，是人类文明的进步。所以，不论从哪个角度讲，谚语的规范工作都势在必行，很有必要深入探索它的变异规律和特点。

第一节　谚语变异的现象与原因

“上古之时，先有语言，后有文字。有声音然后有点画；有谣谚然后有诗歌。”[①] 纵观大量流传至今的谚语，我们可以看到，其生命遵循“在传承中变化发展”的规律，偶然与必然因素交织发挥作用，推动谚语实现自己的社会功能。初期，人们在相谈间，偶然一句含义深刻、令人回味的话，便深印于他人头脑之中，主要通过口耳相传的形式，经历多人之口传了下来，但作者早已不知是谁。“谚语的所由成立，不在于创作的人，而在于许多承认的人。”[②] 谚语必先经过流行语形式的横向流传，再经过祖祖辈辈的纵向流传，而最终能够保留下来的，一定是大众语言中的瑰宝。变是绝对的，不变是相对的，由于经历了多人、多代的口头传述，加上每个人的知识、经历、环境等也各不相同，经过各种增减、修饰，谚语难免会出现各种各样的变异。规范谚语，首先要研究谚语的变异及其变异的原因和规律。

一、纵向变异

即古今变异，是由于历史文化变迁而带来的谚语变异现象。

甲：谚语作为社会客观现实的反映，必然受到社会大环境的影响。时代变了，人们的思想意识也必然随之改变，谚语也随之增强了时代感。

---

①《论文杂记》,《国粹学报》光绪三十一年(1905)第二号。

② 郭绍虞:《谚语的研究》,原载《小说月报》第12卷第2~4号,1921年。

〔例 1〕天之道，不争而善胜，不言而善应，不召而自来，繟然而善谋。天网恢恢，疏而不失。（《老子》七三章）

〔例 2〕阴阳之理，大抵不异。善恶之报，或发于见世，或报于来生。天网恢恢，疏而不漏，此无疑也。（宋·范仲淹《窦谏议录》）

〔例 3〕数字地球的使用，对犯罪模式和团伙活动更易于跟踪、侦察，在全球范围做到法网恢恢，疏而不漏。依据对犯罪活动发生频率和分布的信息，更好地部署警力，进行预防。（叶雷等《数字地球的技术与应用》）

由“天网”到“法网”的演变，充分表明：由于科技的进步，社会法制的健全，人们已经由原先的相信天命转变为相信科学、相信法律，这属于社会进步的表现。

〔例 1〕夫良药苦于口，而智者劝而饮之，知其入而已己疾也；忠言拂于耳，而明主听之，知其可以致功也。（《韩非子·右经》）

〔例 2〕今始入秦，即安其乐，此所谓助桀为虐，且忠言逆耳利于行，毒药苦口利于病。（《汉书·王在留》）

〔例 3〕夫药酒苦于口而利于病，忠言逆于耳而利于行。诸生之谔谔，乃公卿之良药针石也。（王益之《西汉年纪·昭帝》）

〔例 4〕世祖过，饮马湩，得足疾，国祯进药味苦，却不服，国祯曰：“古人有言：‘良药苦口利于病，忠言逆耳利于行’。”（《元史·许国祯传》）

〔例 5〕正是良药甜口更利病，忠言顺耳又利行啊！顺着说话未必是奉承，盲目追求与众不同才是真正的无能。变化多端看人生，适者生存是本领。（李岩《“尝试成功教学模式”在语文教学

中取得的成绩——反思性教学研究实验报告》)

医药科技的进步，为“苦口”变为“甜口”并“利于病”提供了物质条件；现代教育方式的转变，也使得“逆耳”到“顺耳”仍“利于行”成为可能。

乙：受到历史的沉淀与影响，谚语中的许多文化知识发生了概念性的变化，新意思代替了旧定义。

〔例 1〕不聪不明，不能王；不瞽不聋，不能公。海与山争水，海必得之。(《慎子·君人》)

〔例 2〕或曰：“充耳充塞也，塞耳亦所以止听也。”故里语曰：“不瘖不聋，不成姑公。”（汉·刘熙《释名·释首饰》)

〔例 3〕上召而慰之曰：“谚云：‘不痴不聋，不作阿家阿翁。’小儿女子闺帏之言，大臣安用听?”(唐·赵璘《因话录》卷一)

〔例 4〕不痴不聋，不堪作大家翁。此言虽小，可以喻大。(明·徐元太《喻林·君道门五·戒察》)

〔例 5〕记得唐代宗李豫曾引用过一句俗语：“不痴不聋，不作家翁。”他的姑爷在跟他女儿吵架时，说了一些对他很不敬的话，他听说后，处之漠然，毫不介意。一个封建皇帝对晚辈的过激话语都能理解、原谅，宽宏大量，难道我们今天的老年人还不如他?(赵忠心《神龟养寿多戒急 老骥伏枥当顺气》)

《慎子》中“不聪不明，不能王；不瞽不聋，不能公”，“公”与“王”指的是古代的公侯，而后来演化的“姑公”“阿家阿翁”“大家翁”“家翁”，则指公婆。

再如，谚语中有：

〔例 1〕天下十三省，道理一个样。

〔例 2〕天下十八省，道理一个样。

明代在全国设十三布政使司，至清初又改为十八省，同样一个意思便有了两种说法。可以说，谚语的变异也正是社会各个方面变化与发展的反映。

二、横向变异

即地域变异，是由于人们所处地理环境的不同而引发的谚语变异现象。

甲：由于人们所处的自然环境不同，所总结出的各种经验知识也会不同，谚语的形成必然受到地理、气候等客观条件的影响，在农谚中的表现尤为明显。

〔例 1〕赶上好年胜景，有三千个谷粒的穗穗牵拉着脑袋；农民也低着头，搓开豆荚点数着。阳坡麦子阴坡谷，阴山豌豆阳山糜。千锄生银万锄生金，只要吃下苦，多孬的地也让它有好收成。(李江树《中原厚土》)

〔例 2〕阳坡种麦子，阴坡种谷子。（山西、河北）

〔例 3〕阴坡麦子阳坡谷。（青海）

“阴坡麦子”指南麦，其性喜阴，故在青海等地种于阴地。同样是讲麦子的种植，但〔例 1〕、〔例 2〕同〔例 3〕结论却完全相反。这是由于地理环境的不同，以及由此引起的气候、水土不同造成的。

再如：

〔例 1〕菜浇花，稻浇苞。

〔例 2〕菜浇花心，麦浇芽心。

因为南方主产水稻，北方主产小麦，所以同样说“浇”，但所“浇”对象各有侧重。

乙：同样内容的谚语，在不同地域就有了不同的说法，体现出相当浓郁的地方色彩，还难免掺杂一些方言土语，其中有些字眼，大概只有本地人明白，外地人根本听不懂。

〔例 1〕县民多迟睡，熬煮食物吃，称“熬冬”。谚云：“冬应年应，好骡好马歇应”。（《临县志》二一编一章）“应”是一日的意思，属吕梁方言。全句意思是说：冬至和春节，要让牲口休息一天。

〔例 2〕明代徐光启在《农政全书·占候》中讲到（江南）“虹，俗呼曰鲎。谚云‘东鲎晴，西鲎雨’。”这就是说，自古以来，鲎（虹）还是可测天气变化的参照物候之一，民间由此而产生不少与鲎（虹）有关的谚语，如：“东鲎日头西鲎雨，南鲎发大风，西鲎落大雨。”（刘宪康《有叫“彩虹”有叫“鲎”》）“鲎”指虹，属吴方言。

〔例 3〕广东俗语有云：“暴穷难抵，暴富难睇。”以前养成的挥霍无度的习惯令我钱包的厚度迅速地下降，这使我感到前所未有的恐慌。（玫瑰《生于二月十四》）“睇”即看的意思，属粤方言。

三、语体变异

随着时代的发展和进步，谚语逐渐脱离了古代文言文的形式，不断增加口语色彩，结构也从复杂到简练，以简短的形式表达出深刻的道理。

甲：

〔例1〕独师友道德，合符曩真。抱景特立，与士不群。盖高树靡阴，独木不林。随时之宜，道贵从凡。（汉·崔骃《达旨》）

〔例2〕谭倚拄杖曰："一朵峰峦上，独树不成林时如何？"（释惠洪《禅林僧宝传·神鼎谭禅师》）

〔例3〕沙僧道："我孤树不成林，你且忍耐，待我打出洞去，叫了大哥来帮着救你。"（无名氏《续西游记》八〇回）

〔例4〕单本书或者单套书成为品牌，看似一枝独秀，实则是以一批精品图书群为依托的。独木不成林，万紫千红才是春。（范军《关于出版品牌的研讨——出版品牌与品牌延伸》）

乙：

〔例1〕罪莫大于可欲，祸莫大于不知足，咎莫大于欲得，故知足之足，恒足矣。（《老子》四六章）

〔例2〕知足者，不以利自累也；审自得者，失之而不惧；行修于内者，无位而不怍。（《庄子·让王》）

〔例3〕盖知足者常足也，不知足者无足也。常足者福之所赴也，无足者祸之所钟也。（《抱朴子·知止》）

〔例4〕"大肚能容天下事"，在知足者眼里，一切过分的纷争和索取都显得多余。在他们的天平上，没有什么比知足更容易求得心理平衡了。知足也是一种宽容。对他人宽容，对社会宽容，才会求得一个相对宽松的生活环境，幸福与快乐随之而来。“知足者常乐”，此之谓也。（杨保志《知足是一种境界》）

丙：

〔例1〕异史氏曰：“‘黄狸黑狸，得鼠者雄’，此非空言也。”（清·蒲松龄《聊斋志异·秀才驱怪》）

〔例2〕俗话：“不管黑猫白猫，抓着耗子的就是好猫”。说得对集体生产和社员生活有好处，我潘五成就拍起巴掌欢迎！（《潘家堡子》八章）

〔例3〕双星总裁汪海提倡：“不管白猫黑猫，抓住老鼠就是好猫”，从市场上检验“猫”的真本事。宁愿用那些没有学历有能力的“黑猫”，绝不用那些好吃懒做的“懒猫”、靠讨人喜欢不会捕鼠的“宠物猫”、不劳而获的“馋嘴猫”、只说不干的“评论猫”。（王开良《“双星ABW”VS“MBA”》）

“独木不成林”“知足者常乐”“不管白猫黑猫，抓住老鼠就是好猫”都由原先的书面语逐渐简化，最终形成对仗工整、凝练和谐、朗朗上口、通俗易懂等特点，更便于人们记忆、口头传述。

可以看出，谚语的各种变异并不是独立存在的，纵向变异与横向变异往往交织进行，而无论是纵向变异还是横向变异中，又掺杂着语体变异、语素变异以及语义变异等等。变异也不是完全孤立的“变”，而是继承中的变异。

第二节　谚语规范的必要性

谚语在发展过程中，时时面临多种选择，多方向的发展，难免会带来语言的变异。从理论上说，不存在没有任何变异的语言，任何一种语言都是在变异中向前发展的，变异是语言具有生命力的表现，变异是语言发展中的一种必然现象。但在实践中，人们在没有认识到语言的发展规律之前，往往任其自由发展，从而出现种种问题，阻碍了语言的健康发展，亟须对它进行必要的规范，使其朝着更好的方向发展。特别是谚语，其使用范围广，又具有很强的口语性，更需要人们对它加以关注，引导它向规范化的方向发展。

一、从内容上看

从内容上看，谚语是历史的产物，总会打上时代的印记，有时难免鱼龙混杂、泥沙俱下。我们在规范谚语的过程中，应特别注意一些有问题的谚语。比如“太白入南斗，天子下殿走”“白虎当堂坐，无灾便有祸”“太岁当头坐，非灾便是祸”“造生造死，出自冥君”“鬼行地中，如鱼行水中”“冰凌禾稼达官怕”“五月到官，至免不迁”“为虎所食，其鬼为伥”“鼠得死人目精则为王”“李树生王瓜，百里无人家”“好儿不看春，好女不看灯”“金鸡不遇狗，白马怕青牛”“社日吃酒治耳聋”“万般都是命，半点不由人”“穷想发财鬼好笑”“千里做官只为财”“人不为己，天诛地灭”等，类似这些宣扬封建迷信、愚昧落后、恶习陋习的谚语，我们应注意其语言环境，理智地加以分析，明确地指出其错误所在。

二、从性质上看

从性质上看，历代学者对于谚语的定义、划界等问题的研究还欠深透，目前仍是百家争鸣，各持己见，未形成统一的标准和概念。尽管图书市场上的谚语书籍不少，但对于谚语的分类一直比较混乱。书中有的词条尽管有“谚语”标识，但实际并不是谚语。

〔例 1〕当冯挡将败，最初育者，亦不过借司房牵：及之耳。未几，追论者连篇累牍，谚所云“打死老虎”也。（明·沈德符《万历野获编·补遗》卷一）

〔例 2〕今俗谚云：“蚂蚁戴笼头”，例此言，亦可盲蚁著辔可驾乎？（明·杨慎《丹铅总录·诗话类》）

〔例 3〕贫苦寥落之家，鬼往来者甚少，以其气衰地寒，鬼亦不能甘此冷淡故也。谚云：“穷得鬼不上门”，信矣。（清·袁枚《子不语》卷一四）

“打死老虎”形容胆小怯懦，但却硬充好汉的人；“蚂蚁戴笼头”讽刺小人物再硬撑也干不了大事情；“穷得鬼不上门”描绘了人十分穷困的状态。这三例并不是陈述某种知识和道理，而是描述了人或事物的形象和状态，符合惯用语描述性的特征，应归为惯用语。

〔例 1〕我正在此怨他口快多言，惹得你几乎气杀。不料你倒感他直告，怪我相瞒，这正应了一句俗谚“狗咬吕洞宾，不识好人心”了。（清·邱心如《笔生花》二一回）

〔例 2〕谚有云：“铁匠做官只是打。”强盗则甚于铁匠矣，可叹。（清·李伯元《活地狱》三八回）

〔例 3〕谚云：哑子吃苦瓜，乖说不得。亦寓言也。（明·张存绅《(增定) 雅俗稽言》卷一三）

“狗咬吕洞宾，不识好人心”“铁匠做官只是打”“哑子吃苦瓜，乖说不得”都可以分为前后两部分：“狗咬吕洞宾——不识好人心”“铁匠做官——只是打”“哑子吃苦瓜——乖说不得”，由“引子”和“注释性叙述”两个部分组成，符合歇后语引述性的特征，应归为歇后语。

〔例 1〕谚有“狐假虎威”之语，稚子来扣其义，因示以《战国策》、《新序》所载。（宋·洪迈《容斋随笔》卷五）

〔例 2〕鄙语曰：“利令智昏。”平原君贪冯亭邪说，使赵陷长平兵四十余万众，邯郸几亡。（《史记·平原君虞卿列传》）

〔例 3〕谚有“掩耳盗铃”。非铃也，钟也。（宋·吴曾《能改斋漫录》卷五）

以上三例中，都是四字结构的语言单位，符合成语“二二相承”的特征，应归为成语。

明确谚语的性质，分清俗语中“语”的分类，是谚语规范的必要工作，也是深入规范谚语的前提条件。只有明确了谚语规范的内容后，才能够根据现实客观条件，实施谚语规范的各项具体工作。

三、从形式上看

古代有的谚语内容并不错，但在传播中明显地受到形式的制约而难以流传。

〔例1〕自古道："刍荛言可助明堂。"奴家虽是个妇人，何不说与商量。（清·李玉《永团圆》二九折）

〔例 2〕（韩非子）引先圣谚："规有摩而水有波，我欲更之，无奈之何。"（明·杨慎《古今谚》）

〔例 3〕谚曰："鬻棺者欲岁之疫。"非憎人欲杀之，利在于人死也。今治狱吏欲陷害人，亦犹此也。（宋·林之奇《尚书全解·周书·康诰》）

"刍荛言可助明堂"是指草野鄙陋之人的话，也会有助于朝廷审理政事；"规有摩而水有波，我欲更之，无奈之何"是说规制自有模式，水动自泛波纹，想改变它是不行的，泛指凡是规律性的东西，都不可能改变；"鬻棺者欲岁之疫"是说卖棺材的人，总想有一个瘟疫流行、死人很多的年岁，泛指利欲熏心的人，必定会损人利己。这类谚语，或因其词语古奥、生僻，或因其句法形式复杂，缺乏谚语特有的简洁明快特点，所以就不大容易流行。因此，从方便使用的角度考虑，有必要在用词上讲究大众化，音节上注意节奏感，促进谚语结构的相对定型，使谚语逐步达到规范的目的。

再者，"推广普通话"活动，是每一个公民的责任。谚语应以提倡、鼓励运用普通话为准，对其中的方言土语要加以规范。

〔例 1〕安康有三宝：蚕丝白、桐油亮、生漆嫽。

〔例 2〕挨卖勿值钿。

〔例 3〕艾根不发潮，单等蚱蛉叫。

〔例 1〕中方言"嫽"应为"好"，〔例 2〕中方言"值钿"应为

“值钱”，〔例 3〕中方言“蛇蛉”应为“松鼠”。

其次，对于容易读错、写错的字词，应从字体、读音上规范。比如容易写错的字词：“己”不要写成“已”，“冶”不要写成“治”，“毋”不要写成“母”，“鸣”不要写成“呜”，“蒙眬”不要写作“矇眬”或“朦胧”等等，可以做必要的提示。对于多音字如“长”“盛”“阿”“乐”“恶”“石”“系”“行”“折”等，也应该做必要的提示。还有一些方言读音，如“鞋”，有的地方读 hái，“跃”，有的地方读 yào，“水”，有的地方读 fǔ，如此等等，他们的存在都具有一定的合理性，比如押韵、谐音等，都应该加以合理标注。

第三节　谚语的规范

谚语的变异与规范如同一对矛盾统一体，始终存在于谚语的发展过程中，互相制约、互相依存，共同产生着作用。当前，我们处于信息爆炸的时代，而语言文字是信息的主要存储、传播载体。对语言进行规范，标准只有一个，那就是有利于广大人民群众的日常交际，使语言符合汉语发展的趋势和规律。规范与实际运用本身就是矛盾的两方面，两者都要兼顾，过分强调哪一方面都不正确。加之影响谚语变异的因素又很复杂，来自多方面，对谚语进行规范时，更应该严谨细致，从我国的国情出发，把握谚语发展变化的规律。

一、尊重谚语的多样性

对于谚语中属于语言多样性的表现，应具体问题具体分析，不能一概而论、轻易否定。

前面我们把谚语的变异笼统地分为三大类，其实，如果仔细划分，谚语有许多变异的表现。任何一种语言都存在变异，没有变异的语言是死的语言。变异正是语言有活力的表现。一些变异对语言的发展只有消极的作用，而有些变异则为语言提供了新的发展方向，丰富了语言的词汇，增强了语言的生命力。对于这些变异，不能搞一刀切，应针对不同的变异，找出其发生变异的原因，对症下药，才能实现我们规范语言的真正目的。

〔例 1〕落水要命，上岸要财

落水要命，上岸要钱

落水要性命，上岸要包袱雨伞

〔例 2〕落雨出星无日晴

落雨见星，难望天晴

落雨见星，难想天晴

〔例 3〕借钱容易还钱难

借钱容易还账难

借债容易还债难

以上同一种意思、几种表达形式的谚语变异现象，正是基于谚语的口语性而产生的。它们的存在，恰恰反映了汉语词汇的丰富多彩，反映了汉语语言表达方式的多样性。术语要求标准化，谚语不是术语，它的规范化是相对的。也就是说，规范的任务是依据大众的语言实践来“确认”哪些应该保留和推广，而不是“制造”一个什么标准，要求一律“向我看齐”。说得再细些，规范不能是一个死框框，不是全部要归为一种句式、一种说法，那样不免显得死板单调，过于墨守成规，而应具有一定的弹性，适当保留多样性。

二、密切关注新谚语

改革开放以来，各民族相互融合，外来语大量涌入国内，诞生了众多的新词语，不免对原有语言习惯有所冲击。谚语作为母语的重要组成部分，随着社会生活的变化而变化，同时又在很大程度上反映着社会的发展变化。应该密切注视新的社会动向，着意判别、搜集、规范新的谚语。比如，我国引入市场经济体制后，出现了股市一类的新生事物，随着股民的增多，产生了大量的“股谚”。

〔例 1〕显然，老贼在“考”小贼：入室容易出室难。小贼情急“智”生，脱逃走人之术倒也歪门，而股民亦要为市场所“考”：入市容易出市难。股民被困熊途，解套自救难，全身而退尤难。这恰恰应验了一句股谚：“会买股的是徒弟，会卖股的才是师傅。”(李想《股坛论剑——股禅小品》)

〔例 2〕股谚有云：不明朗市不入。而追涨，追的是确定无疑的涨势。非常符合顺势而为的经典投资方法，是专业高手实战操作获利的重要手段。(只铁《短线英雄》)

随着网络技术的发展，很快为人们制造出一个虚拟空间，网络文化的发展进一步刺激了语言的发展，大量个人语言在网络中流传为社会语言，产生了一些有待推敲的“网络谚语”。作为第四媒体的互联网，迫切需要我们加强语言规范。

〔例 1〕网络始终是虚拟的，它的产生使很多人找到了一个免费的心理医生，也可以说是发泄的对象吧。我遵循着“没有人知道你在网上是条狗”的这条网络谚语而大肆在网络上宣扬自己，坦白自己。（炅森《红T恤》一）

〔例2〕网络谚语云：“一等美女漂洋过海，二等美女深圳珠海，三等美女留在上海，四等美女乡下等待。”可见，留在国内的很多美女中的精华都跑到深圳来了。（唐旺盛等《深圳——猎艳之城》下篇）

我国是一个多民族、多语言、多文字的国家，56个民族有73种语言，其中30个有文字的民族共有55种现行文字。由于使用的社会成员多，谚语具有全民性，注重搜集规范少数民族的谚语，对于团结兄弟民族，促进信息交流，增强民族的凝聚力，亦有不可忽视的重要作用。

〔例1〕白银山羊大岔牛，明花骆驼力量大。

〔例2〕槟榔为酒，桄榔为饭。

〔例3〕不唱歌来嗓发霉，不跳舞来脚发麻。

〔例4〕不会缝登机，找不到称心人。

〔例1〕所指的是甘肃省肃南裕固族自治县的特产，〔例2〕讲黎族食俗，〔例3〕赞扬哈尼族能歌善舞，〔例4〕中的“登机”指白族妇女的头饰。搜集整理并规范这些谚语，有利于了解少数民族的文化特色，有利于民族间的沟通与交流，加强各民族大团结。

除了国内民族文化的融合外，中外文化之间的交流也日益频繁。如过去有一句谚语“老虎不发威，以为是病猫”，如今在年轻人中则流行为“老虎不发威，以为是Hello Kitty”。这里的“Hello Kitty”是一只可爱、温顺的卡通小猫，其形象被应用在书包、电脑、玩具等各方面，特别受女孩子的青睐。

再如，我国的谚语“车到山前必有路”，日本的汽车制造商则把它改为了广告词“车到山前必有路，有路必有丰田车”。这样的广告词，贴近中国文化，便于人们记忆。

通过上述这些现象，我们可以了解中外文化交流的现状。但是，在没有必要的情况下，为了赶时髦而滥用新的词语，或者盲目地接受新的词语，是不利于语言规范的。我们在学习借鉴的同时，应抓紧对外来词语的管理，避免一些不良的语汇泛滥，保证汉语的纯洁性，增强汉语在国际语言中的地位。

三、提高谚语辞书编纂质量

辞书是语言规范的主要载体。编纂谚语辞书也是一个很好的规范手段，可以引导大众在运用谚语的实践过程中逐步规范化，但目前理论上的滞后，在很大程度上影响着辞书质量的提高。辞书的根基或者说灵魂，是学术。从编纂体例的制定到每个词条的释义、举例，都离不开学术研究的支撑。没有学术作后盾，不可能编纂出有质量的辞书，更谈不上精品。所以，应该培养一批辞书界的学术人才，建设一支辞书界的学术队伍，形成一种浓浓的学术氛围。具体到谚语的任务，首先必须澄清认识上的混乱，深入探讨诸如谚语的性质、范围、类型等问题，摸索辞书在选条、收例、注释、编排等方面如何做到准确、规范，把感性认识上升到理性认识的高度。

四、利用现代化手段提高规范工作效率

过去编辞书，主要依靠浩如烟海的卡片，以及人们烦冗复杂的手工编排，稍有疏忽便会酿成大错。计算机信息技术的发展为我们提供了先进的手段。利用现代化的技术手段，提高规范工作的效率，加快规范工作的速度。

有了计算机后，数以万计、亿计的语料文字，都可以在“弹指之间”变得井然有序、层次分明。通过计算机编程技术，可以建立起各种功能特征的语料库。像朗文、牛津、韦氏等享有盛名的英语词典，其新版都是在语料库基础上编纂而成，具有更强的科学性和权威性，因而畅销不衰。所以，在我国建立规范化的语料库，已成为辞书编纂和语言学研究必不可少的基本条件。目前我国国内语料库建设起步不久，汉语同英语等字母化的外国语言有着完全独立的特征，汉语语料库的建立也应具有自己的方法和途径。

总之，正确地使用我国的语言文字，是我们每一个公民应尽的义务和享有的权利。谚语作为群众的语言，它的变异不是以某个人的意志为转移的，这就要求我们根据交际的需要和谚语发展的自身规律，遵循从群众中来到群众中去的原则，因势利导，自觉地、有组织地对谚语进行规范，使语言规范意识深入人心，在全社会营造一个崇尚规范用语的良好氛围。这对于推动我国语言文化走向世界，进一步发展科学、繁荣文学、加快经贸交流等方面，都具有重要意义。

第三章 惯用语的变异与规范

惯用语区别于自由词组的典型特征就是其结构的凝固性，它在语言运用中整体储存、整体提取、整体使用，它们的构成成分不能任意替换。惯用语一旦形成，就作为一个固定的预制语言语块整体被人们使用。

但另一方面，我们应该看到惯用语的凝固组合是从组合内各个成分相互的选择而言的，不是说组合的形式完全凝固，惯用语的结构也有它灵活的一面，在它的构成成分定型的前提下可以产生结构异体多型现象。在研究中，大多学者都谈到惯用语的这种变异现象，并且把这一特征作为一项区别性特征，以区分惯用语与复合词或其他的语类。李行健先生称这种变异现象为离合性特征，[①] 陈光磊先生则表明这是惯用语在结构上具有的语法“弹性”特性。[②] 惯用语体现的自由度或灵活性，实际上并没有也不可能改变一个惯用语定型的整合性，即它依然保持着“宾不离动，动不离宾”的语法上和语义上的既定关系。

---

① 李行健:《现代汉语惯用语规范词典》前言,长春出版社 2001 年版。

② 陈光磊:《中国惯用语》前言,上海文艺出版社 1997 年版。

不管说它具有灵活性或离合性，还是说它具有的语法“弹性”特性，综合起来，我们应该把惯用语的变异分成两类，即语境变异和语汇变异。语境变异，是指使用人根据语境的需要对惯用语所做的临时性变异；语汇变异，是指属于同一条惯用语的不同的语汇形式。惯用语存在于自然语言之中，实际上是某些词组或短句在人们的言语交际过程中经过无数次使用，在语言系统中逐渐积淀，语义内涵逐步社会化，结构趋于固定的一类语言单位。从形式和意义两个方面联系的自由度及其语法功能来看，“惯用语”是处于词和句子之间的一个中间层面，是具有表情达意功能的叙述性语言单位。

第一节　惯用语的变异现象

当我们在收集、整理惯用语时，发现有的惯用语有多条变异形式，而且变异形式复杂多样，值得我们注意和研究。惯用语的变异是相对惯用语的初始形态和它的常规形态而言的，人们运用惯用语时，由于生活实践的各别以及不同的需求，要对本体惯用语做些变动，通过创新或更新后的形式就是惯用语的变体。

一、语境变异

惯用语的结构比较灵活，使用时可以通过颠倒词序、成分重叠或插入成分等产生语境变异。

（一）颠倒词序

“动—宾”型的惯用语，将动词支配的对象提到前边，形成“把”字惯用语。

〔例 1〕石不烂说："好！谁愿意听我这个腰的故事，总算看得起我石不烂。你们河北省八路军老根据地的穷苦人，村村闹翻身，人人倒苦水，咱石不烂在你们河北没有立过户口，就把咱的苦水倒在这个小店里吧！"（赵树理《石不烂赶车》上）/听见油嘴婆婆的话，我再也忍不住了，连忙上前两步，朝着她把一肚子苦水全倒了出来。（马忆湘《朝阳花》五章二）

〔例 2〕周大钟不说还罢，他一说，李蔚声音更大了："哼！这个犯不了错误。"听周大钟又要翻他的老底，心上老大的不高兴。（梁斌《翻身记事》一一）/大水！你把她老底子翻出来，可给我出了一口气。我叫这臭娘们真欺负苦啦！（袁静、孔厥《新儿女英雄传》三回七）

还有如"坐穿牢底——把牢底坐穿""磨破嘴——把嘴磨破""缝住嘴巴——把嘴巴缝住""夹尾巴——把尾巴夹起来""缩王八脖子——把王八脖子缩起来""扣屎盆子——把屎盆子扣在头上"，"把"字惯用语强调了动作的结果，但动词前后通常总带有一些别的词语，不如本体简洁凝练。

（二）成分重叠

1."AA"式

沈一沧：没有的话，我们只是从旁边敲敲边鼓，这一年来戏剧界朋友们的努力，说起来实在是可泣可歌，新闻界还不够把你们的那种艰苦卓绝的精神表达出来。（夏衍《心防》二幕）/想至此际，脸红心热，拿着针不知戳到那里去了，便把活计放下，走到黛玉处去探探他的口气。（清·曹雪芹《红楼梦》八二回）/"怎么样，还没发言的同志谈谈吧！”总工程师何华文提醒说。但是还没有人作声，只见坐在主席台前的一位总冶金师向总工程师咬咬耳朵，总工程师点了点头。（程树榛《钢铁巨人》一章）/咱也别看死，不妨和共产党交交朋友、打打照面再说。（曲波《桥隆飙》九）

2.“A一A”式

越颖政委这才开腔：“……你也不自己掂一掂你的分量，你有什么资格让我们隆花同志动刀？”（曲波《桥隆飙》二一）

3.“A了A”式

弯弯绕已经动心了，又把这件事儿在心里转了几个圈子，掂了掂分量。（浩然《艳阳天》一章）

（三）插入成分

1.插入修饰限制成分

〔例1〕冯耀祖碰了一个大大的钉子，脸上红一块，白一块，见中堂进去了，只得慢慢地走了出来。（清·李伯元《中国现在记》五回）/老爷却说，虎少爷人很聪明，用不着管教。太太碰了几回钉子，也就不敢多讲话了。（巴金《憩园》九章）/牛旁赶忙整衣正冠走上前来，向乔篸秋深鞠一躬，说：“请乔师父多加指教。”“您并没有拜我为师，不该如此称呼。”乔篸秋整着脸子，叫牛旁碰了个不软不硬的钉子。（刘绍棠《荆钗》八章）/陆胡理碰了个软钉子，就又去找蓝五。他说：“老蓝，你一人一口，一个人吃饱一家人不饥。何必在这儿苦熬。”（李准《黄河东流去》一四章二）/这矿上的事，我是十足的外行。要说不干吧？老铁是一个大大的人情，给他碰一个橡皮钉子，他是不高兴的。（张恨水《京尘幻影录》一三回）

〔例 2〕马之悦是副主任，是处理这种事的当然主管，对一群妇女、毛孩子，软一点儿，硬一点儿，也出不了问题，也不会让姓萧的抓住什么小辫子；还可以借机会显显自己的威风。（浩然《艳阳天》八五章）/王富海吸取了被告发打碎“宝像”的经验，知道我们也会反咬人，对我们表面上比过去和气了一些，但处处都想暗地里抓我们的辫子。（张贤亮《土牢情话》八章）

2. 插入“也”“又”“个”

〔例 1〕北山穿了那身衣服，觉着左不是，右不是。走进西轩，只见有四五只狗抢一块肉。（清·藤谷古香《轰天雷》一回）/我知道他这样左也不是右也不是，整天没精打采是为了一个女的！（茅盾《霜叶红似二月花》三）

〔例 2〕端甫道：“不知他的男人是做甚么的？”王大嫂道：“是一个废人，文不文，武不武，穷的没饭吃，还穿着一件长衫，说甚么要失了斯文体统。两句书只怕也不曾读通，所以教了一年馆，只得两个学生，第二年连一个也不来了。”（清·吴趼人《二十年目睹之怪现状》三四回）/况且我长了这么大，文又不文，武又不武，虽说做买卖，究竟戥子算盘从没拿过，地土风俗远近道路又不知道，不如也打点几个本钱，和张德辉逛一年来。（清·曹雪芹《红楼梦》四八回）

〔例 3〕他想建议马慕韩休息一刻钟，可是他坐在长方桌北边的尾端，鞭长莫及，没法给马慕韩咬个耳朵，也不好写个纸条递过去，市委统战部有干部参加小组会哩。（周而复《上海的早晨》四部三〇）/ 蒋子秋一说要打牌，两人都愣住了，光、张二人打了一个照面，他们的意思说，这老粗要敲唐雁老一笔大竹杠，又要我们凑数呢。（张恨水《京尘幻影录》一三回）

上述语境变异不论是“把”字惯用语、成分重叠、插入修饰限制成分，还是加“也”“又”“还”等一类副词，都是人们灵活运用惯用语而产生的临时变异。它们不属于规范的对象，但我们一定要注意在编纂辞典时不要采用这些变体。如果尽收这些临时的结构变体，一方面会使惯用语毫无意义地无限扩充，另一方面会破坏“语”相对固定的结构形式，使“语”处于不伦不类的状态。

二、语汇变异

（一）“儿化”“子尾”形成的变异

〔例 1〕这一晌，她们成日都在家里拉猫儿头，忙得气都出不赢，哪有空来找人磨嘴皮？（李劼人《大波》三部八章一）/ 另外，他也觉得这算卦没有多大意思，自己也不相信，整天磨嘴皮子，也赚不了几个钱，还不如到邮局门口代人写信。（李准《黄河东流去》二二章二）

〔例 2〕到了这时候，张金龙什么花招也使不出来了，只好要死狗，骂骂咧咧地赖在地上不肯走。（袁静、孔厥《新儿女英雄传》七回六）/ 老亨嘿嘿笑着，唯恐郭祥再使什么花招儿，就在猎

猎的秋风中扬起鞭子，骡蹄子踏着落叶，发出了急雨般的响声。（魏巍《东方》一部一〇章）

还有如“唱老调——唱老调子”“眼皮浅——眼皮子浅”“拿屁股当脸——拿屁股当脸子”“踩一头翘一头——踩一头儿翘一头儿”“推倒油瓶不扶——推倒油瓶儿不扶”“照方抓药——照方儿抓药——照方子抓药”“攀高枝——攀高枝儿”也属于这一类形式的变异。

（二）同义聚合体变体

1. 同义词在惯用语中运用而形成变体

这里须说明一点，此处同义词的范围比较宽，是指语音不同但具有一个或几个类似意义的词。这些意义表现同一概念，概念相同指的是各词所表示的概念的某些特征相同，或者是从这些特征中概括出来的上位概念相同。如：

三人厮靠倒了锅灶——三人厮靠塌了锅灶

拉下水——拖下水——扯下水　　　　拉下脸——撂下脸

大眼瞪小眼——大眼看小眼——大眼望小眼

常打雁，让雁啄了眼——常打雁，叫雁啄了眼——常打雁，教雁啄了眼——常打雁，被雁啄了眼

老虎头上拍苍蝇——老虎头上打苍蝇——老虎头上扑苍蝇

猪肉狗肉一锅烧——猪肉狗肉一锅熟——猪肉狗肉一锅煮——猪肉狗肉一锅炒

半斤对八两——半斤逢八两——半斤配八两

捏一把汗——捻一把汗——抓两把汗

核桃枣子一齐数——核桃枣子一起数——核桃枣子一块数——

核桃枣子一律数

熬日子——熬日月——熬时光　　　坐江山——坐天下

蜜舌头砂糖嘴——蜂蜜舌头砂糖口

提着脑袋过日子——提着头过日子

打预防针——打防疫针　　泼冷水——泼凉水——泼冰水

2. 同义语素在惯用语中运用形成的变体

愁也屋漏，不愁屋也漏——愁也屋漏，勿愁屋也漏

只顾羊卵子，不顾羊性命——只顾羊卵子，弗顾羊性命——只管羊卵子，勿顾羊性命

老鸦笑猪黑——老鸦笑猪乌

自己刀削自己柄——自己刀削自己把

板门对板门，竹篱门对竹篱门——板门对板门，竹笆门对竹笆门

（三）类属聚合体变体

类属聚合体变体就是表示同类事物、同类现象、同类性状的类义词在惯用语中交替出现而形成的变体。在本体和变体中一般不出现类义词的上位词。如：

指桑树骂槐树——指杨树骂柳树

鸡一嘴，鸭一嘴——鸡一嘴，鹅一嘴

打马骡子惊——打马驴子惊——打骡子惊马

撂挑子——撂担子——撂耙子

看脸子——看嘴脸——看眉睫——看脸面

老虎嘴里讨肉吃——狼嘴里掏肉吃

半路上杀出一个程咬金——半路上杀出一个李逵来——半路上杀出一个杨排风

孔夫子门前背诗文——孔夫子门前读孝经

蜜糖嘴巴砒霜心——蜜糖嘴巴辣椒心

出得龙潭，又入虎穴——出了虎穴，又入狼窝

新来乍到，摸不着锅灶——新来晚到，不知茅坑井灶——新来慢到，不知水缸锅灶

左一榔头，右一斧子——左一锤子，右一錾子——左一榔头，右一杠子

打开天窗说亮话——打开门窗说亮话——打开大门说亮话——打开板壁说亮话

（四）地方区域变体

拉不出屎来怨茅房——拉不出屎来怨毛厕

一个鼻孔出气——一个鼻哥窿（广州方言）出气

没打到狐狸弄来一屁股臊——没打到狐子，惹出一腚臊——没打到黄皮子，却落了一腚臊

瞎猫碰着死老鼠——瞎猫碰着死耗子

风一阵，雨一阵——风一气，雨一阵

“茅房”“毛厕”“鼻哥窿”“腚”“黄皮子”“狐子”“耗子”“一气”均为方言词。

（五）异形词变体

出了山门打师父——出了山门打师傅　　出风头——出峰头
折跟头打把势——折跟头打把式　　搬皇历——搬黄历
癞蛤蟆想吃天鹅肉——癞虾蟆想吃天鹅肉　　蹚浑水——趟混水
叫花子比神仙——叫化子比神仙　　耍滑头——耍花头
唱独角戏——唱独脚戏　　耍花招——耍花着
一股脑儿——一古脑儿——一骨脑儿　　喝倒彩——喝倒采
踢破门槛——踢破门坎　　打包票——打保票
左一榔头，右一棒子——左一鎯头，右一棍子
接话茬——接话碴　　找后账——找后帐
穷措大——穷醋大　　杀手锏——撒手锏

以上各组语例，左边为现代汉语中的规范用法。

（六）古今变异

一部分早期惯用语经过人们不断改造和更新，形成今体变异。这些早期惯用语现在基本不用。

〔例1〕原来他见过这个人了，倒也妙极，只可惜不及打照会。（《荡寇志》九五回）/前一段消费过热，我们给人民打了招呼，要过几年紧日子。（邓小平《我们有信心把中国的事情做得更好》）/他和景士昌打了个招呼，就一同回到大队部。（梁斌《翻身记事》一三）

〔例2〕王婆打着撺鼓儿道："说的是。"（明·施耐庵《水浒传》二四回）/田老大笑道："我可不是公司里的经理，能够说一

不二。明天我一定去说，可是也得请人打打边鼓，后日还不能够准有回信呢。”（张恨水《夜深沉》二八回）

〔例 3〕他如今发迹了，倒也不忘记，屡次要抬举我。我不愿走他的门径，因此挨下了。（清·俞万春《荡寇志》七二回）/有这一种人，尽管在省候补，却要摆臭架子，不肯去走人的门路，非到山穷水尽的时候，不肯去找人。（清·吴趼人《糊涂世界》一〇回）/贾政自从在工部掌印，家中人尽有发财的。那贾芸听见了，也要插手弄一点事来，便在外头说了几个工头，讲了成数，便买了些时新绣货，要走凤姐的门子。（清·曹雪芹《红楼梦》八八回）/如果党的领导干部自己不严格要求自己，不遵守党纪国法，违反党的原则，闹派性，搞特殊化，走后门，铺张浪费，损公利私，……怎么能指望他们改造社会风气呢！（邓小平《坚持四项基本原则》）/“我想进城找个铁饭碗，他能给我走后门。”“饿死不打他的门前过，人活一口气。”（刘绍棠《吃青杏的时节》三）

〔例 4〕待要胡卢提入了棺殓了，武大有个兄弟，便是前日景阳冈上打虎的武都头。他是个杀人不斩眼的男子，倘或早晚归来，此事必然要发。（明·施耐庵《水浒传》二六回）/无钱我就无情，另寻有钱的利市。杀人不斩眼才高，粘牙搭齿不济。人道我是油鬏髻的魔王，真个是粉骷髅的太岁。（明·张四维《双烈记》三出）/只须看他东抢西掳，杀人不转眼，岂不是个极凶极恶的强盗！（清·俞万春《荡寇志》一三八回）/张松溪沉吟半晌，道：“此时自当请师父示下。但我想人死不能复生，弟妹也已改过迁善，不再是当日杀人不眨眼的弟妹。知过能改，善莫大焉。大哥，你说是不是？”（金庸《倚天屠龙记》九）/顿时一副杀人不眨眼的青面獠牙

的丑恶的凶相在她面前出现，这就是那个满面笑容，态度和蔼，待人热情的陶阿毛吗？（周而复《上海的早晨》四部六〇）

〔例 5〕虽是不风骚，不到得着圈套。（元·无名氏《新水令》套）/那厮说出来，必然做出来，我如今不先下手，倒着他道儿。（元·吴延玉《后庭花》二折）/观其形容动静都像，只是言语不像，只怕着了他假。（明·吴承恩《西游记》四二回）/谁知过有才胆子更小，以为他是个武人，不要中了圈套，又不肯来。（张恨水《京尘幻影录》一一回）

古今变异中，古体“打照会”“打擂鼓”“走门径”“走门路”“走门子”“杀人不斩眼”“杀人不转眼”“着圈套”“着道儿”“着他假”现已基本不用，我们编纂辞典时就要选择现今人们普遍使用的“打招呼”“打边鼓”“走后门”“杀人不眨眼”“中圈套”作主条，把古体作副条列在其后。

第二节 惯用语变异的原因

乔姆斯基理论强调语言的生成性、创造性，只要有组词造句的规则，再加上一个词库就可以生成无限的句子。惯用语融于自然语流之中，其本身具有表情达意的叙述性，因而，惯用语同样具有语言的生成性和创造性。惯用语结构的异体多型现象即是其生成和创新的表现，只是其生成和创造受一定条件的限制：其一，新生成的惯用语与原语体在意义上必须保持同一，并非是无限的纯新的语言形式，只是在预制的结构和语义的基础上变异生成；其二，新生成的变异体并非以相同的频率出现在语言中，使用频率再低也需要符合惯用语的习用性。因为语言除了具有创造性一面以外，习用性也非常重要。

从哲学角度来讲，任何事物的产生和存在都不是偶然的。惯用语能产生结构的异体多型现象必然有内因和外部推动力。

惯用语多为动宾结构。动宾结构中，动语和宾语是共现共存的两个成分，有宾语必有动语，有动语就必有宾语。然而，大部分动宾结构的动语和宾语之间具有很强的离合性和类推性（替换性）。惯用语是意义整体性极强的动宾结构，因而，其离合或替换的自由度或程度皆受语义的限制，可以说是特殊的语汇化的动宾结构。

离合性本是离合词的性质，指的是汉语中的一种特殊的语音现象：对于一个AB组合，从静态的角度看，一般由A、B两个成分构成，在形式和结构上与复合词是一致的；从动态的角度看，当该组合进入一定具体语言环境后，它们既可以独立使用，又可以在中间插入其他成分，其用法和短语极为相似。

〔例1〕她的脸微微红了一下，因为她撒谎了。（陆天明《大雪无痕》）

〔例2〕别再跟我撒那种谎，说是为了去找他办点私事。（陆天明《大雪无痕》）

〔例3〕对一个病人，撒一点小谎，是不为过的。（方方《白雾》）[①]

人们对动宾式、并列式离合词的扩展形式、特点以及形成动因进行

① 周卫华：《现代汉语离合词的扩展形式及特点》，《语言研究》，2010年第6期。

了深入的研究，而疏于对动宾结构、并列结构的短语的离合性进行研究。这是因为短语结构本身就非常松散，无所谓离合之说，但其实动宾结构的惯用语则不然，离合意味着改变其形式和语义。

〔例 1〕吃饭——吃了饭——吃了一顿饱饭——狼吞虎咽地吃完饭——把饭吃了

吃闲饭——吃了闲饭——吃了一顿闲饭——狼吞虎咽地吃完闲饭——把闲饭吃了

吃大锅饭——吃了大锅饭——吃了一顿大锅饭——狼吞虎咽地吃完大锅饭——把大锅饭吃了

吃父母——吃了父母——吃着父母

〔例 2〕吃亏——吃了个亏——吃得亏——把亏吃了

吃哑巴亏——吃了个哑巴亏——吃得哑巴亏——把哑巴亏吃了

吃眼前亏——吃了个眼前亏——吃得眼前亏——把眼前亏吃了

〔例 3〕穿衣服——穿新衣服——穿她的新衣服——穿着衣服——穿上衣服

穿小鞋——穿新小鞋——穿她的小鞋——穿着小鞋——穿上小鞋

穿兔鞋——穿新兔鞋——穿她的兔鞋——穿着兔鞋——穿上兔鞋

〔例 4〕和泥——和好泥——和了一摊稀泥

和稀泥——和好稀泥——和了一摊稀泥

可以看出，离合词和自由式动宾词组离合的程度非常高，而惯用语则不然，受整体语义的限制，其离合的自由度不高，但惯用语的神奇之处就在于，离析之后不仅可以插入成分，而且还可以进行成分替换。这样一来，离合使得惯用语生成了多种不同的变体。

一、惯用语的离合性特征

（一）离合产生语境变异

惯用语本身的特点为其离合创造了一定的条件，而促成惯用语离合的是表达的需要。动语和宾语离合之后，或是插入修饰语，或是动语重叠，或是宾语与动语互换位置，或是变为把字句或被字句，这些变换方式都是在惯用语的语汇意义的基础上，使得表意更为缜密、明确、顺畅。如：

1. 放空气：比喻故意散布某种消息或制造某种气氛。

〔例 1〕你知道，我今天早上忽然听说公债涨，是金八在市面故意放空气，闹玄虚，故意造出谣言，说他买了不少，叫大家也好买。（曹禺《日出》四幕）

〔例 2〕马之悦又是个滑头，不敢放开胆子，还妄图上边赏给他一点残汤剩饭，想迈步，又试试探探的。放出翻粮食的空气，只是虚晃一枪，让人们反对萧长春。（浩然《艳阳天》二四章）

〔例 2〕中“放出翻粮食的空气”是句子表达的需要而使得“放空气”离合。

2. 放冷箭：比喻趁人不备暗中害人。

〔例 1〕希特拉先生一上台，烧书，打犹太人，不可一世，连这里的黄脸干儿们，也听得兴高彩烈，向被压迫者大加嘲笑，对讽

刺文字放出讽刺的冷箭来！（鲁迅《华德焚书异同论》）

〔例 2〕“小戏子，你一支一支放冷箭，别当我耳聋心瞎是个死树桩子！”金裹银儿恼羞成怒。（刘绍棠《野婚》二一）

〔例 1〕中“放出讽刺的冷箭”，中间插入修饰语“讽刺的”更加犀利地体现出鲁迅对 1933 年 6 月 11 日《大晚报·火炬》登载的《到底要不要自由》一文的作者法鲁得不到写作自由而被迫用“弯弯曲曲”笔法进行的嘲讽及深刻的批判。

3. 敲边鼓：比喻从旁帮腔，帮人点破，或鼓动人做事。

〔例 1〕湍制台被他缠不过，只得应允。宝小姐一直等他应允，方才收泪，另外坐下。跟手九姨太亦走进来，又帮着他说了两句“敲边鼓”的话。（清·李伯元《官场现形记》三九回）

〔例 2〕我们只是从旁边敲敲边鼓，这一年来戏剧界朋友们的努力，说起来实在是可泣可歌。（夏衍《心防》二幕）

〔例 2〕中“敲敲边鼓”通过重叠“敲”，弱化了“敲”的动作，有了轻微、尝试之义，表明说话人是在“试探着敲边鼓”。

4. 穿小鞋：比喻暗中打击或刁难人。

〔例 1〕也不知那作书的是因当年果真有这等一桩公案，秉笔直书；也不知他闲着没的作了，找着钻钢眼，穿小鞋儿，吃难心丸儿，撒这等一个大躺线儿，要作这篇狡狯文章，自己为难自己！（清·文康《儿女英雄传》二二回）

〔例 2〕大姑子冷眼锥子眼，不打不骂却给小鞋穿，小姑子一条长舌头，无事生非在婆婆耳根下进谗言。（刘绍棠《野婚》四）

〔例 2〕中动语“穿”和宾语“小鞋”进行了互换，是因为句子要突出“小鞋”，突出大姑子的百般刁难。

5. 扣屎盆子：比喻污蔑人，损坏人的形象或名声。

〔例 1〕金榜一摸，像烫了手，叫起来：“这是谁家孽种？把屎盆子扣在我头上！”（刘绍棠《锅伙》三〇章）

〔例 2〕“你有了砘儿叔，还要连秧儿叔，脚踩两只船。”“你红口白牙说瞎话，给我脑瓜顶上扣屎盆子，身上泼泔水。”（刘绍棠《草窝》五）

“把”字句是汉语中的一种主动式动词谓语句。这种句式又称为“处置式”，因为动词所表示的动作对宾语做出了“处置”，使其位置或状态改变，用来强调行为结果或行为方式。〔例 1〕中将“扣屎盆子”变为“把屎盆子扣在我头上”就是主人公因气愤之极贬斥“扣屎盆子”这种行为方式。

通过以上例句的分析可知，无论采取怎样的变换方式，惯用语中的动语和宾语都没有改变，这些现象是表达和修辞的需要，人们利用语法结构的特点，惯用语本身的特点，灵活地、创造性地运用惯用语。这些惯用语可离可合，只是人们临时表达的需要所致，我们称这种变异为语境变异。

（二）离合造成惯用语重新组合形成语汇变体

惯用语的离合程度不同，除了上述离合形式之外，惯用语在离合之后，动语和宾语进行替换，有时二者的替换项还可进行数学中的排列组合，形成新的变体形式。

1. 更换动语

动语	宾语
翻	
揭	老底
掘	

〔例 1〕独眼窝翻译官正在被窝里睡大觉，听到叫喊，慌忙爬起来，一见是把他们吃败仗的老底子翻出来了，又急又气。（马烽等《吕梁英雄传》五九回）

〔例 2〕老邴一进屋就笑着说：“看，你们坐的，中间就缺一块牌。”“区长尽揭我们的老底。”大顺义笑着说。（孙犁《村歌》）

〔例 3〕祝三姑笑笑，道：“我今天不是来掘你们老底子的。我是来求你们的。”（陈登科《赤龙与丹凤》一部二九）

从上面三句例证中可知，“翻老底”“揭老底”“掘老底子”都指把别人的底细或内情说出来。

2. 更换宾语

动语	宾语
	石头
	石磙
鸡蛋碰	石碾
	碌碡
	墙壁

〔例 1〕八年抗战，到底把鬼子打败了，咱们是经过大风大浪的人。如果反动派真敢来碰一碰，那就好比是鸡蛋碰石头！（峻青《女英雄孙玉敏》）

〔例 2〕“儿，你鸡蛋碰石磙，自找碎尸万段呀！”杜大活驴一把没扯住牛蒡，跳下牛槽，跟踪紧追。（刘绍棠《荆钗》三二）

〔例 3〕同时，又打发当年痛打汉根的那些小伙子，闯入小刀刘家，逼迫小刀刘在半年之内给杈儿找男人嫁出去，不许招倒插门女婿。小刀刘哪敢鸡蛋碰石碾，只能一口答应。（刘绍棠《锅伙》三）

〔例 4〕要把村上大权夺在手里，这一点，李宝泰死也不会忘。他心上机明，要是共产党八路军败不了阵，趁早不要伸这个手，伸出来也是鸡蛋碰碌碡。（刘江《太行风云》五一）

〔例 5〕我也恨旧势力，我也喜欢新思想。不过现在你们怎么能够跟旧势力作对？鸡蛋碰墙壁，你们不过白白牺牲自己。（巴金《秋》三六）

上面五个例证表明：不管宾语换成什么，其坚硬的性质是一样的，并不影响整个惯用语语义。

3. 更换动语或宾语之后进行数学式的排列组合

动语	**宾语**
雌[1]	一头灰
蹭	
抹	
碰	一鼻子灰
惹	
臊	
砸	

动语	**宾语**
上	
过	刀山
闯	
下	
跳	
闯	火海
走	
过	
跳	火坑
下	
过	油锅
下	

---

① 雌:蹭,方言。两边的皂隶一顿喝掇了出去。雌了一头灰,同了薛三槐夫妇败兴而反。(明·西周生《醒世姻缘传》七四回)

宾语选择自身的动语之后，和别的动宾结构进行重新组合，比如“上刀山，下火海”“上刀山，跳火海”“上刀山，跳火坑”“上刀山，下油锅”“上刀山，过油锅”“闯刀山，过火海”“过刀山，下火海”“过刀山，走火海”。

〔例 1〕若上甚么上刀山，下火海，碓捣，磨研的恶趣，当真就象亡过的人在那时受苦一般，哭声震地，也不凄惨！（明·西周生《醒世姻缘传》六九回）

〔例 2〕决不能在马之悦、弯弯绕这些人跟前丢这份脸，就是上刀山，跳火海，也得闯闯！就不信闯不过去！（浩然《艳阳天》六七章）

〔例 3〕你听我们骂起来，好像谁把谁剐了的心都有；真到生死关头，手拉手上刀山跳火坑，不眨一眨眼皮儿。（刘绍棠《野婚》二五）

〔例 4〕只要林妹妹不恨我、不恼我，见了面叙话，我别说到地府去见老太太姑爹姑妈，就叫我往阎王殿上上刀山，下油锅，我也是愿意的。（清·曹雪芹《红楼梦》七回）

〔例 5〕肖女说：“我们那里的生活很艰苦，走山林，行夜路，常常受冻捱饥。”春花不让肖女说完便说：“上刀山过油锅我也去！”（吴有恒《山乡风云录》一〇章）

〔例 6〕只要我们知道韦克老师在什么地方，不管闯刀山，过火海，我们也要去找共产党。（陈登科《赤龙与丹凤》一部二六）

〔例 7〕陈东风从身后挤出来，一拨拉黄西灵，急呼呼地说：“既然是这样，许主任！给我两个手榴弹！哪怕过刀山，下火海，

我也要找到部队。”（雪克《战斗的青春》一章七）

〔例 8〕七子瞪大血丝的眼睛，坚决地说：“咱不怕！过刀山走火海跟着党。松包不是穷人的骨头！”（冯德英《苦菜花》四章）

动词“上、过、闯、下、跳、走”都表示毫不犹豫的动作，“刀山、火海、油锅、火坑”都是极其危险的境地。无论上述各项怎样替换排列组合，最后组合而成的惯用语都表达的是同一个语义：比喻不顾及个人安危，做异常艰苦或危险的事情。

动宾结构或包含动宾式结构的惯用语中各离合成分在语义上的独立性，使它们能够像单音节动词、名词一样，具有跟宾语、带补语、有定语的能力，进行各自扩展。这样形成的变体，只是说话者在表达强烈的感情时，往往来不及对自己的语言做出适当的安排就脱口而出似的，是临时的语境变体，而不作为新的构成体。

但是，经过替换排列组合而成的惯用语变体，是一个半新的构成体，是“改头换面”的结果。在辞典编纂中，这些变体通常要作为惯用语的不同变体形式罗列在一起，以主副条的形式出现。

二、惯用语的描述性特征

惯用语是描述性语言单位，表明它具有描绘和陈述两种功能，其中描绘功能是主要的。惯用语通常采用白描、引申、比喻、借代、夸张等修辞手法尽可能地去描绘一种事物，描写一种性质、情景或状况，描绘人的相貌、性格、心理、动作行为等。除了采用修辞手法达到描绘功能，惯用语还在选词炼字方面达到生动地描绘，也正是这样，惯用语形成许多变体。如：

	片瓦		立锥
	片瓦盖顶		置锥之地
上无	片瓦	下无	插针之地
	片瓦		尺地
	片瓦		寸土

“尺地—寸土—立锥—置锥之地—插针之地”占地面积越来越小，尽显夸张之极限，尽可能描绘出家境或处境的极度贫困与艰难，连安身的地方都没有。这样一群变体能够产生，皆由惯用语的描述性所致。描述性允许惯用语语体本身进行变换，以达到完美的描绘功能。还有如：

巴掌大字	识不满	一斗
斗大的字	认不上	两石
核桃大的字	没有认得	一巴掌
西瓜大的字	识不上	两箩

以上几则惯用语，精心选用不同的物件来描写不识字的程度，显得形象而生动。

	装进	
	低到	
把脸 把脑壳	夹到	裤裆里
	藏到	
	扎进	

为了描绘出羞愧之感，惯用语选用了不同的动词“装、低、夹、藏、扎”，这些动作都极好地描写出不好意思见人时的心态。惯用语这

样选词炼字一方面能达到其描述功能，另一方面也突显了惯用语的生成创新功能。

三、言谈交际的因素

语言是为了适应社会交际功能而产生和发展的，任何语言现象的产生，都是言谈交际使然。惯用语生成丰富多样的变体形式也是为适应言谈交际的需要。一方面，说话人使用预制的整体语块——惯用语表达特定的思想；另一方面，说话人还要表达自身的观点、情感和态度，因而要在原有的整体语块中稍做演变，借助一些描述手段，把说话的目的和真实的动机准确地传递给对方。这样，惯用语在实际的言谈交际中逐渐产生了这样或那样的变体形式。

第三节　惯用语的规范

语言规范化是人们谋求和保证信息传递效果的一种主动行为，是人们对语言使用情况和发展情况进行干预，以期语言这个重要工具按照人们的愿望来发挥最大的作用。[①] 语言规范是针对语言中的各种变异现象而言的。在特定的语言环境中，采用某种小变化、小创新故意突破语言表达的常规，即突破语音、词汇、语法的一般表达习惯和规范，以及通常的事理逻辑、文体风格方面的要求，使它产生某种特定的效果。人们对语音、词汇、语法的规范，更多地注重对其变异的评价，以及解决这些变异形式在语言应用中的是非问题。而对惯用语变异的规

---

① 吕冀平、戴昭铭:《当前我国语言文字的规范化问题》,上海教育出版社 2000 年版。

范则不同，我们要解决的不是是非问题，而是要根据惯用语自身的特性选取一个最能正确传达信息，能更加符合语言应用实际，为绝大多数人所接受的语言形式。然而不论是对惯用语变异的规范还是对语音、词汇、语法的规范，我们都要遵循语言的客观变化规律，要注重这些变异在社会应用中的自行抉择过程和它们的价值所在。

惯用语的语汇变异现象复杂，有的变异因素不止一种。惯用语的变体形式丰富了惯用语语汇量，有益于我们交际，推动语言向前发展。但具体分析起来，上述变异有的是积极因素，有的变异就是消极因素。消极变异给一些惯用语的结构形式带来不确定性和随意性，因而我们应肯定积极的变异，指出消极变异并对其进行规范。根据惯用语的特性，我们按照以下原则进行规范。

一、规范原则

（一）需要性原则

将带“儿”“子”与不带“儿”“子”看作是两条惯用语，一者在情理上很难让人接受；二者若采用这种变体，由于北方许多方言中“儿化”是普遍现象，那将会无限扩大惯用语的语汇量；三者列这样两条惯用语，意义价值并不大。因而我们不需要这种变体，应对其进行规范。如“唱老调——唱老调子”“拿屁股当脸——拿屁股当脸子”“踩一头翘一头——踩一头儿翘一头儿”“照方抓药——照方儿抓药——照方子抓药”“攀高枝——攀高枝儿”，应分别规范为“唱老调”“拿屁股当脸”“踩一头翘一头”“照方抓药”“攀高枝”。

（二）普遍性原则

根据我们广泛收集到的语料，要把人们普遍使用、习用的惯用语定为通用说法，其余的变异形式作变体来处理，这符合惯用语的习用性。

同义聚合体变体和类属聚合体变体是惯用语的两种主要变体形式。这两种变异的形式特别多，从中选哪一条作为我们通用的说法呢？这两种变异就有待我们认真研究，需要下功夫对其进行规范。如下面一组：打开天窗说亮话——打开窗子讲亮话——打开窗子说个明——打开门窗说亮话——开天窗说亮话——打开大门说亮话——揭开天窗说亮话——推开窗说亮话——打开板壁说亮话——打破鼻子说亮话——打开鼻子说亮话——打开后门说亮话，面对如此多的变体该选哪一条作为通用的说法？“打开”“开”“揭开”“推开”“打破”五者选哪一个？“天窗”“窗子”“板壁”“大门”“鼻子”五者用哪一个？“说”“讲”用哪个？以语料为证：

〔例1〕凭你的资格，凭我的奔走，一定能成。成了以后，我打开天窗说亮话，你作专员，建华作你的助手。（老舍《文博士》九章）/“揩油”的生活有福了。这手段将更加展开，这品格将变成高尚，这行为将认为正当，这将算是国民的本领，和对于帝国主义的复仇。打开天窗说亮话，其实，所谓“高等华人”也者，也何尝逃得出这模子。（鲁迅《准风月谈〈“揩油”〉》）/想不到中途来了个官大的首长，你的态度越来越加暧昧。现在是打开天窗说亮话的时候，是死是活都要说个明白。我们不能光是一般的同志，要就是同志加亲人，要就是命中注定的对头冤家。（李英儒《野火春风斗古城》一三章二）/冲虚道：“打开天窗说亮话，老和尚、老道士来到恒山，一来是为老弟捧场，二来是为正邪双方万千同道请命。”（金庸《笑傲江湖》三〇）/原来，刚才焦振茂把焦淑红骗到家以后，就打开天窗说亮话，拼命也不赞成闺女跟马立本好。（浩然《艳阳天》三〇章）/表妹，你是和我说笑话，还是真恼我呢？要是说笑话，那就算了。要是认真呢，打开天窗说亮话……（张恨水《金粉世家》五二回）/争论就争论，打开天窗说亮话，今天的抗日救亡，不是明争，就是暗斗，不过，为了祖国，为了打败日本鬼子，我们要用最大的爱国主义精神去感召他们。（梁斌《烽烟图》二〇）/老虎跳不接这碗酒，铁青着脸问道：“根半腿，你打开天窗说亮话，别跟我含着骨头露着肉，话里有话弦外有音。”（刘绍棠《这个年月》一五章）

〔例2〕不过，打开窗子讲亮话，在肥料方面，石灰方面，农药和新的农具方面，政府自然是先尽社里，这是国家的制度。单干的路径会越走越窄。（周立波《山乡巨变》下二十）/讲我的亏空，不必关门，我爱打开门窗说亮话。（周立波《山乡巨变》下八）

〔例3〕今儿，咱打开窗户说亮话，郑玉侠犯的不是我们，她犯的是教堂。（冯骥才《神灯前传》）

〔例4〕老师，俗话说得好，揭开天窗说亮话，这乃门生妹子的事……（清·李雨堂《万花楼》四〇回）

〔例5〕呸！今儿个推开窗说亮话，就不过看上我长得俊一点儿，打算弄到手，做个会说话的玩意罢了！（清·金松岑、曾朴《孽海花》一六回）

〔例6〕打开板壁说亮话，这事一些半些，几十两银子的话，横竖做不下来……（清·吴敬梓《儒林外史》一四回）

〔例7〕打破鼻子说亮话，还不是等姓贾的过来尽点心……

(清·李伯元《官场现形记》二七回) / 咱们打开鼻子说亮话：写卖券非过万不可，不写呢，一千出头就有商议。(老舍《老张的哲学》)

〔例 8〕对着你家大官府在这里，打开后门说了罢。(明·兰陵笑笑生《金瓶梅词话》三四回)

从〔例 1〕到〔例 8〕，“打开”和“天窗”的出现频率最高，而“开”“揭开”“推开”“打破”和“窗子”“板壁”“窗户”“大门”“鼻子”“后门”只是在个别例句中出现。“打开天窗说亮话”大多出现在现代例句中，而其他则大多出现在明清小说中。根据普遍性原则，在十二个变体中，我们把它规范为“打开天窗说亮话”，它是人们通用的说法。

又如这一组：半路杀出一个程咬金——半路上杀出一个程咬金——半路里杀出一个程咬金——半路上杀出一个李逵来——半路上杀出一个杨排风——半路钻出个杨排风——半夜里杀出个程咬金——横里杀出个程咬金。下面是实际用例：

〔例 1〕今天史步云身体不舒服，要马慕韩和大家研究研究。他原来估计大家一定赞成结束的，没想到半路杀出个程咬金来，朱延年公然不赞成，简直是不识大体。(周而复《上海的早晨》二部一五) / 徐义德小声对冯永祥说：“我们该告辞了，赵副主委有客人来了。”冯永祥刚打算在赵治国面前畅谈一番劳资关系的问题，半路杀出个程咬金，把他的话给打断了。(周而复《上海的早晨》四部一四) / 我怕耽误事情，说不必客气了，咱们心领就是了。正说得好好的，谁知半路又杀出一个程咬金来，老拱大娘不愿意啦。(白危《垦荒曲》二部三四)

〔例 2〕武黑翠从南房跳出来，一张黑脸阴沉了半个院子。“你……你胆敢污辱国家干部?”女科长没想到半路上杀出个程咬金，一时慌了手脚。（刘绍棠《十步香草》四一）

〔例 3〕噢，噢，噢！你——半路里杀出个程咬金，你不偷树好了，干么要你着急呢？（茅盾《残冬》一）

〔例 4〕那边姨太太一回戏尚未做完，半夜里杀出个程咬金来，把个老爷从热被窝里抢了去。（清·彭养鸥《黑籍冤魂》二二回）

〔例 5〕好啊！想不到横里杀出个程咬金，竟敢冲击我的摄影市场，我倒要去看看他有啥个花样。（《采风》1985 年 7 期）

〔例 6〕王奎老汉拍了下大腿说：“嘿呀，半路给钻出个杨排风！”又看着占富说：“兄弟，我可是饿啦！走吧！反正事儿不能算完！回头王科长来了，再说也不晚！”（康濯《东方红》上一章六）

按出现的频率，“程咬金”用得普遍，而像“李逵”“杨排风”只是在个别例句中出现，当选“程咬金”。“半路”“半路上”“半路里”“半夜里”“横里”我们用“半路”，因为“上”“里”指范围时意义虚化得很厉害，它们可以互换，那我们就不如以简洁为主，用“半路”。“半夜里”是结合语境产生的变异，所以这一条我们以“半路杀出一个程咬金”为通用说法。

再如这一组：指桑树骂槐树——指杨树骂柳树——指槐骂柳——指着葫芦骂瓢——指冬瓜说葫芦——指冬瓜骂葫芦。下面是实际用例：

〔例 1〕八月里哥儿死了，他每日那边指桑树骂槐树，百般称快。（明·兰陵笑笑生《金瓶梅词话》六二回）/然后，指槐骂柳的，仍对两位小姐发言，而目标另有所在“怎么，出去走走，还晒黑了脸吗？我的脸皮老，不怕晒！我知道帮助丈夫兴家立业，不能专仗着脸子白，装他妈的小妖精！”（老舍《四世同堂》九）/“你这么写，”春儿红着脸，在纸上指划着，“你写上我姐夫的名字，可是上面的口气儿，要说给另外一个人听。”“我没有写过这样的信。指桑树骂槐树，那怎么个写法哩！”（孙犁《风云初记》二七）

〔例 2〕徐芝罘回家看望干爹，她又恶言恶语，指着葫芦骂瓢。老虎跳把她打个贼死，她却是鸭子煮熟了嘴不烂，拳打脚踢不改本色。（刘绍棠《这个年月》七章）/肖容依然微笑着，露出一排整齐的白牙齿。“凤妹子，你别指冬瓜说葫芦，我看呀，你准有个姑娘心事，不知念着哪一位当兵的。”（陈残云《香飘四季》六章）/立柱妈，你说话说清楚，不要指冬瓜骂葫芦，你看见我的猪吃了那里的庄稼？（西戎《赖大嫂》）

用“骂”还是用“说”？“桑树”“槐树”“槐”“柳”“葫芦”“瓢”“冬瓜”用哪一个？从〔例 1〕、〔例 2〕看，大多数例句用的是“骂”；“桑树”“槐树”和“葫芦”“瓢”“冬瓜”使用频率相当，还是不好确定用哪个。但成语里有“指桑骂槐”，据此，我们建议用“指桑树骂槐树”。

（三）准确性原则

为传达准确的信息，人们在说话、著文或修改文章时，要斟酌词语，推敲文字，这些工作大半都属选择丰富的同义词语的范畴。同义聚合体变体中本体与变体、变体与变体之间基本语义相同，只是它们的附加语义不同，即它们各自发出的信息有所不同，这同样需要我们斟酌、推敲和选择。我们研究同义聚合体变体的积极意义就在于如何从这些语义相近、相似的变体中辨别出它们彼此的不同之处，以便在应用时能够选用恰当的惯用语，准确地表达思想感情。如“拖后腿——拉后腿，拉下水——拖下水——扯下水”这一组，在我们收集的例句中它们出现的频率大致相当，但我们倾向于用“拖后腿”“拉下水”。“拖”所发出的信息是“拉住物体”“拖累”“拖延”，它能较准确地表达出“行动上拖累别人，思想上影响、牵制别人”的语义。“拉”所发出的信息是“用力使朝着用力的方向移动”“跟着自己移动”，它能准确描绘出一方已在“水中”，把对方也拉入“水中”的情景。再如“大眼瞪小眼——大眼看小眼——大眼望小眼”这组，只有“瞪”能准确而传神地表达出无可奈何、毫无办法的神态。

二、具体的规范工作

首先，惯用语的规范工作应遵循《中华人民共和国国家通用语言文字法》的各项规定，与教育部、国家语言文字工作委员会发布的各项指令、规定相一致。据此，对惯用语中异形词变体，我们就应使用《第一批异形词整理表》中推荐的词形。

其次，处理好使用普通话和广泛汲取方言惯用语的关系。要用普通话来表达惯用语，但不能完全排除方言惯用语及区域变体。普通话在发展当中根据需要不断吸收方言里富有表现力的词、语来丰富自己，许多方言词所表示的事物或现象，在普通话里没有适当的词、语代替。由于惯用语口语化的特点，惯用语中有许多来自方言，也由于方言的影响而产生了许多区域变体。我们应适当汲取一些强势方言的惯用语，同时也采用一些已为人们所熟悉、接受的区域变体。如“茅房”“耗子”已经为人们所熟知，就可以保留这个变体。而“毛厕”“腚”“狐子”“黄皮子”“一气”“鼻哥窿”仍局限于一定区域，应对其进行规范。用普通话来表达惯用语是第一位的，切不可本末倒置。如过多地使用方言词，不仅会造成读者理解上的困难，而且不利于语言的规范化。

再次，要做好惯用语的研究工作。惯用语的变异纷繁复杂，需要我们系统分类整理和规范，需要通过研究惯用语语义来辨别其变体是否是积极变异，通过研究惯用语的性质来规范其变体，还须研究惯用语变异体之间的语义关系，以及惯用语变体对惯用语释义的影响。

第四章　歇后语的变异与规范

歇后语是人民群众所喜闻乐见的语言形式，它以众多的数量和独特的结构被广泛应用在各种文学作品和口语中，具有诙谐幽默、妙趣横生的表达效果，成为汉语语汇的重要组成部分，主要有三方面特点：

1. 取材广泛，表现在：

（1）以人物为内容，如：

诸葛亮摆八卦阵——内有奇门、两个哑巴见面——没说的、小孩吃泡泡糖——吞吞吐吐

（2）以动物为内容，如：

狗撵鸭子——呱呱叫、老鼠跌在米囤里——再好没有了、螃蟹过河——七手八脚

（3）以植物为内容，如：

黄连树下弹琴——苦中作乐、湿水棉花——无得弹（谈）、芝麻开花——节节高

⑷ 以食物为内容，如：

小葱拌豆腐——一青（清）二白、馒头出笼——热气腾腾、鸡蛋碰石头——白白送死

⑸ 以生活用品为内容，如：

扁担挑水——平肩、蜡烛脾气——不点不亮、绣花枕头——一肚子荞麦皮

⑹ 以交通工具为内容，如：

坐着火车吃烧鸡——这架骨头走到哪儿扔在哪儿、坐在飞机上放鞭炮——响（想）得高、火轮船打哆嗦——浪催的

⑺ 以鬼神为内容，如：

阎王爷贴告示——鬼话连篇、菩萨背后一个窟窿——庙（妙）透了、腊月十五的门神——热门货

⑻ 以某种动作、行为或现象为内容，如：

怀里揣着个牛角——朝自己顶、捧着屁股亲嘴——不知香臭、六月里下雪——稀罕事

2. 想象奇特，表现在：

⑴ 把鬼神当作人来想象，如：

泥菩萨洗澡——越洗越脏、吊死鬼搽粉——死要脸、阎王娘怀孕——一肚子鬼胎

（2）把动物当作人来想象，如：

狗坐轿子——不识人抬、老虎戴佛珠——假善人、黄鼠狼给鸡拜年——不安好心

（3）故意言过其实，把事物夸大，如：

电线杆子绑鸡毛——好大的掸（胆）子、八十斤的菜山药——块大、三张纸画了个驴头——好大的脸面

（4）故意违背事实，将事物缩小，如：

三尺长的梯子——搭（答）不上檐（言）、九两棉线织匹布——想得稀奇、一镢头挖一口井——图名

（5）根据历史人物或文学作品里的人物的特点来想象，无据可考，如：

张飞穿针——大眼瞪小眼、孔夫子搬家——尽是书（输）、猪八戒照镜子——里外不是人

（6）根据表意的需要来想象，在现实生活里不可能出现，如：

肚皮里点灯——心里亮、锅里煮娃娃——熟人、半云天里唱戏——下不了台

3. 语义双关，表现在：

（1）根据多义字产生新义，如：

墙上挂竹帘——没门、啄木鸟找食——全凭嘴、石板上钉钉

子——硬碰硬

(2) 根据谐音字产生新义，如：

墙上挂狗皮——不像画（话）、茶壶里装土地——锡器（息气）养神、何家的姑娘姜家的婆娘——姜何氏（刚合适）

(3) 根据假借字产生新义，如：

老鼠上秤钩——自称自、脑门上长瘤子——额外负担、黑瞎子叫门——熊到家了

(4) 根据组合字词产生新义，如：

脚后跟拴绳子——拉倒、哑巴见面——没说的、百年松树，五月芭蕉——粗枝大叶

(5) 根据比喻手法产生新义，如：

哈巴狗戴串铃——充大牲口、胖老婆骑瘦驴——肥瘦相搭、兔子挂掌——吃不住烙铁

多年来有众多学者对歇后语进行了大量的研究，并对这一名称提出了异议。温端政先生长期从事歇后语研究，他在《歇后语》（商务印书馆，1986年版）、《汉语语汇学》（商务印书馆，2005年版）等著作以及系列论文中认为：所谓歇后语，其实并不“歇后”，一般也不能“歇后”，歇后语前后两个语节的关系可以概括为“引子”和“注释”的关系，简称为“引注关系”，“引注关系”是歇后语内部关系的基本特

征，可以被定义为“非二二相承的引注语”。

近年来，随着对歇后语研究的深入，歇后语的规范问题也越来越引起学者的重视，比如《现代汉语谚语歇后语惯用语规范词典》已于2011年9月1日由华语教学出版社出版。

第一节　歇后语的变异现象

歇后语历史悠久、源远流长，承载着中华民族传统文化的信息和地域方言的特色。随着社会的发展，它也不断地进行演变，其中展现的相似现象，正是歇后语发展与变异的结果。

一、同义变异

意思相同，表达方式有所变化。

1. 在句子运用中略有不同。如：

〔例1〕“谁若是不识好歹，再作践乡亲们，那就是疤瘌眼儿照镜子——自找难看。”工人瞅着卜知礼警告地说。（郭明伦等《冀鲁春秋》一部四章三）

〔例2〕八姑一纵身跳下马说道：“哎呀！可把俺们急坏了！来回找了几趟，连你们个影也没见着。要真找不着你们呀，鲁王会叫我疤瘌眼照镜子，要我的难看喽！”（安徽阜阳专区文联《圈圈战》）

〔例1〕中的“疤瘌眼儿照镜子——自找难看”和〔例2〕中的“疤瘌眼照镜子——难看”都是指自己让自己出丑，在运用过程中发生变异。

2. 前一语节说法有所变化，后一语节保持相同。如：

〔例 1〕舅太太先纳闷儿道："怎么今儿个他又'外厨房里的灶王爷'，闹了个独座儿呢。回来叫我们姑太太坐在那儿呀？"(清·文康《儿女英雄传》三六回)

〔例 2〕进了院子，是座敞厅，厅上空无所有，正中摆了一张椅子，真如北京人的俗语，叫做外屋里的灶君爷，闹了个独座儿，旁边摆两把眉公椅，像雁翅般排开着。(清·李伯元《文明小史》四六回)

〔例 1〕中的"外厨房里的灶王爷——独座"和〔例 2〕中的"外屋里的灶君爷——独座"都是指独自占一个座位坐着。灶君爷是灶王爷的别称，灶王爷通常供奉在厨房炉灶附近，如供奉在厨房外，须另辟一龛。

3. 前一语节的表述角度不同，后一语节意思一致。如：

〔例 1〕尹思红无限同情地安慰，又十分难受地暗想：这种对口疮非常险恶。唉唉，看把老人折磨得只剩下皮包骨头了哩！好在医得及时，要不，真是外公死儿——没有舅（救）啦！（张作为《原林深处》九章）

〔例 2〕这棋已构成一个江湖残局，叫"蚯蚓降龙"，最多再变三十二步正着，外甥戴孝，没救（舅）的！（陈源斌《棋友》二）

〔例 1〕的"外公死儿——没有舅（救）"和〔例 2〕中的"外甥戴孝——没救（舅）"都是"舅"谐"救"，指没有救治的希望。但一个是从外公的角度来讲，一个是从外甥的角度来讲。

4. 前一语节取材不同，后一语节意思相同。如：

〔例 1〕看来孙够本也是丫头做媒，自身难保了，他哪还能顾得管钱家的事。（姜树茂《渔港之春》二三）

〔例 2〕他们心里很踌躇：答应带路吗？在逃兵荒的时候，泥菩萨过河，自身难保。不带吗？南军对我们老百姓是好的，难道叫他们送死不成。（李六如《六十年的变迁》一三章四）

〔例 1〕中的“丫头做媒——自身难保”是从女孩子自己尚未出嫁，无法给别人做媒这一事实来取材的，而〔例 2〕中的“泥菩萨过河——自身难保”是从用泥做的菩萨在过河过程中，自身都无法保持完整这一事实来取材的，但是所表达的意思都是自己还顾不了自己，哪能顾得上别人。

5. 前一语节取材相同，后一语节意思一致，但表达方式有所不同。如：

〔例 1〕对不孝女儿的火，程济仁这不速客又使他添烦恼，他认为这是夜猫子进门——不是好兆头。（刘亚舟《男婚女嫁》一一章）

〔例 2〕他站起身，手搭凉棚一看，说：“咦，是甘聚杰，这块料来干什么？”吕振忠深沉地一笑：“夜猫子进宅，没有好兆头，又造反来了呗！”（冯育楠《山林深处》一二）

〔例 1〕中的“夜猫子进门——不是好兆头”和〔例 2〕中的“夜猫子进宅——没有好兆头”都是比喻某人的到来准没有好事，凶多吉少，含有贬义色彩。其区别在于否定词，一个用了“不是”，另一个用了“没有”。

二、近义变异

意思相近，表达方式有所改变。

1. 前一语节取材相同，后一语节意思相近。如：

〔例 1〕马本斋静静地听着马铁男的悲惨遭遇，心里就像是打翻了五味瓶，苦辣酸甜咸都有，真不是个滋味！（马国超等《马本斋》一四章）

〔例 2〕那晚，他躺在医院观察室吊瓶输液的时候，心里像是打翻了五味瓶，全不是滋味，不但事实证明，在情爱这个疆域里奔驰，他已经失去荷枪实弹的战斗力，弄不好还有搭上一条命的危险。（李国文《涅》七）

〔例 1〕中的“打翻了五味瓶，苦辣酸甜咸都有”指心里各种滋味都有，很不好受。〔例 2〕中的“打翻了五味瓶，全不是滋味”指心里难受，很不是滋味。

2. 前一语节取材不同，后一语节意思相近。如：

〔例 1〕光吹牛，嘴巴子挑得起千斤，可是行动呢？怕踩死蚂蚁，你呀，怪不得别人讲你是野猪拱红薯——全靠一张嘴。（曾辉《八月雪》九章）

〔例 2〕赵同岩笑道：“你是鸭子落进滚水里，就剩了一张嘴。”他虽然这么说，但心里也觉得肖梦说的学校问题，是个实实

在在的问题。（张凤雏《铺满苔藓的路》一〇）

〔例 1〕中的“野猪拱红薯——全靠一张嘴”比喻人没有实际本领，全靠能说会道。〔例 2〕中的“鸭子落进滚水里，就剩了一张嘴”比喻人没有别的能耐，就只有嘴巴能说会道。

三、同类变异

同一词类的词语，可以替换。

1. 动词的替换。如：

〔例 1〕“人总是希望越过越好，像矮子登楼梯，步步高升才美哩。”乔传秀逗趣说。（白危《垦荒曲》二部三五）

〔例 2〕那轿夫嬉皮笑脸：“董先生，矮子爬楼梯——步步高升嘛。恭喜发财，多赏几个喜钱。”（鄢国培《巴山月》上六）

〔例 3〕马总队长，当初我是看在你的面子上，才拉着队伍出来抗日的，今天早上的事你全看到了吧？姓刘的尽给我小鞋穿，他这是“八哥啄柿子——拣软的吃”。（马国超等《马本斋》二二章）

〔例 4〕实娃子得了把斧头，心里怪美气的，心说这回吴老财再也不敢八哥啄柿子——拣软的挑了，若还那样就劈了他。（刊）

〔例 1〕中的“矮子登楼梯——步步高升”和〔例 2〕中的“矮子爬楼梯——步步高升”都是指境况越来越好或地位、职位逐步提高，只是一个用了动词“登”，而另一个用了动词“爬”。〔例 3〕中的“八哥啄柿子——拣软的吃”和〔例 4〕中的“八哥啄柿子——拣软的挑”都是比喻欺负软弱的人或拿弱势开刀，区别在于一个用了动词“吃”，另一个用了动词“挑”。

2. 名词的替换。如：

〔例 1〕马铁男走到哈少甫跟前捅了他一下：“喂，少甫，你还是推你的‘么二六’去吧！”铜小山也凑过去瞟了他一眼：“算了吧，你练起拳来，像八十岁的老头儿学吹打，上气不接下气，还打鬼子？”（马国超等《马本斋》一七章）

〔例 2〕端姑看到这情景就对来来婶说：“老嫂子，来来和磙子在外面全挺好的，再说国民党是八十岁的老汉学吹打，上气不接下气，咱是年轻娃子扛碌碡，正在劲头上。”（刘子威《在决战的日子里》二一章）

〔例 1〕中的“八十岁的老头儿学吹打——上气不接下气”和〔例 2〕中的“八十岁的老汉学吹打——上气不接下气”都是形容人或集团处于衰老或衰退状态，力不从心，区别在于一个用的是儿化名词“老头儿”，另一个用的是名词“老汉”。

3. 形容词的替换。如：

〔例 1〕谁知王红眼进了屋，并没有追问打王凤子的事，而是假惺惺地和爹爹套起近乎来：“大兄弟，腿好点了吧。得想个法子赶紧治一治呀。”玉宝心里骂道：“这个黑心肝的东西，是白脸狼戴草帽，假充善人。”（高玉宝《高玉宝》四章）

〔例 2〕你别在我面前“白脸狼戴草帽，假充好人”！你干的那些坏事，全在我肚里装着！要不，人家为什么叫你是长尾巴蝎子呢！（严霞峰《况公案》三七回）

〔例 1〕中的“白脸狼戴草帽——假充善人”和〔例 2〕中的“白脸狼戴草帽——假充好人”都是比喻坏人乔装打扮，冒充好人，区别在于一个用了形容词“善”，另一个用了形容词“好”。

4. 方位词的替换。如：

〔例 1〕你要叫我说哪个不对，我不能木匠的斧子——一边砍哪！（魏巍《东方》四部六章）

〔例 2〕高志强：“唉，咱是好心做了驴肝肺，你总是木匠的斧子一面砍，我就是干的对，你也说不对，老徐就是干的不对，你也会说对。”（西戎等《兴业春秋》一章九）

〔例 1〕中的“木匠的斧子——一边砍”和〔例 2〕中的“木匠的斧子——一面砍”都是比喻看问题片面或处理纠纷时偏袒一方，区别在于一个用了方位词“边”，另一个用了方位词“面”。

四、古今变异

由于语言的演变而发生变异。如：

〔例 1〕韩信用兵，多多益办，此是化工造物之妙，与文同用。（明·王世贞《艺苑卮言》卷三）

〔例 2〕我们的目光要注重在民众，不要注重在一人。我们应当乘时势危急，组织团体，集合人才。如韩信将兵，多多益善，以扩张党势。（清·张鸿《续孽海花》四一回）

〔例 3〕“你就想要两吊制钱，你见过白花花的银子吗？”“那是韩信点兵——多多益善。”（鲍昌《庚子风云》二部七章）

〔例 4〕眼下咱是工、农、兵、学、商，一齐来救亡，共产党领导，做工农兵的当骨架，这叫韩信点兵，越多越好，愿打日本的就算数，都团结他们。（刘江《太行风云》四二）

〔例 2〕中的歇后语“韩信将兵——多多益善”，语本《史记·淮阴侯列传》：“上（刘邦）问曰：‘如我能将几何？’（韩）信曰：‘陛下不过能将十万。’上曰：‘于君何如？’曰：‘臣多多而益善耳。’”韩信：汉初淮阴（今江苏淮阴）人，初属项羽，后归刘邦，被刘邦任命为大将，后被封为楚王。韩信善于领兵作战，兵越多，指挥越自如。在明代《艺苑卮言》卷三中用作“韩信用兵，多多益办”，在清代《续孽海花》四一回中用作“韩信将兵，多多益善”，在现代小说《庚子风云》二部七章和《太行风云》四二中分别用作“韩信点兵——多多益善”“韩信点兵——越多越好”，体现了历时和共时的语言变异。

五、地域变异

由于方言的影响而产生的变异。如：

〔例 1〕他以为这样做群众会对他发生好感哩！大家知道他这是黄鼠狼给鸡拜年，不安好心，谁也不睬他。（刘流《烈火金钢》一一回）

〔例 2〕郭全海一想，黄皮子给小鸡子拜年，还能安啥好肠子吗？（周立波《暴风骤雨》一部九）

〔例 2〕“黄皮子给小鸡子拜年，还能安啥好肠子”中的“黄皮子”指黄鼠狼，是方言词，体现了地方特色。

六、语境变异

被运用到句子中时所发生的变异。

1. 后一部分被省略。如：

〔例 1〕“哈，大保长，你是做梦娶媳妇儿——光想好事呀。”苏志刚讽刺地笑道，“可惜你进错庙门了，我想弄支枪打狗，还没弄到手哩！”（田瞳《沙浪河的涛声》一三章）

〔例 2〕现在一边打牌，一边又想起了翠兰，也因为酒喝多了点，王成明不由得做梦娶媳妇，浑身麻酥酥的。（蒋寒中《天桥演义》五）

2. 插入方位词“里”。如：

〔例 1〕这时，敌人真像钻进风箱的老鼠，两头受气，再也不愿意在这神秘的黑夜里，十分不利作战的地形上多停留一秒钟，像被打的狗儿夹起尾巴朝江城遁逃了。（冯志《敌后武工队》二章）

〔例 2〕出一点儿错，上边父皇要严厉训斥。下边，八爷的阿哥党群起而攻之，活像是钻进风箱里的老鼠，两头受气。（二月河等《康熙大帝》四卷）

3. 插入拟声词“哗啦”“呼啦”。如：

〔例 1〕为了把事情弄清楚，他鼓励王强说：“王强同志，有什么话，像竹筒倒豆，全倒出来。不管中听不中听，我都乐意听，你继续讲下去吧！”（陈绍基《金十字架》一二）

〔例 2〕有人揭发你，而且证据确凿，我们也是爱莫能助呀！

希望你幡然醒悟，竹筒倒黄豆，哗啦一声全倒光，我们也好向上面交账。（武剑青《流星》九章）

〔例 3〕周青可不管这个那个的，心里有什么，就说什么。这可真是“竹筒子里倒豆子，呼啦全都倒出去了”。（刘林仙《薛仁贵征东》四〇）

4. 添加前一部分内容。如：

〔例 1〕你没把事情闹清楚，这女子是三爷昨天用银子买来的丫头，自然要把她带回府去，要尊驾出来“狗咬耗子，多管闲事”干嘛呢？（田汉《谢瑶环》三场）

〔例 2〕我说：“……你说那天上的大昴星到底是个什么？”他没有立刻回答我，他似乎想了一想，才说：“穷人不观天象。狗咬耗子，猫看家，多管闲事。”（萧红《呼兰河传》六章二）

5. 前后两部分颠倒顺序。如：

〔例 1〕你狗咬吕洞宾，不识好歹……一片好心当作驴肝肺，我是那样说了么？叫你不认娘了么？不准你回去了？（谭元亨《带刺的白石榴子花》）

〔例 2〕二嫂子，我是好意，替你加点威风。怎么这样不懂好歹，真是狗咬吕洞宾！（田汉《械斗》二幕）

上文中的“做梦娶媳妇”“钻进风箱里的老鼠，两头受气”“竹筒倒黄豆，哗啦一声全倒光”“竹筒子里倒豆子，呼啦全都倒出去”“狗咬耗子，猫看家，多管闲事”“不懂好歹，真是狗咬吕洞宾”都是根据语境的需要所做的临时性变异。

第二节　歇后语变异的原因

歇后语来源于人民群众的社会生活，并承载着各地的乡俗文化，它的变异与社会生活的变迁、各种文化的发展以及语言环境的不同紧密相连，我们可以从这三个方面来分析：

一、歇后语的变异离不开社会的发展

社会的发展对歇后语的变异有着重大的影响。

（一）形式的变异

歇后语根源于隐语，隐语是指不把要说的意思明说出来，而借用别的话来表示，比如“友于”指“兄弟”、“燕尔”指“新婚”、“秋胡戏”指“妻”、“杨柳细”指“腰”。在唐彦谦的《过长陵》中有两句：“耳闻明主提三尺，眼见愚民盗一杯”其中以“三尺”代“剑”，以“一杯”代“土”，这种隐语被著名语言学家陈望道先生称为藏词式歇后语。比如施惠所著的《幽闺记》第九出有一段就是藏词式歇后语的运用：

> ［丑］好，你看耀日争光。这红帽儿不用了，赐予你们吧。且住，还要早晨夜晚戴戴。拿那雌雄宝插在我杨柳细边。［末］这怎么说？［丑］雌雄宝剑，杨柳细腰。

随着社会的发展，与这种像谜语式的藏词式歇后语并驾齐驱的另一种歇后语形式也悄然兴起。古代的《杂纂》系列是古代歇后语汇编的代表作，其特点就是以歇后语的“后语”为纲，列举对应的“前语”

组成一组。比如：

《义山杂纂》共收44组，其中第一、二组为：

必不来　醉客逃席　把棒呼狗
客作偷物请假　追王侯家人

不相称　先生不甚识字　贫斥使人　穷波斯　不解饮弟子
瘦人相扑　社长乘凉轿　瘦杂职　病医人
老翁入倡家　屠家看经　肥大新妇

《续杂纂》共收39组，其中第一、二组为：

奴婢相　添瓶满　挑灯长　放物当路　翻著衣裳
扱卓子高　吃干饭　疾睡著　剪烛短

凡恶　裹假紫头巾　系古样腰带　沥酒作咒　谈话咂眼
吃猪脏夹子　著绣鞋　敲卓子唱《文序子》
说大官是亲情　好看相扑　上马扠手祗揖
说著大官后扣头

《杂纂二续》共收25组，其中第一、二组为：

叵耐　监司闻部下赃滥事发　猾胥曲法取受
奴婢不伏使唤　见非理论讼平人
知人去上官处损陷

自羞耻　和尚道士有家累　师姑养孩儿　应举遭风水榜
在官赃污事发　说脱空漏绽

《杂纂三续》共收45组，其中第一、二组为：

必不来　贫士请贵要　子弟穷后邀帮闲　父母诏训骄儿
衙门提势豪　冷曹结客

杀风景　　鼓吹游山　听歌说家务　松林作厕　对名姬骂坐

　　　　　名山壁上题词

《杂纂新续》共收25组，其中第一、二组为：

无凭据　　测字论休咎　考童年岁　沿街卖药　骨董行

　　　　　医家水牌　族谱始祖

阻兴　　　游山说家常话　中秋无月　放爆竹不响

　　　　　赏花时大雨　盛筵主人吝酒

《广杂纂》共收12组，其中第一、二组为：

合弗来　　买爆仗与别人放　施主斋僧拜和尚

最好看　　撮戏法人肚里饿发极　哑子讨钱做手势

　　　　　醉汉打锣鼓

可以看出，这种歇后语并没有“歇后”，而是强调了表意的目的语，其形式还没有发展到我们现在常见的引语在前、表意语在后。但在现在流行的歇后语中也仍有与《杂纂》系列中的具体条目类似的例子：“不爽快：钝刀子割肉”其实就是《杂纂》系列中“不快意：钝刀切物”的变异。

在元杂剧中其实已经出现我们现在所说的歇后语了，即前语是“引子”，后语是“注释”。比如关汉卿《赵盼儿风月救风》第二折里这样一段：

我到那里三言两句，肯写休书，万事俱休；若是不肯写休书，我将他掐一掐，拈一拈，搂一搂，抱一抱，着那厮通体酥，遍体麻。将他鼻凹儿抹一块砂糖，着那厮舔又舔不着，吃又吃不着。赚得那厮写了休书，引章将的休书来，淹的撇了，我这里出了门儿……

这里所运用的“鼻凹儿抹砂糖——舔又舔不着，吃又吃不着”，即为引注式歇后语。

藏词式歇后语属于“歇后”类，引注式歇后语属于“不歇后”类，在运用过程中，两种形式都可以。如：

〔例 1〕一口饭，吞不进，吐不出。嫂赐食，一似吕太后的筵席。（元剧《杀狗记》十三赚曲）

〔例 2〕前后共吃了七杯酒过，众人却似吃了吕太后一千个筵席。（明·施耐庵《水浒传》二六回）

〔例 3〕唐状元心里想道，这番官诈败假输，奉承我九口飞刀的术法，这吕太后的筵席，好狠哩！（明·罗懋登《三宝太监西洋记》二三回）

这三个例子都运用了歇后语“吕太后的筵席——好狠”，在元剧《杀狗记》中是歇后的；在《水浒传》中歇后的同时还进行了变异，加了“一千个”起加重语气的作用；在《三宝太监西洋记》中没有歇后。

（二）语义的变异

歇后语是汉语语汇的重要组成部分，它是由词和词组合成的叙述性语言单位，其中词汇对社会的变化发展是最为敏感的，各种各样的层出不穷的新事物需要有与之相适应的新词语来反映。新词语产生的途径大致有四种：一是与新事物进行相似匹配，二是利用旧词产生新义，三是以某一词素为核心进行相似辐射，四是翻译外来词的语音。

其中旧词产生新义的方法大多采用隐喻的手法，因为现代隐喻学理论认为：“隐喻普遍存在于我们的日常生活中，不但存在于语言中，而且存在于我们的思维和行为中。我们赖以思维和行动的一般概念系统，从根本上讲是隐喻式的，隐喻不仅仅是一种语言修辞手法，更重要的是一种思维方式，它是一种以抽象的意象图式为基础的映射，从一个人们比较熟悉的、具体的、易于理解的源域映射到一个人们不太熟悉的、抽象的、较难理解的目标域，通过映射，人们在源域与目标域两概念领域间创立关联，以达到认知的目的。”① 运用隐喻可以使词义不断延伸，而词义的延伸往往导致新词汇的产生。词义可分为本义和延伸义。本义往往反映的是人们对物质世界的直接认识，但随着社会的不断发展，新事物层出不穷，人们需要表达新概念。根据语言的经济性原则和相似性原则，人们在原有词义基础上扩展出词汇的延伸义，从而产生出新词汇。如在计算机领域存在着大量的通过隐喻方式建构起来的新词汇，如“老鼠——鼠标”“圆盘——磁盘”“印刷工——打印机”“探索者——浏览器”“窗户——视窗”“（生物学）病毒——（计算机）病毒”“眉——页眉”“脚——页脚”“桌子——桌面”等等，所以词义的变异是社会发展的需要，是人们认知心理的需要。

同样，为了适应社会发展的需要，歇后语的语义也在不断地发生变异，表现形式有以下几种：

1. 假借后一语节里某一字的引申义产生变异。如：

〔例 1〕当此一日，小偻踏着山冈，问了三声道：“有好男子跟的孙孔目哥哥往泰安神州烧香去？你正是囊里盛锥——尖者自出。”我便道：“我敢去！我敢去！”（高文秀《黑旋风》三折）

〔例 2〕马守田顺水推舟，转了口气，“这小伙子是哪吒下

① 束定芳：《隐喻学研究》，上海外语教育出版社 2009 年版。

凡——一身火，免不了有时候烫着个人。毛病么，谁都有。总的说，他还是个好样的。——啊？咱们实事求是。”（奚青《望婚崖》四一）

〔例 1〕中的“囊里盛锥——尖者自出”，“尖”本指锥子的“尖端”，引申指“拔尖”，这条歇后语的语义演变为：比喻拔尖的人自然会出头。〔例 2〕中的“哪吒下凡——一身火”，“火”本指“火焰”，引申为“火气”，这条歇后语的语义演变为：形容人脾气暴躁，极易发怒。

2. 利用后一语节里某一词的同音或近音相谐而产生变异。如：

〔例 1〕凌少辉满不在乎，说道：“网让他们拉吧！俗话说：作啥吃啥，卖啥吆喝啥。当兵的人，就是‘拿着算盘——找账打’。”（曲波《山呼海啸》二九）

〔例 2〕“他们这是第三次宣布结婚了，这回不会像前两次那样，戏台上假做戏吧？”“这回是年糕落锅——蒸（真）的啦！”(华棠《迟开的含笑花》)

〔例 1〕中的“拿着算盘——找账打”，“账”与“仗”同音相谐，由“算账”演变为“打仗”，其语义演变为：指主动出击，找敌人作战。〔例 2〕中的“年糕落锅——蒸（真）的”，“蒸“与“真”近音相谐，由“蒸食”演变为“真实”，其语义演变为：指事情是真实的。

3. 根据后一语节里某一词的比喻义而产生变异。如：

“最近有人提媒没有？”二狗腿关心的样子问。倔人想起闺女的信，生气地说：“没人提，不知人家啥时搞。现如今婚姻自主，老人的不管那事！”“我是碟子里扎猛子——不知深浅！”二狗腿试探着说，“眼下可有个好茬儿，不知大哥你们能同意不？”（李惠文《乱世夫妻》一四章）

“碟子里扎猛子——不知深浅”，“深浅”本指水深浅的程度，转喻分寸，其语义演变为：比喻人说话、做事没有分寸。

4. 根据后一语节里词与词的组合，生成一个新词而产生变异。如：

（二嫂）说着把饼子和熟鸡蛋分给了有有和幼虎：“这几个生鸡蛋和黄豆，给马儿添劲，俺这叫疙瘩饼子送闺女，实心实意，有啥你们就吃啥！”（李荣德等《大雁山》）

“疙瘩饼子送闺女——实心实意”，“疙瘩饼子”指无馅的实心饼子，“送闺女”指送人情意。“实心”与“实意”组合成“实心实意”后，这条歇后语的语义演变为：指人诚心诚意，毫无虚假。

5. 根据后一语节整体词组含有比喻义进行变异。如：

吕方笑道：“我那是‘毛毛虫爬树梢，沾高枝儿’呢！他哪一点儿像是我的大舅，等我做了官儿，求皇上封他当我大舅吧！”（王中文《忠义梦》二二回）

“毛毛虫爬树梢——沾高枝儿”，后语“沾高枝儿”是带补语的述宾词组，比喻凭借地位高的人而得到好处。

以上五种情况，都属于歇后语语义的双关，双关法是歇后语语义发生变异的一种重要方法。

二、歇后语的变异离不开文化的内涵

歇后语是人民群众创造的，承载着浓浓的文化信息。它的变异无时无处不在，这不仅取决于语言本身的丰富性和社会性，更取决于所具有的文化属性。无论我们是否意识到都存在这样一个事实，即歇后语变异的产生和形成往往直接或间接地受到文化因素的影响，而文化因素的差异、变迁又体现在歇后语的变异中。这里仅举两例：

（一）春节的文化内涵

春节是中国人的传统节日，一到了腊月，人们就开始忙碌，准备过年。这一节日原本是为避邪、御凶而设置的，特别是用来祭神祭祖的。还有一个说法，就是腊月二十三过小年，是祭灶神的，灶神也称“灶王爷”，如歇后语“灶王爷的横批——一家之主”“灶王爷吃糖瓜——稳拿”“灶王爷上天——多言好事”就反映了这一点。灶王爷是家神，他的职责是监管人事，每年上天汇报一次。老百姓在灶王爷上天之前用糖瓜祭祀一下，想甜甜他的嘴，目的是希望他说点好话，赐福给老百姓。到了大年初一，还要摆上供奉祖宗的祭品，如果不上供，不请神，神是不会到家过年的，正如歇后语所说“正月初一不上供——没神”。

随着社会的发展，生产力水平的不断提高，人们的认识能力日益增强，文化财富大量积累，春节也被注入了新的内容，得到了新的阐释，其内涵已发生根本性的变化：

1. 已由需要避邪、御凶的坏日子变成了喜庆的好日子，并且节日的吉祥、喜庆色彩越来越浓厚，如歇后语“大年初一生娃娃——双喜临门、过年娶媳妇——双喜临门、大年初一过生日——双喜临门”。

2. 过年也意味着合家团圆，如歇后语“三十晚上吃团圆饭——人齐话圆、三十晚上吃年饭——没有外人、过年吃团圆饭——济济一堂、过年吃饺子——都是一家人”。

3. 春节也成了加强人际关系、走亲访友联络感情的好日子，即所谓的“拜年”，如歇后语“大年初一见了人——尽说吉利话、大年初一见了面——尽说好话、大年初一拜年——你好我也好、大年初一拜年——彼此彼此、正月初二拜丈母——正是时、正月间走亲戚——有来有往、正月间走亲戚——礼尚往来”。

另外，放爆竹也是春节的一个习俗，如歇后语“三十晚上的爆竹铺——有多少卖多少、大年午夜的鞭炮——一阵接一阵、大年夜的爆竹声——此起彼落、大年三十的爆竹——乒乒乓乓”，燃放爆竹本为避灾驱邪，这些歇后语却极力渲染其热闹气氛，表明放爆竹的作用已经转为喜庆和欢乐。

（二）动物的文化内涵

在歇后语中，有许多取材于动物，动物被拟人化。人们往往用动物的特征习性来比照人的特征习性，又用人的眼光来看动物，将人的特点映射在动物的身上，赋予其与人事相关的特定含义，成了某种人事的意象符号。比如麻雀、耗子、蛤蟆等成了目光短浅、小心眼、没见过世面的意象符号，产生大量歇后语，如“麻雀的肚腹——小心眼”“属耗子的——小心眼”“井底的蛤蟆——目光短浅”“井底下的青蛙——没见过世面”“深山的麻雀——没见过世面”；再如狼成了恶人的意象符号，相关歇后语有“狼进山神庙——充善人”“狼带羊羔进山——没回音”“狼看羊羔——越看越少”“狼请羊做客——能有啥好心”“狼不吃肉——装正经”；等等。

实际上，动物被人赋予的意义不是固定的，它有一个演变的过程。

比如猪现在是又蠢又丑的意象符号，“老母猪过街——又不顺眼，还又慢”“母猪吵架——笨嘴拙舌”“老母猪敲门——哪里来的蠢货”“老母猪遇上貂蝉——丑得没人样儿”等歇后语中的“猪”就是如此。

在古代文化中，猪一度曾被奉为神明，属于猪族的神还不少。《西游记》中的天蓬元帅，被贬到人间成了猪八戒；负责生育的女神紫姑也属猪形；云雨之神、水神、雷公都曾由猪族神明担任；而那爱娶媳妇的河伯也属猪族。在民间，猪不仅尊贵而且还很圣洁，因此成了古代祭祀的上品，这在歇后语中也得到了反映：“三个菩萨俩猪头——没有你的份”，猪头是供菩萨的祭品，可见猪具有相当高的地位。

三、歇后语的变异离不开语境的变化

张志公先生指出：“语言总是在一定的交际环境中使用的，因此分析语言现象，必须把它和它所依赖的语境联系起来，离开一定的语境，把一个语言片断独立起来分析，就难以确定这个语言片断的结构和意义。”[①] 可见，研究语言现象，定要与语境相结合。当静态的一个个歇后语被运用于交际环境中时，在语境的作用下会发生各种各样的变异，呈现出不同的特点，歇后语的变异离不开语境的变化。

1. 语境造成歇后语的表达方式发生变异。如：

〔例 1〕兰弟给她仗胆儿说：“不要紧，天黑了，这么多的人，他老虎吃天没处下嘴！”（李英儒《还我河山》六章二）

〔例 2〕褚占峰见到黎沧海，很惭愧地叫了一声：“团长……”

① 张志公主编：《现代汉语》，人民教育出版社 1982 年版。

“你的总结该交卷了吧?”黎沧海问。“咳，老虎吃天，不知从哪儿下嘴。”(王世阁《火网》七)

〔例 3〕刘改花：“小组的人都是刚出学校，庄稼行里不摸门，老虎吃天——还不知道该从哪头下口。”(西戎《青春的光彩》一幕)

〔例 4〕就只怕她摆出一副拒人于千里之外的架子，不容你开口，断然拒绝接头，那就老虎吃天——叫他无从下手了。(房群等《剑与盾》三五回)

〔例 5〕他站在县府大楼的他的办公室的大窗户前，看着县城田野群山，觉得自己很渺小，拿不准能不能做它们的主人，有点儿老虎吃天无法下口的感觉。(毕四海《皮狐子路》一一章)

〔例 6〕看看周围的人，都用两只眼盯住他，好像希望他能说两句话，把这场纠纷圆满地结束。可是他该说甚么呢?真是老虎吃天，无从下口呀!(西戎《纠纷》五)

〔例 7〕这是费人思索的数学之谜。直接回答出结论，好比老虎吃天——无从下嘴。(扈文华《您的烦恼来自“大事做不来，小事不愿做”——量变与质变的关系》)

〔例 8〕黑氏说：“我想那家作甚，那么不廉耻?我想别人能做赚钱的生意，咱就不行了?咱不说能像那家一样暴发，也不至于这样老穷下去。”到底做些什么，木椟老虎吃天无处下爪，黑氏也两眼乌黑。(贾平凹《黑氏》四)

〔例 9〕他们在青年时期，就毅然肩负起似乎是“老虎抓天，无从下手”的改造中国和世界的责任；就决心在这夜气如磐、狐鼠横行的世界中，开辟出一条光明大道。(李锐《新民学会》)

〔例 10〕兰州北有黄河天险，东南西三面有高山阵地，敌人如果真要死守，我们攻打起来恐怕也像老虎抓刺猬，不好下手。（张俊彪《鏖兵西北》一五）

〔例 11〕就像眼前的史伍德，假如要想说服他，只怕是并不容易，因为你就摸不透他。有如老虎咬刺猬，无处下口。（张平《天网》）

〔例 12〕我一字不识，学习起来好比老虎吃田螺，无从下口。（马忆湘《朝阳花》五章四）

上例中的歇后语都是比喻事情棘手，难以下手。但表达方式已发生变异，这是由于语境不同，说话者的口气、感情色彩、具备的知识能力均不同而造成的。

2. 语境造成歇后语的语义发生变异。如：

〔例 1〕有人问："你说说，你们俩亲过嘴儿没有？"大水满脸是笑，可又皱着眉头说："这话可太不像问题啦！我两个一块儿工作这么些年，真是小葱拌豆腐——一清二白；别说亲嘴，就连个手也没有拉过呀！"（孔厥等《新儿女英雄传》一六回）

〔例 2〕她认为在森林的日日夜夜，他们的一切活动，都是小葱拌豆腐，一清二白的，没有什么说不出口，见不得人的。（高梦龄等《落日》四）

〔例 3〕他当副业队长，每天大把票子从他手里过，多会儿都是小葱拌豆腐，一清二白，从来没出过错。（聂海《靠山堡》六）

〔例 4〕大家要抓紧时间，发言要小葱拌豆腐——一清二白，别连汤带水的。（肖驰《决战之前》一〇章）

〔例 5〕于头看模样虽是糊糊涂涂，可他的心眼儿比谁都机灵，就像俗话说的：小葱拌豆腐——一清二白。（陈立德《前驱》二七章）

〔例 6〕这是小葱拌豆腐，一青二白的事情嘛，这规矩又不是我李家定哩！（刘江《太行风云》二六）

很明显，〔例 1〕中的“小葱拌豆腐——一清二白”，强调男女之间的关系是纯洁的友谊，没有污点。〔例 2〕中的“小葱拌豆腐——一清二白”，说明行为光明磊落，没有干见不得人的事。〔例 3〕中的“小葱拌豆腐——一清二白”，是说账目清清楚楚，没有差错。〔例 4〕中的“小葱拌豆腐——一清二白”，意思是说话要简明清晰，不要啰唆。〔例 5〕中的“小葱拌豆腐——一清二白”，意思是对事情的来龙去脉心里很清楚。〔例 6〕中的“小葱拌豆腐——一青二白”，“青”谐“清”，是指规矩定得很清楚。

可见，在不同的语境中，歇后语的语义也相继有所改变。所以说语义离不开语境，语境影响着语义。

第三节　歇后语规范的基本原则

由于歇后语的内容涉及社会生活的各个领域，而我们又不难发现与人类生活有关的各个领域中的事件进程，大都有一个从无序到有序、从混乱到合乎规范的发展过程。虽然有序和合乎规范的状态有时会被新的无序和混乱状态突破，但建立新的有序和合乎规范的状态则依然是事件进程的目标。所以，对于记录和反映民众生活经验和历史事件进程的歇后语，必定会随着社会的发展和自身的不断变异，进一步要求得到科学的管理和规范。具体来说，要规范歇后语，可以按照以下原则来进行。

一、通用性原则

根据科学的统计和社会调查，选取公众目前普遍接受并通常使用的歇后语作为标准。如：

〔例 1〕“我刚来，真是丈二和尚摸不着头脑！你的估计怎样？你谈谈看。”陈坚欣然地说。（吴强《红日》三章一三）/“找到么子？”我丈二和尚摸不着头脑，莫名其妙地望着她问。（马忆湘《朝阳花》一〇章四）/肖汉正在用酒，忽然降临了这么一个不速之客，并指桑骂槐地发了一顿牢骚，使他丈二和尚，摸不着头脑。（刘浩鹏等《龙公案》六五回）

〔例 2〕张漆匠心下慌张，问这尼姑道：“师父这是什么所在，叫我进来？”尼姑把一只手摇着道：“莫要做声，自有好处。”张漆匠便不敢开口，却似丈二长的和尚摸不着头脑。（明·周楫《西湖二集》卷二八）

〔例 3〕冯老殿一屁股坐到圈椅上，向众人扫了一眼，拍拍额头说：“……他说我今年喜气临门，要交好运了。我想来想去，想不出个来由……”众人叫他说得丈二高的和尚摸不着头脑。（王英先《枫香树》二章）

〔例 4〕江菊霞听得徐义德突然转到棉纺工会改选的问题上来，感到丈八和尚摸不着头脑，她亲热地叫道：“德公，你刚才说啥？”

(周而复《上海的早晨》四九)

〔例 5〕苦荼更加悲伤了，呜呜咽咽地哭：“人人夸你，我就说你不是男子汉。”三多更是丈二金刚摸不着头了。“我从没欺负过人，大嫂，我对你一向是尊重的。”（司马文森《风雨桐江》九章一）

〔例 6〕此时，季交恕心里更加惶惑起来：“怎么搞的呀?”虽从此知道一个大概，然而都督府的情形，还是丈八金刚，摸不着头脑。（李六如《六十年的变迁》六章四）

〔例 7〕银华看看凌云青气成这个样，真是丈八菩萨摸不到头脑。（陆地《瀑布》二五）

〔例 8〕像蓦地碰着丈二大炮，纪英一时摸不着炮口，有点诧异地一本正经回答：“不，都不是，班长，我今天是来执行道路侦察任务的呵！”（张作为《原林深处》一章）

从〔例 1〕中可以看出“丈二和尚——摸不着头脑”被多名作家使用，而〔例 2〕至〔例 8〕中的“丈二长的和尚——摸不着头脑”“丈二高的和尚——摸不着头脑”“丈八和尚——摸不着头脑”“丈二金刚——摸不着头”“丈八金刚——摸不着头脑”“丈八菩萨——摸不着头脑”“丈二大炮——摸不着炮口”被个别作家使用，属于个别情况。所以这条歇后语应规范为“丈二和尚——摸不着头脑”。再如：

〔例 1〕田齐思索片刻，计上心来。他忙把死鹰撕开，把鹰血抹了自己一脸，跑到大笼子前就喊叫起来，这真是卤水点豆腐，一物降一物。五只猴子见田齐满脸是血，立时就吓得龟缩到一块了。(刘浩鹏等《洪武剑侠图》六三回）/刘民自知动嘴不是洪根柱的对手，动力气也不行，有人一劝他就自动收场了。这叫卤水点豆腐，一物降一物。（蒋子龙《弧光》一〇）/哪想到小个子虚晃一枪，不等刘伟城下手，就猛地一拨，刘伟城只觉得手心一麻，左胸前又是当的一声。“三比零！好哇，强中自有强中手，能人之外有能人！”小黄高兴地喊着：“卤水点豆腐——一物降一物。”（金敬迈《欧阳海之歌》四章一九）/身体瘦小的小脚女人于鲁氏，揪着她的大个子丈夫的耳朵，雄赳赳地回家。于大巴掌歪着头，唧唧哇哇地叫着，甩动着两只像小蒲扇一样的大巴掌。人们看到这情景，都笑弯了腰，说：真是卤水点豆腐——一物降一物啊。（莫言《丰乳肥臀》七章二）

〔例2〕“用你们当地人的话说，这叫‘卤水斩豆腐，一物降一物’。”苏东坡打趣地说，“现在是‘特料煮驴肉，名吃传千古’！这种特料不单是调味品，且令老驴肉变做嫩驴肉。我有个草药方可代那特料之功。”（孙怀洲《东坡驴肉》）

〔例3〕弯弯绕这会儿劲头正鼓得挺足，就自告奋勇说：“我走一趟。”马大炮的哥哥说：“对啦，你去行，一绕就把她给绕出来了。”把门虎说：“一物降一物，卤水做豆腐，同利大叔最能治她！”（浩然《艳阳天》一三二章）/我就是专治你们的。一物降一物，卤水做豆腐，这就是社会的系统工程！（王兆军《盲流世家》二一）

从〔例1〕中可以看出“卤水点豆腐——一物降一物”较常用，〔例2〕中的“卤水斩豆腐，一物降一物”不常用，〔例3〕中的“一物降一物，卤水做豆腐”虽然有两个用例，但我们还是习惯引语在前，表义语在后的形式。所以这条歇后语就以“卤水点豆腐——一物降一物”为规范形式。

二、丰富性原则

歇后语是人民群众创造的，它来源于丰富多彩的社会生活，有时为了表达同一个意义，可以从不同侧面或不同角度来取材。如：

〔例 1〕“人总是希望越过越好，像矮子登楼梯，步步高升才美哩。”乔传秀逗趣说。（白危《垦荒曲》二部三五）

栓成娘笑笑说：“俺天天想，年年盼，就盼着和平哩，俺烧香磕头十几年，不就是道念咱家的日子像芝麻开花一样节节高吗？”（肖驰《决战之前》一六章）

〔例 2〕这句话别人听了没有用，但对艾虎却好比灯草蘸油，一点就亮。所以智化前脚走，他后脚就去偷马，出了庄就躲在树林里等。（金声伯等《白玉堂·惊合玉莲花》）

张财是纸糊的窗户，一点就透。心里不由得有点儿怵。可是又不能表现出来。（莫伸《生命的凝聚》九）

〔例 3〕我看咱们的农业生产啊，已经像荞麦皮榨油——没多大油水啦，要搞，就得从副业上想点法子。（孙谦《丰收》一章七）

“刁经理！”刁金贵一听，是钱万利。原来钱万利这两天越来越觉得串乡售货是“老鼠尾巴熬汤——油水不大”的买卖。（姜树茂《渔港之春》二八章三）

〔例 4〕（程咬金说：）“唐家是没有良心的，太平时不用我们，如今又不知那里杀来，又同牛鼻道人在此‘猫哭老鼠，假慈

悲’。想来骗我们前去与他争天下，夺地方。”（陈汝衡《说唐》六二回）

韩伯按捺着心里的惊慌，瞥了马之悦一眼，暗想：黄鼠狼给鸡拜年——没安好心，说不定来找我要什么鬼把戏，可不能理睬他这号人了。（浩然《艳阳天》一三二章）

〔例 1〕中的“矮子登楼梯——步步高升”“芝麻开花——节节高”都是指生活过得一天比一天好。〔例 2〕中的“灯草蘸油，一点就亮”“纸糊的窗户，一点就透”都是指一经指点就明白了。〔例 3〕中的“荞麦皮榨油——没多大油水”“老鼠尾巴熬汤——油水不大”都是比喻能捞到的好处没多少。〔例 4〕中的“猫哭老鼠——假慈悲”“黄鼠狼给鸡拜年——没安好心”都是比喻坏人假装好意，伪装善良。歇后语中的这种现象充分说明了客观世界的多样性和语言的丰富性，这一特点是需要我们继承和发扬光大的，它们不是规范的对象。

三、理据性原则

在歇后语中，有许多谐音字。人们常常利用谐音字之间的关系，来巧妙地表达真实的用意，这样就出现了本义和引申义的说法，引申义是根据本义来的，合乎一定的道理，也就是具有一定的理据性。因此在对歇后语进行规范时，那些能体现本字与谐音字之间理据关系的歇后语，应被认可。如：

〔例 1〕（赵庆裕说：）“打日本，这是个爱国的事情，就用不着多费口舌。让我说，咱满打满算起来，朝廷爷吃煎饼，均（君）摊好了。”（刘江《太行风云》四四）

〔例 2〕老汉们又忙说，钱不怕，朝廷爷吃煎饼——君（均）摊：已经说好各户按地亩、人头摊派，跟互助组时候一样。（郑义《老井》九）

〔例 3〕“枫林同志，我水平低，心里有啥，嘴里说啥。今后咱们接触更多啦，大家可要互相帮助。”“咸菜拌豆腐，那还用言。”（李英儒《还我河山》六章一）

〔例 4〕（母亲说：）“小兔糕子，别光耍贫嘴，留点神看着人。”“咸菜拌豆腐——那还用盐（言）？”小练耸起鼻孔，表示母亲的嘱咐是多余的。（李英儒《战斗在滹沱河上》六）

〔例 5〕有人问：“你说说，你们俩亲过嘴儿没有？”大水满脸是笑，可又皱着眉头说：“这话可太不像问题啦！我两个一块儿工作这么些年，真是小葱拌豆腐——一清二白；别说亲嘴，就连个手也没有拉过呀！”（孔厥等《新儿女英雄传》一六回）

〔例 6〕这是小葱拌豆腐，一青二白的事情嘛，这规矩又不是我李家定哩！（刘江《太行风云》二六）

〔例 1〕“朝廷爷吃煎饼——均（君）摊”中的朝廷爷指君，即皇帝，“君”与“均”同音相谐，指平均分担某件事或平均分配某种东西。在此歇后语中“均”与“君”的理据关系被颠倒了，而〔例 2〕中的“朝廷爷吃煎饼——君（均）摊”，则正确地体现了这一理据关系，应被认可为规范的条目。〔例 3〕中的“咸菜拌豆腐——那还用言”没有体现出“言”与“盐”的理据关系，不符合规范，而〔例 4〕中的“咸菜拌豆腐——那还用盐（言）”则符合规范，表明“盐”与“言”同音相谐，指心里早已明白，用不着别人多说。〔例 5〕、〔例 6〕中的“小葱拌豆腐——一清二白”和“小葱拌豆腐——一青二白”则都没有体现“青”与“清”的理据关系，都不能被认可，正确的规范形式是：小葱拌豆腐——一青（清）二白，表明“青”与“清”同音相谐，形容行为清白没有污点，也形容某事非常清楚明白。

第四节　歇后语规范的具体做法

歇后语作为人们喜爱的一种语言形式，不仅内容丰富，而且数量巨大，其规范的难度可想而知，在这里，只能根据上述原则提供几种参考性的做法：

一、提倡取材的多样性

歇后语取材广泛，可以来源于社会生活的各个方面，包括天文、地理、人情、事理、文学作品中的人物特点、鬼神、动物、植物等等，同一意思可以有不同的说法。如：

〔例 1〕这回被围，我看他是小庙着火——慌了神，一心光想着逃命啦！（凌力《星星草》）

〔例 2〕周武一听，真是庙台上长草——荒（慌）了神。他赶忙把周祖荫从睡梦中叫起来商量对策。（黎汝清《万山红遍》）

〔例 3〕你呀，想套我的话！不愧叫作假圆。假者，心术不正；圆者，圆滑也。前两年我赠给你这个雅号，就像牛角套竹笋，正合适！（武剑青《流星》一八章）

〔例 4〕五妹今年也有三十岁了，人样子还看得，也很正经，咦！只怕你也看见过她的，脸上有几颗白麻子，常替她老子送篾货上矿，我看配你嘛！才叫“何家的姑娘姜家的婆娘——姜何氏（刚合适）”。（欧阳平《黑凤凰》一三）

〔例5〕高丑丑：你爱怎说就怎说，反正我不在乎。当时，我还以为她是真爱我呢，没想到是井底捞月亮——一场空。（孙谦《灾荒年月》四幕）

〔例6〕人人都想一口吃成胖子，一年栽出一棵摇钱树，却没有人敢冒险，只怕受尽皮肉之苦，最后竹篮打水一场空。（刘绍棠《豆棚瓜架雨如丝》三七）

〔例1〕中的“小庙着火——慌了神”和〔例2〕中的“庙台上长草——荒（慌）了神”都形容人心慌意乱。〔例3〕中的“牛角套竹笋——正合适”和〔例4〕中的“何家的姑娘姜家的婆娘——姜何氏（刚合适）”都是指正好合适。〔例5〕中的“井底捞月亮——一场空”和〔例6〕中的“竹篮打水——一场空”都是指费了力气却什么也没有得到。这些用例表现了歇后语取材的多样性，根据歇后语规范的丰富性原则，应给予保留，人们可以根据不同语境的需要来运用它们。

二、提倡使用普通话

歇后语是广大群众创造的，而他们又具有地域上的差异，所以在歇后语中难免会出现不同的方言词语。如：

〔例1〕但凡世上养汉子的婆娘，饶他男子汉十八分精细、咬断铁的汉子，吃他几句左话儿右说的话，十个九个，都着了他道。正是：东净里砖儿，又臭又硬。（明·兰陵笑笑生《金瓶梅词话》

二五回）

〔例 2〕从书中描绘的房屋建筑布局来看，实属典型的山西雁北地区风格；甚至连骂人的话，“毛司的砖儿——又臭又硬”，用的都是雁北人的歇后话，雁北人至今称坑厕为“毛司”。（李镇西《魂系山西》）

〔例 3〕每个厂总有这么几个人，就像茅厕里的石头，又臭又硬！对他们就不要客气了！杀几个鸡给猴子看，让别的人也学学乖！（艾明之《火种》八章三）

〔例 4〕“哈！到这个份上了，你还是块茅房的石头——又臭又硬！”陆炳文自我感到得意，“来呀，给他上夹棍！”（黄国祥等《英雄大八义》四二回）

〔例 5〕刘玉英觉得，吴国栋老有一种防范莫征的劲头，好像他们那个穷家，藏着十块金砖怕莫征去偷。按吴国栋的说法，莫征是“茅坑里的石头，又臭又硬”。（张洁《沉重的翅膀》一三章）

〔例 6〕刘五跺了下脚，说：“我也去！我那妹夫是毛厕坑里的石头，又臭又硬。你们去了，未必能说得了他。我去看看，他一定要叫闺女过去，我也就跟他过不去。”（慕湘《晋阳秋》三二章三）

〔例 7〕何雨卿这时变得像毛坑里的石头，又臭又硬起来。他的亲家和他的两个下属看到他的态度强化，胆子又有点壮起来了。（叶君健《火花》四）

〔例 8〕真是没见过我们这位江姑老爷，屎坑的石头，又臭又硬！（曹禺《北京人》一幕）

〔例 9〕任汉子这个角色，从表面上看，是个厕所里的石

头——又臭又硬，实际上，他也是个软棉条。（曾辉《八月雪》六章）

〔例 1〕至〔例 8〕中出现的“东净”“毛司”“茅厕”“茅房”“茅坑”“毛厕坑”“毛坑”“屎坑”均为古代词或方言词，相当于普通话的“厕所”。普通话是通行于全国的汉民族共同语，所以，根据歇后语规范的通用性原则，应把带有方言词语的歇后语规范为用普通话来表达的歇后语。就这些例子中出现的歇后语而言，应规范为〔例 9〕中的“厕所里的石头——又臭又硬”。

三、注意理清歇后语的来龙去脉

从语言的发展角度看，随着时间的推移，古代的歇后语应被现代的歇后语所代替，然而，有的古代歇后语的创作具有相当的理据性，演变至今，失去了原有的理据性，让人搞不清来龙去脉。例如“打破砂锅——璺到底”，“璺”指砂罐等陶器上的裂纹，与“问”同音相谐。

〔例 1〕（东坡云:）佛印从来快开劈，苏轼特来闲料嘴。（正末云:）葛藤接断老婆禅，打破砂锅璺到底。（元·吴昌龄《东坡梦》四折）

〔例 2〕［倘秀才］折的匙呵如呆如痴，摔碎碗长吁叹息。（吕蒙正云:）端的是谁打了来？（正旦唱:）打破砂锅——璺到底。俺娘将着一分充饥饭，俺爷抱着一套御寒衣，他两口儿都来到这里。（元·王实甫《破窑记》二折）

〔例 3〕就让姐姐装糊涂不言语，我可也是“打破砂锅璺到底”，问明白了，我好去回我公婆的话。（清·文康《儿女英雄传》

二六回）

今多作“打破砂锅问到底”：

〔例 1〕我们必须绞脑筋，打破砂锅问到底。（陶行知《普及现代生活教育之路》）

〔例 2〕她为什么不回到文工团去？不过我也并非喜欢打破砂锅问到底的人。（巴金《团圆》）

〔例 3〕问的人打破砂锅问到底，被问的一点也不嫌烦。（冯伊湄《未完成的画》四三）

可见，直接说“打破砂锅问到底”不能很清楚地让人弄明白它的来龙去脉，根据歇后语规范的理据性原则，将它规范为“打破砂锅——璺（问）到底”则较为理想。

四、尊重社会公众的习惯用法

使用频率高的歇后语应为社会公众认可的习惯用法，使用频率低的歇后语属于个别作家的个人用法，根据歇后语的通用性原则，我们应将作家个人的用法规范为社会公众的习惯用法。如：

〔例 1〕贾环道：“我也知道了，你别哄我。如今你和宝玉好，把我不答理，我也看出来了。”彩霞咬着嘴唇，向贾环头上戳了一指头，说道：“没良心的！狗咬吕洞宾，不识好人心。”（清·曹雪芹《红楼梦》二五回）/“我说不去，就不去，扯我做什么？”谢庆元心里烦躁，容易来火。“哟，哟，你这真是‘狗咬吕洞宾，不识好人心’。好吧，我不勉强你。”（周立波《山乡巨变》下一二）/

高处长刚刚走马上任，就来解决你们的给养问题。而你却来这一套！我看你张歧山是狗咬吕洞宾，不识好人心！处长，咱们回去得了，管他缺不缺给养呢？（王洪钧《神兵》）

〔例 2〕区单也明知胡杏的生气是假的，就又装着受委屈的样子说道：“你看，你真是狗咬吕洞宾，不知好丑人。人家一番好意，把喜事带来告诉你，你倒骂起我来了。”（欧阳山《柳暗花明》一〇三）

〔例 3〕你这个兔子！狗咬吕洞宾，不识好歹人！我们给你解决困难来了！（孙犁《村歌》下六）

〔例 4〕卞天香的声音：“这叫什么话？把我的好心当成喂猫食啦！真是狗咬吕洞宾——不识好赖人！”（孙谦《黄土坡的婆姨们》二章一五）

〔例 5〕你狗咬吕洞宾，不识好歹……一片好心当作驴肝肺，我是那样说了么？叫你不认娘了么？不准你回去了？（谭元亨《带刺的白石榴子花》）

〔例 6〕你真是狗咬吕洞宾，不认识好人。我是可怜你有病。（峻青《老水牛爷爷》）

〔例 7〕我连忙“急刹车”，鼻尖差点碰着挡风玻璃板，抱歉地笑了笑。可对方狗咬吕洞宾，有眼不识好人。……竟不客气地喊道：“下车！”（李岸《第二次爱情·灯》）

〔例 8〕二嫂子，我是好意，替你加点威风。怎么这样不懂好歹，真是狗咬吕洞宾！（田汉《械斗》二幕）

〔例 9〕我一片好心，没料想你反倒怀疑起我来，真是狗咬吕洞宾！（肖遐明《末日审判》六）

〔例 2〕至〔例 9〕中的“狗咬吕洞宾，不知好丑人”“ 狗咬吕洞宾，不识好歹人”“ 狗咬吕洞宾——不识好赖人”“ 狗咬吕洞宾，不识好歹”“ 狗咬吕洞宾，不认识好人”“ 狗咬吕洞宾，有眼不识好人”“不懂好歹，狗咬吕洞宾”“ 狗咬吕洞宾”均是作家的个人用法，而〔例 1〕中的“狗咬吕洞宾——不识好人心”则为公众的习惯用法，因而应以“狗咬吕洞宾——不识好人心”为规范条目。

“百人百样，千人千说”，大千世界的丰富多彩形成了语言的千变万化。歇后语变异现象的存在，主要原因有二：一是社会的快速发展，给歇后语增添了难以想象的多变因素，当现有的歇后语不能满足交际的需要时，就会出现一批具有新义的歇后语；二是“十里不同风，百里不同俗”，地域风俗、文化变迁的差异造成了歇后语内涵的变异。但根本的原因是人们在使用歇后语时，脱离了最初的语言环境，根据新的语境的需要，对语言材料做了不同的选择，在感情色彩及表达方式上进行了适当的调整，也就是说，语境的变化造成歇后语在被使用过程中产生了变体。

语言事实证明，随着歇后语源源不断地涌现，它已是一个开放的、发展的、动态的系统，但又不能任其漫无边际地滋生，必须要对其进行合理地、科学地规范。就结构方面而言，歇后语有外在表层结构和内在深层结构，其内在深层结构才是歇后语的根本。构成歇后语内在深层结构的前后两部分是矛盾统一体，两者有“同”有“异”，“同”与“异”科学地结合于一体，构成规范化的歇后语。就色彩方面而言，歇后语有形象色彩、感情色彩、风格色彩、阶级色彩之分，形象色彩使歇后语具有生动、形象、诙谐、幽默的表达效果，感情色彩使歇后语有了褒义和贬义的倾向，风格色彩使歇后语有了雅俗之分，阶级色彩使歇后语反映了一定的时代性。带有阶级色彩的歇后语随着时间的推移，进入不规范的范围而逐渐被淘汰。就修辞方面而言，歇后语运用了比喻、拟人、夸张等修辞手法，起到“比”和“兴”的作用，符合一定的规范。

第五章　语汇的地域变异与规范

一种语言，从其产生的那一刻起，就处在不断的发展变化当中。语言的发展变化是一个动态的过程，从历时的角度，我们可以看到一种语言的发展演变规律，在共时的平面上，我们可以看到语言的现实存在状态。在这种现实存在状态中，由于使用者、社会因素或其他一些因素的变化，语言所表现出的外在形式或所表达的意义都会有所改变，这就是语言的变异现象。语言变异，既要遵循语言自身的发展演变规律，也会因使用人群的不同而产生变化。同一地区的人群，由于共同的自然条件、生活环境、行为模式等的影响，其在语言的各个方面也都呈现出与其他地区不同的特点，这就产生了语言的地域变异。

汉语是具有超强生命力的语言，经过几千年的传承，其中一些包含中华民族伟大思想和智慧的语汇在汉民族的不同地区生根发芽，在劳动人民的使用中不断产生各种变异，这个漫长的使用过程使得这些语汇打上了深深的地域印记。语汇的地域变异五花八门，有的是形式上的，有的是语义上的。究其原因，有些是受当地自然环境的制约，有些是受当地民俗文化的影响，有些则是根据当地的语言系统，在语音、词汇、语法等方面做出了适当的调整，从而表现出了自己独特的地域特征。

根据已搜集到的语料，汉语语汇的地域变异可以分为以下几种情形：

1. 语音变异。现有语料表明，汉语语汇地域变异最直接的表现就是语音变异，如扬州“儿大不流爷，女大不流娘”中，“流”是由“由”变异而来。但由于各地语音差异甚大，且搜集到的语料有些并未注音，我们暂时不讨论语音方面的变异情况。

2. 词汇变异。在语言系统中，词汇是最敏感的；在语言接触背景下，词汇是最先根据语言系统对自身做出调整的；在汉语语汇的地域变异中，词汇变异也是最主要的变异现象。

3. 语法变异。语法是语言系统中最稳定、变化最小的部分，作为固定语，汉语语汇的语法结构更是如此，但一旦进入方言系统，受到各方言区自身语法系统的影响，其语法结构有时也会发生一定的变化。有些变得跟通语完全不同，有些则在结构方面做了适当的调整，这些调整和变化就是汉语语汇地域变异中的语法变异现象。

4. 风格变异。风格是文学创作中表现出来的一种综合性的总体特点。汉语语汇虽然不是文学创作，但也是人民群众口头创作的结晶。这里借用“风格”一词来指汉语语汇的一种总体特征。汉语语汇的风格变异可以分为两个方面。（1）语体风格变异。除了部分雅成语及一些由名言、格言化用来的语汇以外，绝大多数语汇一般都是口头上流行的，具有很强的口语性，本来不存在语体变异问题，但通过对比，我们发现跟通语语汇相比，有些方言语汇的结构更加松散，表达更加自由，更加具有口语性特征。或者说，在口语性这个特征上，方言语汇更加突出，所以，本章也将讨论语汇的语体变异。（2）语用风格变异。一些方言区的人民在使用语汇时，为了增强语气和表达效果，往往将原型句式进行适当的改变，或选择新句式，或调整语序，或改变修辞方式，这些都造成了语汇在语用风格上的地域变体。

5. 语性变异。语性即某条语汇在汉语语汇系统中的性质定位。按照汉语语汇学理论，语汇是一个庞大的系统，内部有比较严格的分类，一般来说，可以分为成语、谚语、歇后语、惯用语四部分。但由于各地人民群众思维方式、表达习惯及各方言系统自身等因素的影响，不同地区的方俗语汇按照汉语语汇学理论来分类的话，存在语性互相转换的问题，或者成语转换成惯用语，或者惯用语转换成歇后语，这就是汉语语汇的语性变异。

6. 语长变异。语长即语的长度。跟通语中的语汇相比，有些方言语汇为了突出形象性，增强说服力，明显增加了语的长度，这是一种形式上的变异，我们将其定义为语长变异。

7. 语义变异。有些方言语汇在语形上跟通语中的语汇相同或大致相同，不仔细辨别很容易按照通语语汇中的语义去理解，但实际上其语义已经发生了变化。

本章中我们将逐一讨论词汇、语法、风格、语性、语长、语义这六种变异现象。需要指出的是，这里我们只讨论在共时平面上所看到的语言现象，不考虑语言在历时平面上的演变。所以，在同一性的前提下，各地方言语汇彼此之间以及各自跟通语语汇之间的差异，我们统称为汉语语汇的地域变异，这是本章讨论的前提。

第一节　语汇与词汇变异

词汇是语言内部最不稳定的成分，也是汉语各地方言彼此之间差距较大的部分，社会的发展变化最先表现在词汇上。因此，汉语语汇的变异，首先反映在词汇的变异上。

汉语语汇中的词汇变异五花八门，大致可以分为几种情况：

1. 变异为方言词。湘西俗语“初剃头碰到连鬓胡”，其中的“连鬓胡”就是一个湘西方言词，普通话说“络腮胡子”，这句俗语普通话中的语形是“刚学剃头就碰到络腮胡子”。又如，歇后语“老鼠钻进风箱里——两头受气”在敦煌方言中变成了“老鼠钻到风匣里——两头受气”，“风箱”是旧时做饭时用来使炉火烧旺的一种鼓风装置，各地叫法不同，在敦煌方言中，叫作“风匣”。再如，宁波方言“阿爷值钿大孙子，阿爹值钿小儿子”，其中的“值钿”为吴方言，意思是“宠爱、疼爱”，普通话说“爷爷喜欢大孙子，爸爸疼爱小儿子”。

2. 变异为同义词。如“寡妇门前是非多”意指寡妇容易招人非议，在宁波俗语中也有类似的说法“孤孀门前是非多”，“孤孀”是一个古词语，为“寡妇”的同义词，因此，“孤孀门前是非多”便成了“寡妇门前是非多”的一个地域变体。湘西的“寡婆子门前是非多”则是方言词形成的另一个地域变体。又如，俗语“拔了萝卜地皮宽”比喻去除了心病或对手，心情舒畅了，这条俗语在瓯越语中变异为“拔爻萝卜地皮阔”，“阔”即为“宽”的同义词。

3. 变异为同类词。普通话有“满嘴跑火车”的说法，意思是无中生有、胡说八道。这个俗语在银川变异为“满嘴跑汽车”，用“汽车”

来代替“火车”，从语义归属上，它们属于同类词。又如，俗语“陈芝麻烂谷子”指一些无关紧要的陈年旧事，用“芝麻”和“谷子”来比喻已经过去的琐碎的事情。这个俗语在扬州方言中成了“陈芝麻绿豆子”，“绿豆子”和“烂谷子”同属于小颗粒状的农作物，属于同类词。有意思的是，这个俗语在敦煌变成了“秕谷子烂芝麻”，修饰语发生了变化。再如，俗语“鱼生火，肉生痰，豆腐青菜保平安”告诫人们饮食要清淡，不要多吃大鱼大肉，否则容易生病。古田方言也有这样的说法，但说成了“鸡生火，肉生痰，豆腐青菜保平安”，把“鱼”换成了“鸡”，这可能与当地的饮食习惯有关。监利方言“东到吃羊肉，西到吃狗肉”又是俗语“东倒吃猪头，西倒吃羊头”的一个地域变体，意思是不管怎样选择，都能得利。其中的“猪头、羊头”在监利方言中被换成了“羊肉、狗肉”，地域饮食特征明显。还有“出头的椽子先烂”在监利变异为“出头的檩子先烂”，在瓯越变异为“出檐瓦椽先烂”；“鸡蛋碰石头”在瓯越变异为“鹅卵碰石头”等。

下面我们将按照词类的不同，举例说明汉语语汇地域变异中的词汇变异现象。在语汇的变异中，名词和动词的变异最多，也有少量是形容词和副词的变异，其他词类的变异现象非常少，不再单独讨论。

一、名词的变异

1. 囡儿不断娘家路（瓯越）

这条谚语，普通话说“女儿不断娘家路”，意思是女儿即使嫁出去了，也要保持跟娘家人的联系。“囡”是江浙等地对女儿的称呼，很多俗语都用到这个词。如：瓯越俗语“一个囡婿半个儿”，“囡婿”就是“女婿”，即普通话“一个女婿半个儿”；苏州俗语“嫁出囡五泼出水”，

“囡五”也就是“女儿”，普通话说“嫁出去的女儿，泼出去的水”。

2. 相骂无好喙，相拍无好手（古田）

这条俗语，普通话说“相骂没好口，相打没好手”，指人在情绪激动的时候，言行必然是粗暴的。“喙”本来特指鸟类的嘴巴，在古田方言中也用来指人的嘴巴。当地还有一条俗语“空喙讲白话”，意思等同于“空口说白话”。

3. 柴到猪头烂（绩溪）

此条俗语，普通话说“火到猪头烂”，意思是只要功夫用到了，事情自然能够成功。“柴”即“柴火”，这里用“柴火”来代替“火”，用的是借代的修辞手法。

4. 棒槌头上出孝子（牟平）

人常说“棍棒底下出孝子”，告诫父母不要过分溺爱子女，该打骂就要打骂。牟平则说成“棒槌头上出孝子”，把“棍棒”换成了“棒槌”，同类相换，异曲同工。同类手法的还有“败子回头金不换”（苏州），把普通话中的“浪子”换成了“败子”，更加突出了改邪归正的可贵。

5. 鹅眼看人——把人看小了（瓯越）

俗语“狗眼看人低”，讽刺那些以貌取人的势利小人。这条俗语在瓯越语中变成了“鹅眼看人——把人看小了”，“狗眼”变成了“鹅眼”，不仅如此，语性也发生了变异，由原来的惯用语变成了歇后语。

6. 宁当苍蝇头，不做牛尾巴（敦煌）

“宁为鸡头，不为牛后”是人们常说的一句俗语，意思是宁可在不起眼的地方当老大，也不愿意做大势力的附庸，被人指使和支配。在这句俗语里“鸡”和“牛”已经是小和大的较强对比，但在敦煌方言中，将这种对比发挥到了极致，变为“宁当苍蝇头，不做牛尾巴”，

“苍蝇”和“牛”势力大小的对比更加强烈，也使得这条俗语的意思更加彰显。

7. 麻雀虽小，肝胆俱全（湘西）

“麻雀虽小，五脏俱全”比喻事物的体积或规模虽小，但其内容或功能却很齐全。这里用麻雀的“五脏”来比喻事物的基本功能。在湘西也有这条俗语，却说成了“麻雀虽小，肝胆俱全”，这里用“肝胆”代替“五脏”，形象直接，意思更加明了。类似的例子还有监利俗语“耳不闻，肚不烦”，普通话说“耳不听，心不烦”，“心”在“肚”里，所以用“肚”这个更加直观的身体部位来代替看不见的“心”。这句俗语在临县说成了“耳不听，心不恼”，将“烦”换成了“恼”，同义相换，但“恼”更加突出了听到不如意的事之后的恼怒的心情。

8. 猫鼠入风箱——双头受气（潮汕）

这是一个典型的因方言词而形成的地域变体。“猫鼠”在潮汕方言中指的就是“老鼠”。像这种因动物叫法不同而形成地域变体的例子有很多。如瓯越俗语“大猫不吃窝边食”，“大猫”指老虎，我们常说“兔子不吃窝边草”，这里用“大猫”来代替兔子，形成地域变体。又如敦煌俗语“癞呱子躲端午——躲不过端六”，大同俗语“疥蛤蟆躲端午”，其中的“癞呱子”和“疥蛤蟆”说的都是癞蛤蟆。成都俗语“井头的蜞蚂儿——只见过簸箕大的天”，其中“蜞蚂儿”就是青蛙。瓯越俗语“逼雄鸡生卵”，“雄鸡”就是公鸡。瓯越俗语“老鼠黄儿向鸡拜寿——不是好良心”，其中的“老鼠黄儿”意思就是黄鼠狼。

9. 篾穿豆腐——提不得（监利）

篾指篾条，是劈成条状的薄竹皮。豆腐软，容易烂，用篾条穿过豆腐去提，当然提不起来。“提”在这里语义双关，由“提起”转指“说到、谈到”，意思是人或事物太差或太过分，使人不愿意说或没法说。湘西、成都等地也有同样的说法“篾条穿豆腐——提不得”，湘西还有“麻线穿豆腐——提不得”的说法，徐州与此类似，说成了“麻绳拎豆腐——提不起来”，瓯越地区则说成了“尼龙绳串豆腐——挈不起”，银川、敦煌用的是“马尾”，跟普通话相同，银川说“马尾穿豆腐——提不起来”，敦煌说“马尾子提豆腐——提不起”。从地域特性上来看，“篾条”多用在盛产竹子的地区，麻绳、麻线则多用在出产麻类植物的地区，“马尾”则多用在北方畜牧业比较发达的地区。可见词汇的变异跟当地的自然风物不无联系。

再举一例。普通话说“樱桃好吃树难栽”，樱桃比较娇嫩，对环境要求较高，太冷太热的地区都不能栽种，且容易受病害的侵袭，成熟了还要防范鸟类的偷食，所以才有此俗语，用来告诫人要想有所收获，就必须付出艰辛。此条俗语在瓯越地区变为“林檎好吃树难栽”，“林檎”为当地的一种植物，学名叫“番荔枝”，果肉细腻嫩滑，非常好吃。因是喜阳植物，并且对土质要求较高，所以在我国种植地区较小，只在广东、福建等地有种植。在福建古田方言中，这条俗语变为“林苹好食树难栽”，这可能是因为“林檎”一词本来就可以指两种科属的植物，在北方为苹果属，在南方为番荔枝属，所以在古田方言中，“林檎”演变成了“林苹”，这也使得这条俗语又产生了一个地域变体。

10. 乖人勿吃眼前亏（苏州）

我们常说“好汉不吃眼前亏”，意思是聪明人会见机行事，面对不利的处境会做出暂时的让步，以免当下吃亏。这里的好汉必须具备两个特点：聪明和有本事。语用环境则是在势单力孤的时候。这条俗语在苏州变为“乖人勿吃眼前亏”，“乖”的意思是“乖巧、聪明”，直接将“好汉”变成了“乖人”，突出了聪明的一面。扬州方言则说成“光棍不吃眼前亏”，突出了势单力孤的一面。两条地域变体，各有侧重，体现了语言的灵活性和丰富性。

二、动词的变异

1. 擎着猪头找不着庙门儿（牟平）

“拿着猪头找不到庙门”是一句常用的俗语，比喻人想送礼却找不到门路或有本事却没地方施展。很多方言中都有类似的说法，只是主要动词“拿”发生了地域变异，使得这条俗语在各地方言中有了异彩纷呈的变化。牟平说“擎着猪头找不着庙门儿”，该地区另有“凭着猪头找不着庙门儿”的说法；南昌说“端着猪头找庙——找不到门路”；瓯越说“捧了猪头寻勿着庙门”。这里，“擎、凭、端、捧”都成了“拿”的地域变体。有的方言只针对其中的动作进行描述，并未对结果是否找到进行描绘，如绩溪说“担着猪头寻庙”。有的方言对该俗语进行了语义转换，使得其由具有描述性的惯用语变成了具有经验性的谚语，如牟平又有“顶着猪头不愁找不着庙门儿”的说法，意思是只要拿着礼物真心求助，总会有人为其提供门路或只要有真本事，不愁没地方施展。敦煌又有“提着猪头进庙——认错了门”的说法，意指拿着礼物托人却找错了对象。

2. 喙渴食盐卤（古田）

俗语“口渴喝盐卤”，意思是为了应付暂时的危急而采取有害的手段，在南方地区变体较多。古田说成了“喙渴食盐卤”，名词“口”变异为“喙”，动词“喝”变异为“食”；瓯越说成了“口渴呷盐卤”，动词“喝”变异为“呷”。“食”“呷”“喝”均为与进食有关的动作词。因这三组动词的不同而形成了“口渴喝盐卤”的地域变体。

再举一个类似的例子。萍乡有俗语“吃桐油，呕生漆”，桐油是油桐籽所榨取的油脂，不能食用，只能用于油漆、印刷等，生漆是漆树的液体，用于制作优质的手工艺品、家具等。从价格上说，生漆比桐油贵。这条俗语的意思是拿了不该拿的东西，最终要加倍还回去，付出的代价更大。这条俗语在监利变为“喝哒桐油呕生漆”，“吃”变异为“喝”；到了江西永新，则变成了歇后语“吃桐油，呕生漆——连本带利亏”；湘西也有类似的说法，但意思不同，“吃桐油，屙生漆——往后见功”，意思是时间长了就能看出作用了。

3. 会扎固的扎固十七八儿，不会扎固的扎固小屎疙瘩儿（牟平）

这条俗语中“扎固”是一个方言词，意思是“打扮”，“小屎疙瘩儿”在这里借代幼小的孩子。在普通话中也有相同的说法“会打扮的十七八，不会打扮的屎娃娃”，意思是说小孩子不需要刻意去打扮，等长大了自己爱美了再打扮才更有效果。山西壶关话语形与此完全相同。大同也有这种说法“会打扮的十七八，不会打扮的尿圪抓”，只是其中的“屎娃娃”变成了“尿圪抓”，异曲同工，语汇的魅力让人折服。

4. 斫柴卖，买柴烧（瓯越）

这条俗语中的动词“斫”是一个方言词，也是一个古语词，意思是“砍”，南方方言比较多用，如萍乡方言有“木匠斧头一面斫”，即“木匠斧头一面砍”。这是一个由方言动词而形成的地域变体，普通话说“砍柴卖，买柴烧”，意思是将自己本有的东西卖掉，需要时再买回来，比喻不会谋划，做不合算的事情。安徽说“挑柴卖，买柴烧”，四川说“担柴卖，买柴烧”。几条俗语意思一致，动词却由“砍、斫”变成了

“挑、担”，所表示的动作有先后，但都是跟卖柴相关的动作。

5. 冇吃过猪肉，也见过猪行路（南宁）

“没吃过猪肉，也见过猪跑”意思是对于某事，虽未亲身经历，但也略有所知。在南宁平话中，这条俗语变成了“冇吃过猪肉，也见过猪行路”，将动词“跑”变成了词组“行路”，有一种古朴气息，兼具了地域性和典雅性。在敦煌，这条俗语则变成了“没吃过猪肉，还没听见过猪哼哼”，从句式上来看，用了反问句式，语气更强，从词汇上来看，将动词“跑”变为“哼哼”，语言活泼生动，活灵活现，口语性一下子就显现出来了。

6. 独目睇告示——一目了然（潮汕）

汉语中有歇后语“独眼龙看告示——一目了然”，指事物或事情非常清楚，一看就能明白。在潮汕地区，这条歇后语成了“独目睇告示——一目了然”，这里将动词“看”变异成动词“睇”，“睇”是一个古汉语词，意思是斜着眼看，保存在今粤语中，变成了一个具有地域特色的方言词。从表达效果上来看，一只眼睛的人为了看得更清楚，通常会歪着头，斜着眼看，“睇”的意思更切合实际情形，也更加形象。

同样表达“看”的意思，瓯越语却用了另外一个动词“眙”，如“出门眙天气，进门眙脸色”，普通话说“出门看天气，进门看脸色”。“眙”也是一个古语词，本义是“直视、瞪”，在瓯越语中语用范围扩大，语义等同于“看”，如“春眙山头秋眙海”“打狗着眙主家面”“个山眙着那山高”“狗眼眙人低三分”“劈柴眙纹路，生意眙门路”“眙菜吃饭，量体裁衣”“眙眙容易做做难”等。

7. 躲得了和尚躲不了庙（监利）

人们常用俗语“跑了和尚跑不了庙”来指一些人即使跑掉了，但家产或家人还在，因此还会回来，最终是逃不掉的。在监利方言中，将“跑”换成了“躲”，变成了“躲得了和尚躲不了庙”，杭州方言则将“跑”换成了“逃”，变成了“逃得了和尚逃不了庙”“跑”“躲”“逃”三者在这里为同义词，这是一组因同义互换而形成的地域变体。

再举一个具有“逃跑”义的例子。歇后语“脚底板抹香油——溜了”指人以极快的速度逃跑了。在湖南娄底方言中，动词“抹”换成了“揩”，变成了“脚板底下揩油——开溜”，在湘西方言中又换成了“擦”，变成了“脚板底下擦桐油——开溜”。“抹”“揩”“擦”也是一组同义词，因而形成了一组汉语语汇的地域变体。

8. 黄连树下对山歌——苦中作乐（湘西）

在汉语语汇的地域变异中，有些动词的变异成分之间是因同类而关联的。如我们常说的一句俗语“黄连树下弹琴——苦中作乐”在湘西变异为“黄连树下对山歌——苦中作乐”，“弹琴”和“对山歌”均属于娱乐项目，因同类而产生了关联，发生了变异。在梅县，这条俗语变为“黄连树下弹琴——苦中求乐”，将“作”变异为“求”，使得“苦”“乐”的对比更明显，“求”的目的性就更强了。

9. 货跑三家不吃亏（杭州）

常言道“货比三家不吃亏”，意思是买东西多跑几家商店，才能买到质量好价格公道合理的货物。“比”字突出了比较的重要性。这条俗语在杭州说成了“货跑三家不吃亏”，监利变成了“货买三家不上当”，瓯越地区则变成了“货问三家不吃亏”。这三条变体中的动词由“比”变成了“跑、买、问”，少了比较的意味，但突出了跟买东西相关的动作，增加了形象性，丰富了汉语的表达。

类似的例子还有歇后语“老虎借猪——有借无还”，在潮汕这条歇后语变异为“老虎衔猪——有去无回”，“衔”比“借”更直观，更形象。也有的地区将其中的名词进行更换，如长沙“老虫借猪——有借无还”、古田“老猫借鸡——有借无还”，这些殊途同归的表达，既相似又有别，融人类思维的相通性和特异性为一体，彰显了语言的伟大魅力，是各地劳动人民宝贵的精神财富。

三、形容词和副词的变异

汉语语汇中形容词和副词的地域变异现象较少。

1. 柴显骆驼比马壮（瓯越）

人常说“瘦死的骆驼比马大”，比喻势力或实力强大的人或家庭、团体等，即使败落了也比一般的要强得多。形容词“瘦”后加上“死”，强调了败落的程度，也反衬了原有实力的强大。这条俗语在瓯越语中变为“柴显骆驼比马壮”，用一个方言形容词“柴”来代替“瘦”，突出了“骨瘦如柴”的感觉，用形容词“壮”代替了“大”，“大”不一定“壮”，“壮”和“柴”形成了鲜明的对比，比“瘦”和“大”的对比更加强烈，使得这条俗语的表达张力更大。

2. 憨人有憨福（监利）

对那些看似不怎么精明却事事都能顺利的人，我们常用一句“傻人有傻福”来调侃。形容词“傻”有“痴、呆、憨”等意思，因此，在监利方言中，这条俗语变异为“憨人有憨福”，而在瓯越俗语中又变异为“呆有呆格福”。“傻”“憨”“呆”三个词同义相变，形成了丰富多彩的方言语汇。

3. 人懦匄人欺，马善匄人骑（温州）

善良是一种美德，但有时候也会因此而吃亏。“人善被人欺，马善被人骑”说的就是这种现象。善良有时候往往被人误认为是懦弱，因此，在温州这条俗语就演变为“人懦乞人欺，马善乞人骑”，“乞”意思是“被”，这里“懦”代替了“善”，二者并非同义，但从语义上来说，似乎比“善”更具有合理性。

4. 良言一句三日好，恶语一句六日忧（湘西）

“良言一句三冬暖，恶语伤人六月寒”是对语言威力的最好概括。真善之语，即使在严寒的冬日，也能使人感到温暖；恶意之言，即使是在炎炎夏日，也会让人感到心寒。这句俗语在中国民间广泛流传，在湘西，人们常说“良言一句三日好，恶语一句六日忧”，将“三冬”“六月”分别变异为“三日”“六日”，将其中的形容词“暖”变异为“好”，而将形容词“寒”变异为动词“忧”。虽然没有使用夸张的修辞手法，但似乎更贴近实际：听了好话心情好几天，听了恶言烦恼加几天。

5. 肚大喉咙窄（南宁平话）

我们通常说一个人“嘴大喉咙小”意思就是说人太过贪心，喜欢兜揽自己能力达不到的事情。另外还有“眼大喉咙小”的说法，除了这个意思之外，还特指人吃饭时太贪婪，点菜太多而实际上根本吃不了。这两条俗语都用形容词“小”来形容喉咙，而南宁平话则说“肚大喉咙窄”，用形容词“窄”来形容喉咙，一个突出面积，一个突出孔径，表达了一样的意思，达到了同样的效果。

6. 好吃不如饺子，舒索不如倒着（牟平）

这条俗语中的形容词“舒索”，是牟平方言，意思就是“舒服”，普通话说“好吃不如饺子，舒服不如倒着”。在大同方言中顺序颠倒成为“舒服不如倒着，好吃不如饺子”。

7. 暴吃馒头三口生（宁波）

在江浙一带，副词“暴”的意思相当于“初”，是刚开始的意思。“暴吃馒头三口生”用了比喻的修辞手法，表示刚开始做某事，总是有些不熟悉或不能适应的地方，普通话通常说“初吃馒头三口生”或“乍吃馒头三口生”。瓯越语中还有“暴剃头碰着生胡人”的说法，意思跟“初学剃头就碰到络腮胡子”一样。苏州话中“暴学三年，天下去得；再学三年，寸步难行”中的副词“暴”的用法也同此一致。

8. 好借好还，再借弗难（丹阳）

“弗”是副词“不”的一个地域变体，在丹阳方言中这种现象很多，如“打弗还手，骂弗还口”“低头弗见抬头见”“弗听老人言，吃亏在眼前”“瘪芝麻打弗出油”“三句话离弗开本行”，如果将其中的“弗”替换为“不”，就变成了通语中的常用语汇。

“不”还有一个地域变体是“勿”，在吴语区和瓯越语中多见。如苏州有“伏里勿热，五谷勿结”“赊一千勿如现八百”“驼子跌跟斗，两头勿着实”；瓯越有“偷风偷雨勿偷雪”“问理勿问人”“晓勿得饭是米煮”“心急吃勿得烫粥”“头醋勿酸，二醋勿辣”“屋宽勿如心宽”“勿会撑船——怪河湾”；宁波有“勿到黄河心勿死”；等等。

9. 千里冇轻担（瓯越）

“冇”作为否定词，意思相当于“没有”，既可以作动词，也可以作副词，这里一并放入副词的变异来讨论，以下如果用在名词前面，则为动词，如果用在动词前面，则为副词。“冇”的通行区域比较广泛，很多地区的方言中都有它的影子。如瓯越语中有“千里冇轻担”“秀才不怕衣衫破，就怕肚里冇货”“一人肚里冇计，三人肚里唱台戏”“有好心冇好报，点佛灯匄佛笑”“有老不值钱，冇老值千钱”“有理扁担三，冇理三扁担”“只见贼吃，冇眙贼打”“牙痛不是病，病起唔冇命”；于都方言有“一朝冇米君臣散，三朝冇米公婆散”“一痣痣头，十世冇醒”“有嘴话别人，冇嘴话自家”；监利方言有“越有的越奔，越冇得越睏”“只有粑粑粘饭，冇得饭粘粑粑”；南宁方言有“一万冇怕，就怕万一”“闹（骂）冇还口，打冇还手”；广州方言有“有头威冇尾阵”；长沙方言有“羊肉冇吃得，惹得一身膀”；等等。

第二节　语汇与语法变异

语法是语言系统中最稳定的部分，跟其他部分相比，语法的发展演变是最慢的。这里说语法变异，着眼点在共时平面，重点讨论汉语语汇中方言语汇跟通语语汇在语法结构上的差异，不涉及语汇的历时问题（因为有些方言语汇的结构可能是古汉语的遗留，如果从历时的角度来看，应该是语法结构的演变发展，而不能算共时平面上的语法变异）。因此，以通语语汇为基准，凡是跟通语语汇语法结构不一致的方言语汇，我们统一称之为语法变异。

一、词素顺序变异

词素和我们通常所说的“语素”是一个概念，是指汉语中最小的音义结合体。这里为了跟温端政《汉语语汇学》中提出的“语素”（即“构成语的要素”）的概念相呼应，就用词素来指称。跟现代汉语普通话相比，有些方言词的词素顺序产生了变异，或将修饰语后置，或将并列成分的次序调换，构成了地域特征明显的方言语汇。

1. 好吃婆娘不留鸡母种（监利）

上例中“鸡母”即母鸡，讥讽人过于好吃。在有些地区也叫“鸡婆”，如南昌“鸡婆下蛋——各顾各”、长沙“瞎眼鸡婆跌得米箩里——该它吃的”；也有的地区叫“鸡娘”，如瓯越地区“多管鸡娘孵鸭卵”“眼睛一瞬，懒孵鸡娘变鸭”“刀鹰哭老鸡娘，狃有好心肠”“拿鸡娘伏不得鸡儿”等。

2. 鸡公屙屎头节硬（成都）

“鸡公”跟“鸡母”是相对的一个方言词，也是因词素顺序发生变异而形成的一个词，意即“公鸡”。很多地区都有这样的叫法。如萍乡“鸡公跟不得马走”、湘西“蜈蚣碰上鸡公——了命”、监利“一个笼里关不住两只叫鸡公”“鸡公打架头对头，夫妻打架不记仇”等等。

3. 老鼠黄走鸡搭拜年——冇好心（瓯越）

“老鼠黄”即“黄老鼠”，指的就是黄鼠狼，这条俗语普通话说“黄鼠狼给鸡拜年——没安好心”。在瓯越地区还有“老鼠黄不嫌憎鸡儿柴”“老鼠黄儿向鸡拜寿——不是好良心”“捉头老鼠黄放在鸡窝里养”等说法。

4. 凑闹热（绩溪）

“凑闹热”即“凑热闹”，“闹热”和“热闹”是一组逆序词，意思相同。在瓯越语中也有，如“破嘴吃粥——门头闹热”等。

5. 两个老人客胜过一阵鸭（温州）

上例中“人客”即“客人”，指老人话多，说起来没完。瓯越地区这样的说法很普遍，如“酒席好办，人客难请”“人客来扫地，盗贼走关门”“一日两日是人客，三日四日是便客”等等。

二、语序发生变异

语序变异主要表现在动宾颠倒上。现代汉语中普遍的语序是SVO结构——谓词在前，宾语在后，而在一些方言语汇中，变成了宾语在前，谓词在后，这是一种古汉语语法的遗留，多见于南方方言，以瓯越语为例。

1. 大树斫倒有柴烧

普通话说“砍倒大树有柴烧”，意思是“打败了强者，自己就能得益”。从语序上来看，瓯越地区“大树斫倒”采取的是 OV 语序，而普通话“砍倒大树”采取的是 VO 语序。

2. 吃饭汗吃出，干事眼泪干出

“汗吃出”即“吃出汗”，“眼泪干出”即“干出眼泪”，这条俗语如果按照现代汉语普通话的语序来说，应该是“吃饭吃出汗，干事干出眼泪”，说的是人吃饭的时候很积极，让做事却发愁得掉眼泪，讽刺了那些好吃懒做的人。这条俗语在瓯越地区还可以说成“吃饭武松打虎，做事李逵叹苦”，在其他地区也有相似的表达，牟平说“待吃饭，就和抓虎的样；待做生活儿，就和哭的样”“吃饭挑大碗，干活儿白瞪眼”等等。

3. 船勿会撑嫌憎河江小

“船勿会撑”即“勿会撑船”，宾语“船”放到了谓词“勿会撑”的前面，变为现代汉语的正常语序应该是“勿会撑船嫌憎河江小”，比喻人自身没能力，却抱怨客观因素。类似的意思，成都说“不会撑船怪河湾”，语序与现代汉语一致。

4. 老鼠屎，毒人伓死讨人嫌

这是一例补语后置的例子，表否定意义的补语出现在了宾语的后面。按照现代汉语常用语序，应该是“老鼠屎，毒伓死人讨人嫌”，用来指某人或某事虽无大碍，但让人心里不舒服。这样的语序在瓯越语汇中还有，如“犁你勿着，耙也耙着”“棺材店里咬牙——恨人不死”。

三、句法功能发生变异

1. 当家三年狗也黑眼（大同）

这条俗语用的是夸张的手法，意思是当家人因为管事多，容易得罪人。按照现代汉语普通的词序来理解，“黑眼”是一个偏正结构的名词性结构，但在这里是作动词使用，意思是讨厌、厌恶，词性发生了改变。

2. 阿爷值钿大孙子，阿爹值钿小儿子（宁波）

“钿”是“钱”的意思，“值钿”即“值钱”，本是一个形容词，表示价格高。在宁波方言中转变为动词，意思也发生了改变，由“值钱”变为“宠爱、疼爱”。词性的变化带来了语义的改变。类似的说法在瓯越语中还有“父母疼小儿，公婆疼长孙”“娘惜小儿，婆爱长孙”，其中用的就是动词“疼”“惜”“爱”。

3. 个山眙着那山高（瓯越）

这条俗语普通话说“这山望着那山高”，而在瓯越语中用量词“个”来代替指示代词“这”。这是量词的一种特殊用法：“量词‘个’可以变读为入声成为指示代词”，类似的例子有“个两个人着共条裤”“跌倒也不识个爬字”“一篓田鸡就祇个只眼最光”。

四、句式变异

1. 只见贼吃，冇盼贼打（瓯越）

这条俗语普通话的说法是“只见贼吃肉，没看到贼挨打”，“挨打”是一个含有被动义的结构，而在瓯越语中，“挨打”变异为“打”，完全没有了被动的标志。这是因为瓯越语中被动句的构成和形式跟普通话不同，该例中因施事没有出现，因此不能用任何表被动的词。

2. 把大麦不当粮食（监利）

现代汉语中，把字句正常的或常用的否定形式是“不+把+NP+VP”，否定词“不”位于“把”的前面，如“不把我们当人看”，但在一些方言语汇中，把字句的否定形式变异为“把+NP+不+VP”，如监利方言语汇“把大麦不当粮食”，我们把这种句式变异叫作否定词后置。虽然现在有人通过研究发现这种后置现象不单出现在语汇当中，但不可否认，这不是现代汉语通行的否定形式，因此，可以看作是语汇因地域不同而形成的一种句式变异现象。

第三节 语汇与风格变异

风格，本指文学创作中所表现出来的与众不同的综合性特征。汉语语汇作为一种群众的口头创作或口头运用形式，有自己独特的风格特征：口语性、通俗性。相较于普通话中的语汇，方言语汇的这种特征更加明显，我们称之为汉语语汇的地域风格变异，可以分为语体变异和语用变异两类。

一、语体变异

除了部分雅成语及一些由名言、格言化用而来的语汇以外，绝大多数语汇一般都是口头上流行的，具有很强的口语性，本来不存在语体风格变异问题，但通过对比，我们发现，跟通语语汇相比，有些方言语汇的结构更加松散，表达更加自由，更加具有口语性特征。或者说，在口语性这个特征上，方言语汇更加突出。

（一）表达更加生活化，语句更加口语化

1. 远路鸡毛变成铁（雷州）

人常说“远路无轻担”，意思是说路程长了，即使很轻的东西也会让人感觉重。各地方言也有类似的说法，如瓯越“百步冇轻担”“千里冇轻担”，牟平“路远无轻载”，这些用的都是直白的描述。而在雷州方言中，这条俗语变成了“远路鸡毛变成铁”，一改白描的手法，用了生活中常见的事物“鸡毛”和“铁”的轻重对比来说明问题，表达更加形象，语义更好理解。

2. 黑狗偷了油，打了白狗头（监利）

这条俗语的一般说法是“黑狗偷食，白狗当灾”，是说黑狗偷吃了东西，却让白狗替它受罚，比喻替人受过。这句话在不同的地区有不同的表达，如瓯越地区说“黑猫偷吃，白猫替灾”，将动物“狗”换成了“猫”；南昌说“黑狗吃肉，白狗当斋（灾）”，将偷食的内容进一步细化为“肉”，表达的意思相同，从语形上判断也是同一条俗语的地域变体。而在监利方言中，这条俗语变成了“黑狗偷了油，打了白狗头”，不仅将偷食的内容细化为“油”，还将当灾的内容细化为“被打了头”，直观形象，生活化的表达使得这句俗语的地域性更加浓厚，更贴近生活。

3. 舅舅冇米，勿要怪妗娘不会煮饭（瓯越）

这条俗语选取了生活中常见的人物和场景来说明一个道理：没有原材料，什么都干不成。普通话的说法是“巧妇难为无米之炊”，两相对比可以看出，方言语汇的语言更加口语化，场景更加生活化，口语风格非常突出。

4. 男人是耙耙儿，管挣；女人是匣匣儿，管攒；不怕耙耙儿没齿，单怕匣匣儿没底儿（西安）

语汇具有简洁的特点，很多语汇都是一种浓缩的精华，但在方言语汇中，有些是用很直白的“大白话”说出来的。如西安这句俗语“男人是耙耙儿，管挣；女人是匣匣儿，管攒；不怕耙耙儿没齿，单怕匣匣儿没底儿”，用比喻的修辞手法，很直白地将家庭中男女在金钱上的关系描写得非常清楚明白。敦煌的“男人是个耙耙，女人是个匣匣；不怕耙耙没齿儿，就怕匣匣没底儿”和大同的“男人是个耙子，女人是个匣子；不怕耙子没齿儿，就怕匣子没底儿”与此几乎一致，让我们不得不承认，这是老祖宗智慧的结晶。

5. 懒老婆纫的死长的线（大同）

懒老婆缝衣服时，为了少穿几次针，每次都会穿上很长的线。这句俗语用来讽刺那些懒惰的人为了偷懒而采取了可笑的办法。“死”在这里是一个表程度的副词，用“死”来形容“长”，意思是“非常长”，“死长”是一个极具口语特色的词，这也使得这条俗语带上了浓重的口语色彩。同样的意思，瓯越地区说“懒人拔长线”，宁波说“懒人拖长纱”，从中可以看出，大同地区的表达更加具有口语性，更贴近生活语言。

6. 闲了不烧香，忙了爬到供桌上（敦煌）

“平时不烧香，临时抱佛脚”讽刺人平时不注重关系的培养，到关键时刻才去求人。“临时抱佛脚”突出刻画了为了应付急难而低三下四求人的场景。在敦煌，这条俗语变成了“闲了不烧香，忙了爬到供桌上”，其夸张的手法、形象的描绘，跟我们常见的说法相比，口语化的风格更加突出了。

7. 口里吃一个，筷子高夹一个，眼睛看到一个（监利）

“吃着碗里，看着锅里”选取生活中常见的吃饭时的状态勾勒出一个贪婪者的形象，是对那些贪得无厌的人的一种绝妙的讽刺。在监利方言中，这句俗语变成了“口里吃一个，筷子高夹一个，眼睛看到一个”，没有采取“吃着碗里，看着锅里”那样工整的对仗形式，而是用了最通俗的口语来表现，但形散而神不散，很好地体现了俗语的地域性特点。

此外，监利俗语“今天省把米，明天省滴油，来年买条大牯牛”也极具口语性，对比牟平“一天省一把，三年买匹马”、瓯越“一日省把米，一年添床被”便可以看出来。监利俗语“活到老，学到老，还有几多冇有学”，更是在“活到老，学到老”的基础上增加了口语化的内容“还有几多冇有学”，使得表意更加清楚明白。

（二）化经典为口语

1. 吃不言，睡不语（监利）

“食不语，寝不言”出自《论语·乡党》，意思是“吃饭时不说话，睡觉时也不说话”，这是一种生活礼仪，是对人在吃饭和睡觉时进行的一种礼仪上的规定和约束，后来人们常说的是“食不言，寝不语”。但在监利，用通俗易懂的白话代替了古语，变成了“吃不言，睡不语”，给这条古老的俗语注入了新的活力，使其在民间生根发芽，变成了老百姓的口头语言。

2. 老唔死是贼——人人卤（潮汕）

“老而不死是为贼”出自《论语·宪问》，说的是孔子的旧友原壤叉开双腿坐着等待孔子，孔子骂他说：“幼而不孙弟，长而无述焉，老而不死是为贼”，意思是说，你年幼的时候不讲孝悌，长大了又没有什么可说的成就，老而不死，真是害人虫。这条俗语在今潮汕方言中保留了，但变成了一个歇后语“老唔死是贼——人人卤”，“卤”在潮汕方言中是“讨厌、恨”的意思，这条歇后语讽刺那些大家都讨厌的人。

3. 蚕儿吐丝丝方尽（湘西）

“春蚕到死丝方尽”，出自李商隐《无题》诗：“相见时难别亦难，东风无力百花残。春蚕到死丝方尽，蜡炬成灰泪始干。晓镜但愁云鬓改，夜吟应觉月光寒。蓬山此去无多路，青鸟殷勤为探看。”在湘西地区，这句诗被化用为“蚕儿吐丝丝方尽”，少了古典韵味，多了生活气息，诗意性和口语性并存，成为化用的经典。

二、语用变异

汉语语汇在运用过程中，出于表情达意的需要，外在形式上会有一些相应的变异，这些变异有些是临时的，有些则作为一种固定的表达形式稳定下来，由此而形成的变异，我们叫作语用风格变异。一些方言区的人民在使用汉语语汇时，为了增强语气和表达效果，往往将原型句式进行适当的改变，这就造成了语汇在语用风格上的地域变体。

1. 心中无冷病，哪怕吃西瓜（成都）

“心中无冷病，哪怕吃西瓜”是一个反问句式，用疑问词“哪”加动词“怕”来表示反问，意思是自己没做亏心事或没做什么见不得人的事，就什么都不怕。这条俗语在其他地区也有，但采用的是肯定句式，如青川、监利“心中无冷病，不怕吃西瓜”，敦煌“肚子里没冷病，不怕吃西瓜”，相比较肯定句式，成都采用的反问句式，语气更加强烈，更能突出要表达的意思。此外，成都“留倒青山在，哪怕莫柴烧”，表达方式也是一样的；监利“吃烧饼哪有不掉芝麻的”，也是用“哪”加动词“有”来表示反问语气。同样的例子还有监利“哪有吃五谷不生辛寒”、大同“哪有个勺子不碰锅沿的”等。

2. 不想吃锅巴，岂肯锅边转（青川）

这也是一个反问句式，用副词“岂”修饰动词“肯”来表示反问，意思是参与其中，就是想得到某些利益。监利方言中有与其意思相同的肯定句式“不想油渣子吃，不到锅边站”，二者比较，前者语气更强，强调了动作的目的性。

3. 鸡蛋没有缝儿可能掩出小鸡来（牟平）

这是一个没有句法标志、只用句末语气来表达的反问句式，实际要表达的意思是“鸡蛋没有缝是不可能孵出小鸡来的”，告诉我们即使像鸡蛋那样表面看上去圆滑光整，实际上还是有缝隙的，比喻事情保密得再好，也可能泄露出去。同一条俗语，有的地区用了肯定的表达，如厦门说“鸡卵密密也有缝”，古田说“鸡卵再密，固会孵出鸡囝”，虽然意思相同，但用反问句式使得语气更强。同类的例子还有监利“有得张屠户，还吃哒连毛猪”、敦煌“离了狗屎不种菜了”、山西临县“借不得米还把升子丢咾着呀”、瓯越“舅爷开饭店，还怕你外甥肚大”、青川“有心开饭店，怕你大肚汉”等等。

第四节　语汇与语性变异

语性，即某条语汇在汉语语汇系统中的性质定位。按照语汇学理论，语汇是一个庞大的系统，内部有比较严格的分类，按照温端政先生汉语语汇学理论可以分为成语、谚语、歇后语、惯用语四部分。通常我们以语汇在通语中的常见语形和语义为基准来为语汇定位。由于汉民族共同的生活经验和思维特性，就同一条语汇而言，其在方言中的语性跟通语中的语性通常是一致的，但也有特例，或成语转换成惯用语，或惯用语转换成歇后语，这时就产生了语性的变异。语性变异是由方言区民众独特的思维方式、表达习惯或方言系统自身等因素造成的。

一、惯用语的语性变异

惯用语是具有描述性的俗语，描述人或事物的性质、特征、状态等，正因为其只在描述而不作任何判断，使得惯用语成为汉语语汇中最具有张力的一个语类，其后可以加上一些具有评判性的语言，从而变异成为歇后语。变异后的歇后语语义跟原来的惯用语语义有的相近，有的则基本没有关联。这种变异在方言语汇中比较多见。

1. 脚踩两只船——三心二意（敦煌）

同样一条惯用语，因地域不同，变异的歇后语也不同。“脚踩两只船”是一条惯用语，意思是同时跟两方面保持着联系，见机行事。这条俗语在敦煌变异为歇后语“脚踩两只船——三心二意”，湘西则变异为“脚踩两只船——拿不定主意”“脚踏两只船——左右摇摆”，在瓯越地区又成了“脚踏两只船——人定心不定”，这些歇后语的后语“三心二意”“左右摇摆”“拿不定主意”“人定心不定”，基本意思一致，属于同一条歇后语的不同变体。

2. 换汤不换药——共货色（瓯越）

“换汤不换药”也是一条常用的惯用语，意思是虽然形式变了，但内容没变。在瓯越地区，这条惯用语后面加上了解释性语言“共货色”和“原旧”，变异成了歇后语“换汤不换药——共货色”和“换汤不换药——原旧”，在湘西则加上了“老套套”变异成了歇后语“换汤不换药——老套套”，意思不变，但歇后语的后语点明了语义，使得语义更加清楚明了。

3. 拿着鸡毛当令箭——小题大做（湘西）

“拿着鸡毛当令箭”常用来讽刺那些将上司无关紧要的话奉若圣旨去执行的人。在湘西，这条俗语就变异为歇后语“拿着鸡毛当令箭——小题大做”，语义相同。而在湘西这条惯用语还可以变异为另一条歇后语“拿鸡毛当令箭——吓老百姓”，这条歇后语的语义跟原来惯用语的语义差异较大，因为歇后语的后语不是就“拿鸡毛当令箭”这种行为本身引出来的，而是针对这种行为的目的提出的“注语”，这就使得这条歇后语的语义跟变异之前惯用语的语义产生了差异。

湘西还有一条歇后语“鸡蛋碰石头——粉身碎骨”，是由惯用语“鸡蛋碰石头”变异而来，“鸡蛋碰石头”是说人自不量力，去跟比自己强大得多的人去争斗，这条惯用语本身只是对一个动作行为的描述，并没有对其结果做出明确的说明，在变异为歇后语后，“粉身碎骨”点明了鸡蛋去碰石头的后果，语义发生了轻微的变化。在瓯越，“鸡蛋碰石头”又变异为“鸡卵碰石头——坐输”，“坐输”也是动作行为的结果，但只是一种直白的陈述，并不像“粉身碎骨”那样形象生动，直观传神。

4. 端起金碗讨米——装穷（监利）

人常说“端着金碗讨饭吃”，是说一个人不会利用自身的有利条件，而四处去求人救助。这条俗语在监利变异为“端起金碗讨米——装穷”，意思是人故意装穷以博同情来达到自己的目的。变异后歇后语的语义跟变异之前惯用语的语义差别很大，这也是因为歇后语的语义重点在后面的注语“装穷”，说的是行为的目的，而非行为本身，故语义产生了差异。

5. 打屁安狗心——哄人（于都）

“打屁安狗心”是方言俗语，在梅县等地流行。表面意思是放个屁来安慰狗，实际上讽刺的是那些并不给人实惠而只是弄虚作假来安抚人心的行为。这条俗语在于都变异为歇后语“打屁安狗心——哄人”，语义更加清楚明白，“哄人”直接揭露了这种弄虚作假的行为。

6. 老牛拉破车——拉儿哪儿算儿哪儿（牟平）

惯用语“老牛拉破车”讽刺的是那些做事慢，没有效率的人。而牟平则把这条惯用语变异为歇后语“老牛拉破车——拉儿哪儿算儿哪儿”，这就不是说没有效率了，而是说没有目标和方向，因为注语“拉儿哪儿算儿哪儿”强调的是行为的无目标性，所以语义发生了变化。

7. 拉着黄牛当马骑——穷凑（湘西）

惯用语“拉着黄牛当马骑”本义是说让没能力的人去做难以胜任的事。湘西方言在之后加上了注语“穷凑”，使之变成了一条歇后语，语义侧重于“黄牛”和“马”在用途上的不同，演变成了“因缺乏好的而拿不好的来凑合”，跟原来惯用语的语义关联较小。

再举几个湘西地区的例子。人们常用“陈芝麻烂谷子”来比喻已经过去很久的陈年旧事。湘西地区在其后面加上“不是好货”，变异成为歇后语，意思也随之发生了改变，指人或事物的本质不好，跟原来的语义几乎没有关联，这也是因为从惯用语推导出歇后语的注语时候，语义侧重点发生了改变，侧重于“陈、烂”的品相而不是时间，这直接导致了语义上的改变。再如“背起伢崽找伢崽——没名堂”，原来的惯用语“背起伢崽找伢崽”，相当于普通话“骑着驴找驴”，意思侧重于动作行为本身，指的是某物就在眼前却还到处找寻。但变异为歇后语以后，语义侧重点变成了动作行为的原因，指没有正当的理由去做某事或者完全没必要去做。

8. 光棍佬遇着冇皮柴——大家一样（东莞）

“冇皮柴”，即剥了皮的柴，也就是一根表面光滑的棍子，即“光棍”。“光棍佬遇着冇皮柴”，普通话说“光棍遇着没皮柴”，意思是碰到了对手。在东莞，加上注语“大家一样”就变成了歇后语，“对手”的强度削弱了，凸显的是“一样”的状态。

9. 逼雄鸡生卵——难上难（瓯越）

“逼公鸡下蛋”比喻强迫人做办不到的事。瓯越语中在其后加了“难上难”，变成了歇后语，直接揭示了这条俗语的语义，使人更容易理解和运用。

这种直接揭示语义的变异方式在惯用语向歇后语的转化中比较普遍。如瓯越还有“闷鼓里恁——一厘儿也晓不得”“扳着指头算账——有数”等，湘西有“背着牛头不认账——死赖”“搬起石头砸自己的脚——自作自受”“八两对半斤——谁也不吃亏”“矮子中选长子——拔尖”“八九不离十——有谱了”等，敦煌有“打肿脸充胖子——假装体面”“打开天窗说亮话——喊明叫响”“二一添作五——平分”“活人还能叫尿憋死——迟早有办法”等，南昌有“白狗吃屎，黑狗当灾——赏罚不明”等，例子很多，不胜枚举。

二、成语的语性变异

成语是二二相承的具有描述性或表述性的语汇，因其外形短小，故从长度上来看弹性比较大。一些普通话成语，在方言中并不是成语，而是变异成为其他语类，成语的语性变异可以分为三种情况：变异为惯用语、变异为谚语、变异为歇后语。

（一）成语变异为惯用语

1. 狐埋狐搰→狐埋之，狐搰之（瓯越）

“狐埋狐搰”说的是狐性多疑，刚把东西埋下，又把它挖出来看看，比喻人疑虑过多而不能成事。瓯越语有“狐埋之，狐搰之”的说法，意思与“狐埋狐搰”完全相同，但语性不同，“狐埋狐搰”是二二相承的四字格式，属于成语，而“狐埋之，狐搰之”是具有描述性的俗语，属于惯用语。现代汉语普通话中的成语在瓯越方言中变异为一个惯用语。

2. 狐假虎威→九节猫固会假老虎威（古田）

“狐假虎威”是一个家喻户晓、妇孺皆知的成语。在古田方言中有“九节猫固会假老虎威”的说法，“九节猫”即“九尾狐”，从描述的对象、现象等来看，这条俗语等同于“狐假虎威”，但因其外在形式不是二二相承式，因此属于惯用语。这又是一个成语变异为惯用语的典型。

3. 雁过拔毛→老鹰飞过拔根毛（瓯越）

成语的“二二相承”性有两个表现：一是结构上是二二相承的，二是虽然结构不是二二相承的，但习惯上还是按照二二相承来读。“雁过拔毛”就属于第二种情况，因此我们也认为其属于成语，它讽刺了那些爱占便宜，有机会就要捞一把的人。在瓯越地区，这条成语变异为惯用语“老鹰飞过拔根毛”，雁、鹰同类，因此也可以看作是“雁过拔毛”的一个地域变体，成语变异成了惯用语。

4. 指桑骂槐→指桑树，骂槐树（监利）

“指桑骂槐”是一个俗成语，意思是指着这个人，实际上却在骂那个人。监利方言有“指桑树，骂槐树”的说法，跟“指桑骂槐”意思一样。如果不考虑这两条俗语的历史演变，只从现实的语言现象出发，惯用语“指桑树，骂槐树”无疑是成语“指桑骂槐”的一个地域变体。

5. 路死路埋→半路死半路埋（梅县）

“路死路埋”也是一个俗成语，是说人死不得其所，结局悲惨。梅县也有类似的说法，不过变成了惯用语“半路死半路埋”，描绘的场景相同，意思相同，只是语性发生了变化。

6. 拔草寻蛇→扒起草来寻蛇打（监利）

成语“拔草寻蛇”比喻招惹恶人，自找麻烦。这个说法在监利方言中也存在，但“扒起草来寻蛇打”已经不再是成语，而变成了惯用语。

（二）成语变异为谚语

1. 雪中送炭→雪里送炭炭似金（瓯越）

“雪中送炭”是一个常用成语，字面义是“在下雪天给人送炭取暖”，实则比喻在别人急需时给以物质上或精神上的帮助，这是一个具有描述性的成语，只对行为进行描述，并不做价值评判。在瓯越语中这条成语变异为“雪里送炭炭似金”，加上“炭似金”，这条俗语就成了表述性的，说明了“雪中送炭”这种行为的可贵。整条俗语的语义也跟着发生了变化——“在急需时提供的帮助是最宝贵的”，语义的改变带来了语性的变化，由具有描述性的成语变成了具有表述性的谚语。

2. 心直口快→心直口快见人怪（瓯越）

我们常用成语“心直口快”来形容人没心眼，心里怎么想就怎么说，但我们并未就此而做“好”或“不好”的判断。而有一条瓯越语汇“心直口快见人怪”，也说“心直口快，讲话见人怪”，说的是心直口快会“见人怪”，即被人招怪，只加了三个字，成语一下子就变成了具有经验性的谚语。

3. 趁热打铁→趁热好打铁（瓯越）

“趁热打铁”是说抓紧有利的时机和条件去做事。本为成语，瓯越语在其中加了一个“好”字，成了“趁热好打铁”，就变成了谚语，意思是“趁着时机和条件有利时行动更容易成事”，一字之差，语性已经发生了变化。

（三）成语变异为歇后语

1. 过河拆桥——不留后路（敦煌）

成语“过河拆桥”，是说自己过了河就把桥拆掉，比喻事成之后就把帮助过自己的人一脚踢开。在敦煌方言中，后面加上“不留后路”，变异为歇后语，指明了这种行为的后果，“不留后路”语义双关，本指不给自己留后退的路，转指做事不给自己留回旋的余地。

2. 趁热打铁——抢火候（湘西）

成语“趁热打铁”本义是说要趁把铁烧红的时候锻炼，铁块才容易成型做成器物，比喻抓紧有利的时机和条件去做事。湘西地区，后加上“抢火候”，变异成为歇后语，突出了“火候”，强调了火候（时机）的重要性，语义更加明确，更加容易理解。

3. 对壁呵气——冒用（南昌）

“对壁呵气”是一个南昌方言成语，对着石壁吹气，石壁不会有任何反应，比喻对听不懂的人讲道理，意思相当于“对牛弹琴”。后加“冒用”之后，变异成为一个歇后语，“冒用”即“没用”，侧重于行为的效果，而不是行为本身，“冒用”直接点明了语义，省却了语义推导的过程。

4. 就坡骑驴——省事（敦煌）

“就坡骑驴”是一个俗成语，本指让驴停在坡地上，骑上去会比较省力，比喻顺着有利形势做事。后加“省事”，变异成为歇后语，“省事”是这个行为带来的直接实惠，歇后语的语义比成语更加明确，理解起来更加容易。

5. 海底捞针——难上难（湘西）

我们常将一件几乎难以办到的事比喻为“海底捞针”，湘西地区在这之后加上了“难上难”，使之从成语变异为歇后语，语义更加清楚直白，让人一看便知。

三、谚语和歇后语的语性变异

谚语是表述性的俗语，具有知识性和经验性，这决定了它在语性变异上有很大的局限性，就算发生变异，也仅能变异为歇后语。而歇后语则因为语形的特殊性，决定了其语性变异的受限性，我们仅见到一例不完整变异为谚语的例子。

1. 死猪不怕开水烫→挨了刀的肥猪——不怕开水烫（湘西）

“死猪不怕开水烫”本为谚语，比喻人身处绝境，常常会豁出去，毫无顾忌，任由事态发展。在湘西地区，变异成歇后语“挨了刀的肥猪——不怕开水烫”，语义与谚语完全相同。

2. 百闻不如一见→百闻不如一见——亲身感受（湘西）

“百闻不如一见”也是谚语，意思是听得再多也不如自己亲眼看到更可靠，强调的是亲眼所见的重要性。在湘西，后加上“亲身感受”变异为歇后语，清楚明了地将谚语的语义重点直接揭示出来。

3. 百货中百客→百货中百客——各取所需（湘西）

谚语“百货中百客”是说有一百样不同的货品就会有一百位不同的顾客喜欢，指不同的顾客有不同的需求。湘西地区在其后加上“各取所需”，直接说出了谚语的语义，构成了歇后语。

4. 懒驴上磨——屎尿多→懒牛懒马屎尿多，懒人懒汉瞌睡多（成都）

“懒驴上磨——屎尿多”常被人认为是歇后语，如果按照歇后语来看，成都谚语“懒牛懒马屎尿多（懒人懒汉瞌睡多）”、绩溪谚语“懒汉多屎尿”、梅县谚语“懒人屎尿多”就都可以看成是它的不完整变异的地域变体。因其中的“驴”变换成了“牛、马、汉、人”等，又省却了“上磨”，跟原来的形式相比，是一种不完整的变异。

也有学者认为“懒驴上磨屎尿多”是谚语而不是歇后语，从这些地域变体的情况来推断，我们也倾向于其属于谚语，这样一来，我们见到的这一例歇后语变异的例子也就不存在了。

第五节　语汇与语长变异

语长，即语的长度。跟通语中的语汇相比，有些方言语汇为了突出形象性，增强说服力，明显增加了语的长度，这是一种形式上的变异。成语的语长变异跟语性变异紧密相关，在前一节语性变异中已经讨论过，这里不再重复。歇后语的地域变异中很少涉及语长变异，我们只见过极个别的歇后语的注语发生变异的例子，潮汕方言“姜太公钓鱼——愿者上钩，唔愿者顺水流”，因此，关于歇后语的语长变异这里也不讨论。

语长变异最多的要数谚语和惯用语，多是从单语节结构变异为双语节或多语节结构（本节主要讨论变异为双语节的情况），新增结构可以在前，也可以在后。从变异增加的内容来看，可以分为四种情况：增加并列性成分，两个结构的语义同时起作用；增加举例性成分或补充性说明，整条俗语的语义没变，但具体事例的加入使语条更容易理解；增加比喻性成分，使得语义更加形象生动，易于理解；增加顺承性成分，使语义更加清晰。

一、惯用语的语长变异

（一）增加并列性成分

1. 八面光，四面净（洛阳）

现代汉语中常用“八面光”来形容人处世世故，各方面都能应付周到。洛阳一带也有这样的说法，但变成了“八面光，四面净”，后增加了“四面净”，跟“八面光”相对，两个结构共同作用，使得该惯用语的语义更加突出，更具有表现力。

2. 未吃羊肉得身臊，反穿皮褂得身毛（湘西）

“没吃羊肉惹身臊”是说人好处没得到，反而惹来了麻烦。湘西地区，为了更好地说明问题，在之后加上了“反穿皮褂得身毛”，变成了一个双语节惯用语，两个结构并列在一起，更加形象地说明了语义。

3. 和稀泥，漫光墙（敦煌）

人们常用“和稀泥”来讥讽那些面对纷争，无原则地折中调和的人。敦煌则在这之后加上了“漫光墙”，本义是拿糊状物将墙面抹平，这里跟“和稀泥”相辅相成，对那些没有原则一味折中调和的人构成了绝妙的讽刺。

（二）增加补充性说明

吃力不讨好，黄胖搡年糕（杭州）

“吃力不讨好”是说人出了力但没有得到他人的认可或肯定。在杭州，这条惯用语变异为“吃力不讨好，黄胖搡年糕”，“黄胖”指脸色发黄，身体虚胖有病的人，“搡年糕”是用很大的木榔头在捣臼里连续捶打年糕，是一种非常重的活儿，“黄胖搡年糕”是对“吃力不讨好”这条俗语举例性的补充说明，增加了“吃力不讨好”的形象性。

（三）增加比喻性成分

1. 半斤对八两，铜缸对铁甏（宁波）

“半斤对八两”是一句常用的惯用语，意思是实力相当，不相上下。方言区也有这种表达，但更加形象。如宁波地区后面加上了“铜缸对铁甏”，于都、海口等地在后面加上了“拳头对巴掌”，增加了一个语节，用一个形象的比喻来补充说明，但整体语义未变。

2. 曹操倒霉遇蒋干，萝卜干倒霉遇稀饭（扬州）

“曹操倒霉遇蒋干”说的是《三国演义》里的故事，蒋干求功心切，却害苦了曹操。现在我们用这条俗语来形容人倒霉到了极点。“萝卜干倒霉遇稀饭”，说的是旧时人民生活贫苦，吃不上饱饭，经常只能以稀饭充饥，喝稀饭时要就着咸的萝卜干，稀饭越稀，吃的萝卜干就越多，所以说“萝卜干倒霉遇稀饭”，这句与上句“曹操倒霉遇蒋干”配在一起，更加形象地将倒霉的状态呈现出来，增强了表现力。这条俗语在成都的变异形式为“胡豆（儿）背时遇稀饭，曹操背时遇蒋干”，顺序与扬州不同，但语义一致。

3. 葫芦头茄子把，见啥人说啥话（敦煌）

“见什么人说什么话”说的是人善于交际，能根据对象适时改变语言和态度。敦煌方言在之前加上了“葫芦头茄子把”，这可以看作是对说话的内容的比喻，整条惯用语因为这个语节的出现而变得形象、生动，富有生活气息。

（四）增加顺承性成分

1. 没有功劳有苦劳，没有苦劳有疲劳（监利）

我们常说某人“没有功劳也有苦劳”，意思是我们应该肯定某人对某件事的付出。而监利方言，则在后面又加上“没有苦劳有疲劳”，用了顶真的修辞手法，意义相承、语言活泼，俗语的口语性特征一下子就表现出来了。

2. 空口说空话，伸手打嘴巴（监利）

“空口说空话”意思是只在口头上说说，并不实际行动。监利方言中后加“伸手打嘴巴”，将这种行为带来的直接后果描写了出来，“伸手打嘴巴”是说自己说的话自己不兑现，语义承接“空口说空话”，使得该惯用语变异成为谚语。

3. 临时抱佛脚，越抱越蹩脚（杭州）

“临时抱佛脚”是一个现代汉语中常用的惯用语，说的是有些人平时不操心，事到临头才想办法应付。杭州地区在其后加上了“越抱越蹩脚”，这是对“临时抱佛脚”后果的一种承接，告诉人们“临时抱佛脚”是不可取的，同时，语性由描述性的惯用语转变为带有经验性的谚语。“临时抱佛脚，到老冇结煞”是这条俗语在瓯越地区的说法。

二、谚语的语长变异

（一）增加并列性成分

1. 败子回头金不换，拙儿回头难上难（瓯越）

“浪子回头金不换”是说人能改邪归正非常可贵，现代汉语中常用的是单语节，但在瓯越语中，变异为双语节“败子回头金不换，拙儿回头难上难”，“拙儿回头难上难”跟“败子回头金不换”语义并列，共同强调了人改邪归正的可贵性。

2. 狡兔唔食窝边草，匪贼唔打自家围（东莞）

人常说“兔子不吃窝边草”，这是条单语节俗语，在东莞变异为“狡兔唔食窝边草，匪贼唔打自家围”，增加的语节“匪贼唔打自家围”，跟“狡兔唔食窝边草”语义相同，且更加直白，两个语节共同作用，说明了人应该与邻为善。

3. 船烂了还有三百斤钉，锣破了还有三斤铜（湘西）

“船烂了还有三百斤钉”语义同“瘦死的骆驼比马大”，意思是说，一个大的家族或集团，即使败落了，实力也不容小觑。在湘西地区，后增了“锣破了还有三斤铜”，表达手法和语义跟“船烂了还有三百斤钉”完全一致，两个语节共同作用，使得语义更加突出，增强了谚语的表现力。

4. 朝里有人好做官，伙房有人好泡汤（湘西）

湘西俗语“朝里有人好做官，伙房有人好泡汤”，在常用俗语“朝里有人好做官”后又加上了“伙房有人好泡汤”，两个语节的语义重点都在“有人”和“好”上，共同表达一个语义“内部有人好办事”，但增加了语长之后，表现力同时增强。

5. 货问三家不吃亏，路走三遍不生头（瓯越）

瓯越俗语“货问三家不吃亏，路走三遍不生头”，前一语节是常用俗语“货比三家不吃亏”的一个地域变体，瓯越语在此之后又加上了“路走三遍不生头”，使得这条俗语的语长增加了，语义更加抽象，告诉人们多经历几次就能积累丰富的经验。

6. 金窝银窝不如草窝，湖水海水不如泉水（湘西）

“金窝银窝不如草窝”在现代汉语中的常用形式是“金窝银窝不如自己的草窝”，是一个单语节的谚语，而在湘西方言中，后加上了“湖水海水不如泉水”，变成一个双语节谚语，前后两个语节之间并没有语义上的关联，只在形式上由“不如”一词相照应。这种语义上没有关联的并列结构还有苏州的“春宵一刻值千金，一网鱼虾一网银”等。

7. 大河无水小河干，锅里有碗里才有（青川）

俗语“大河有水小河满，大河无水小河干”是说个人的命运跟集体的命运是紧密相连的，“大河无水小河干”也经常单用，在青川方言中，就在之后加上了“锅里有碗里才有”，描述对象转到了日常生活情节，更加形象，也更容易理解。

8. 狗肉上不得台盘，稀泥巴糊不得墙壁（瓯越）

“狗肉上不得台盘”和“稀泥巴糊不得墙壁”本是两条独立运用的谚语，在瓯越语中却经常一块儿运用，使之变成一个新的并列结构，意思也更加强化了，讥讽不成才的人再怎么帮扶都没有用。

9. 吃菌子不忘树疙蔸，吃水不忘挖井人（成都）

此例中，“树疙蔸”指树根。“吃菌子不忘树疙蔸”是一条方言俗语，在成都常将它跟“吃水不忘挖井人”并列使用，强化了“人不能忘本，不能忘恩”的语义。

（二）增加举例性或补充性说明

1. 百货中百客，鸟豆子中酱油客（于都）

豆子是做酱油的主材。于都俗语“百货中百客，鸟豆子中酱油客”中，后一语节“鸟豆子中酱油客”是“百货中百客”的一个具体的事例，让人对该谚语有了更具体的了解，用生活中熟见的现象来说明语义是俗语常用的手法。

2. 拔爻萝卜地皮阔，嫁出姑娘阿嫂阔（瓯越）

“拔了萝卜地皮宽”指除掉了讨厌的人或碍眼的事物，行事方便了或心里感觉舒畅了。在瓯越，增加了语长，变为“拔爻萝卜地皮阔，嫁出姑娘阿嫂阔”，阔即“宽”的意思。小姑和嫂子关系历来比较难处，故有“嫁出姑娘阿嫂阔”这样的说法，这个语节可以看作是对前一语节“拔爻萝卜地皮阔”的举例说明。

3. 痴人有痴福，泥巴菩萨住瓦屋（监利）

人常说“傻人有傻福”，这条俗语在监利变异为“痴人有痴福，泥巴菩萨住瓦屋”，不仅更换了形容词，语长也变了，后加上“泥巴菩萨住瓦屋”，使得“痴人有痴福”的表意更形象、更立体、更易于理解。瓯越也有类似的变异，如“呆有呆格福，烂泥菩萨住大屋”。

4. 恶人自有恶人磨，蜈蚣只怕蜒蚰螺（瓯越）

“恶人自有恶人磨”意指狠毒的人自然会有更狠毒的人来折磨他，通常是单语节形式。在瓯越地区，语长增加，变异为“恶人自有恶人磨，蜈蚣只怕蜒蚰螺”，“蜒蚰螺”是一种无壳的蜗牛。蜗牛是蜈蚣的克星，蜗牛腹足分泌的黏液能把蜈蚣的毒吸出来。增加的“蜈蚣只怕蜒蚰螺”既是一种形象的比喻，又是对“恶人自有恶人磨”的一种举例性说明。

5. 慢工出细活，三天做个牛打脚（成都）

“慢工出细活”本指工匠要精雕细做才能制造出精美的成品，告诉人做事不能急于求成。成都方言中在其后加上了“三天做个牛打脚”，使之变成了一个双语节俗语，“牛打脚”是农村用牛耕地时牛拉的木犁上的置于牛脚后、犁头前的一根短横木，两端可系纤绳，“牛打脚”并不难做，三天才做出来，可真是“慢工出细活”了，从而增加了夸张和讽刺的意味。

6. 懒人施重担，十担并作一担担（瓯越）

“懒人施重担”是说懒人往往为了省事而一次性做大量的工作。瓯越语中增加了“十担并作一担担”，这是对“施重担”的一个具体补充说明，让人在头脑中勾画出了一幅滑稽的图画，强化了“懒”的行为，方言俗语结构上的松散性和口语性特征更加突出了。

（三）增加比喻性成分

1. 碓窝掉了杵杵在，和尚跑了庙子在（成都）

“跑了和尚跑不了庙”是说就算一时能跑掉，但由于其他无法摆脱的牵累，最后还是无法脱身。这条俗语在成都变异成为“碓窝掉了杵杵在，和尚跑了庙子在”，“碓窝”是一种很古老的家用物品，是用石头、铁或木头制成的深窝状家具，配上“杵”（棒），用来舂米、面、花椒等。“碓窝掉了杵杵在”跟“和尚跑了庙子在”表达的意思相同，但前者用的是比喻的手法将语义传达给了大众。

2. 船大不由橹，儿大不由父（瓯越）

人常说“儿大不由娘（爹）”，是说孩子大了，父母难以管教了。瓯越地区变异为“船大不由橹，儿大不由父”，之前加上了比喻性结构

"船大不由橹"，用日常的生活经验来比喻抽象的人生经验，这是人认知世界和自身的一种常用手段。

3. 男不跟女斗，刀不跟斧斗（监利）

"男不跟女斗"是说男强女弱，男跟女斗就是欺负弱小，有失身份。监利地区，后面加上比喻性结构"刀不跟斧斗"，用刀斧的差别来比喻男女强弱的悬殊，形象生动，朗朗上口。

（四）增加顺承性成分

1. 财帛不露白儿，露白儿光招贼（牟平）

"财不露白"告诫人钱财不能在人前显露。这条谚语在牟平的说法是"财帛不露白儿，露白儿光招贼"，将"财"变异为"财帛"，后加上另一个语节"露白儿光招贼"，是对"财帛不露白儿"的一种假设性的反义相承，点明了"露白"以后的后果是"招贼"，增加了语长以后的方言语汇更加贴近生活，贴近口语。

2. 成材的树不用苛，越苛越是结疤多（监利）

"苛"是一个同音替代的词，有的地方写作"科""括"等，有些地方也换作"斫""修""剪"等，据吴建生等《三晋俗语研究》考证，这个字应该写作"栝"，是修剪的意思。"成材的树不用苛"是一条常见谚语，意思是自身悟性高的人不用多加指点就能成才。监利地区在之后加上"越苛越是结疤多"，反证了只知道"苛"的不良后果，增强了表达效果。

3. 话说三遍淡如水，再说一遍驴拌嘴（敦煌）

"话说三遍淡如水"意思是说多次重复的话淡而无味，使人厌烦，劝人不要一直唠叨。在敦煌，之后加上了"再说一遍驴拌嘴"，更进一步说明了多次重复带来的不良后果。其他地区也有类似的变异，如在山西临县，这句俗语变异为“话说三遍淡如水，再说三遍狗不听”，陕西变异为“话说三遍淡如水，再说一遍打驴嘴”。

4. 出门儿小三辈儿，总是好办事儿（牟平）

俗语“出门人小三辈”或“出门三辈小”有两个语义，一个是说人出门在外，日子总是很艰难；二是规劝人出门在外，要学会尊重他人，这样才好办事。牟平俗语在其后加上了顺承性成分“总是好办事儿”之后，第一个语义消失了，只剩下了第二个语义在起作用。

5. 好饭不怕晚，晚了的是好饭（牟平）

“好饭不怕晚”，取材于日常生活，告诉人迟来的更有意义。牟平在其后又增加了“晚了的是好饭”，语义回环，起到了强调的作用，也是方言俗语更具口语性的一个例证。

6. 打是亲，骂是爱，不打不骂不喜爱（大同）

“打是亲，骂是爱”常用来说明亲人之间的打骂往往是出于疼爱。大同方言在其后加上了“不打不骂不喜爱”，承接前一语节，从反面说明了语义。这条俗语在牟平又变异为“打是亲，骂是爱，不打不骂是祸害”。

第六节　语汇与语义变异

语义是俗语的灵魂。无论语形怎样变化，最终还是要为语义服务。通过对语料的梳理，我们发现，有些方言语汇在语形上完全相同或大致相同，但语义已经发生了变化。这种情况，我们叫作汉语语汇地域变异中的语义变异现象。需要注意的是，语义变异是以语形相同或大致相同为前提的，如果语形不同，语义自然就不一样，也就不存在变异问题了。据我们观察，成语最容易发生语义变异，惯用语次之，谚语和歇后语我们暂时还未发现语义变异现象。

1. 云淡风轻

成语“云淡风轻”，在普通话中多用来形容天气，也经常借天气来表达人的心情：宁静、闲适、恬淡。但在温州方言中，这个成语则用来形容女子轻佻、不稳重，如“该个雀跃娜儿云淡风轻显个，你逮我少伉渠走拢徕”。成语“云遮雾罩”在普通话中除了形容景色，也形容情况不明朗。但在山西忻州方言中，这个成语则用来形容人洋洋得意的样子，如“人这二年闹下两个（一些）钱，云遮雾罩哩不知道姓甚哂”。

2. 戳东拐西

“戳东拐西”在太原方言中指小孩子到处惹祸，如“咻小子一阵阵打咾伢家的玻璃，一阵阵惹哭伢家的娃娃，戳东拐西的可不省心嘞”。但在临县方言中，指的是地方偏僻难找或指不熟悉某地，找不到路，如“可长时间不去哩，戳东拐西，啊里也寻不上”。

3. 打牙祭

有些方言俗语，在普通话语义的基础上，通过隐喻手法扩大了语用领域，从而产生了新的意义。“打牙祭”在普通话中指偶尔吃一顿丰盛的饭。但在长沙方言中，除了这个意义以外，又指“不经常做的事”，语用范围由原来的饮食领域扩大到了日常生活领域，如“你复习功课像打牙祭一样的”。

4. 水泼地皮儿湿

牟平俗语“水泼地皮儿湿”比喻遍施小恩小惠。临县有相似的“水过地皮湿”，意思是做事不深入，表面敷衍了事。

本章我们从六方面讨论了汉语语汇的地域变异现象。这六种现象或手段并不是孤立存在的，而是相互渗透，共同作用的。汉语方言语汇在通语语汇的基础上，综合运用各种变异手段，使得各地的方言语汇深深地打上了地域的烙印，呈现出自己独有的魅力，为方言区人民的语言生活增添了更多的趣味和活力。

由于普通话的大力推广以及各方言区人民的交流和融合日益深入，各地方言也在不断吸取普通话和其他方言的特点，方言和普通话将会进一步融合、趋同，随着时间的推移和语言的演变，各方言区人民口语中的这些语汇也将进一步演变，未来如何变化取决于语言自身及社会的发展。无论如何，做好对当下汉语方言语汇的记录和整理是方言研究的一项基础课题，在此基础上，对汉语方言语汇中的各种现象做恰当的分析，结合通语语汇，对汉语语汇的运用做出适当的规范，这应该是未来方言语汇学研究的目标和方向。

第六章　汉语语汇的历时演变

语汇，是语言中“语”的总汇。这一概念由温端政在确立“语词分立”观点时，作为一个区别于“词汇”的重要术语提出。[①]其目的在于将成语、谚语、惯用语、歇后语等语言单位从词汇中凸显出来，作为单独的研究对象，这一提法引发了学界的关注。同时，他将语的范围界定为成语、谚语、惯用语和歇后语，而“包括格言在内的名句、专门用语、专名语（也称‘专有名词’）、复合词，以及结构上缺乏必要固定性条件的某些习惯性说法，都不属于语”。我们将成语、谚语、惯用语和歇后语这类语汇单位视为研究对象，对其历时演变过程及其特征进行分析。

通过考察这种具有结构固定性和意义整体性的语言单位，我们发现汉语语汇的最初形态大多是临时性的句法成分，通常以自由词组或句子为表现形式，对某类现象进行描写和叙述。这一言语单位被语言形式记录下来，在历时的演进过程中，由于受到各种内在和外在因素的影响和制约，从而逐渐演变为结构相对固定，意义具有整体性、凝

① 温端政:《论语词分立》,《辞书研究》,2000 年第 6 期。

固性，复现率较高的语汇单位。我们将这种从临时性自由词组或句子演变为汉语语汇的过程看作汉语的“语汇化”。

通过考察和分析《古今俗语集成》[①] 中收录的历代文献中出现的俗语，我们发现，汉语语汇的形成有其历时发展的过程。在其出现的最初形态中，有大量语汇是以临时性组合的形式存在的。我们以现代汉语常用语为研究对象，[②] 用历时逆推的方式回溯汉语语汇的发展演变脉络，分别从语汇的形式（即语形）和意义（即语义）两方面考察各语类的变化情况及其机制。

第一节　汉语语汇化的形式演变过程及特征

所谓的“语形”包括两个方面：一是语的构成成分（构成语的词），二是语构成成分之间的结构关系（词和词之间在线性序列上的组合关系）。特别需要强调的是，语汇的形式与意义互为表里，形成统一，对语汇历时演变的考察是建立在形式与意义一方为常量、另一方为变量的基础之上，因此讨论语形变化的前提条件，是语形的变化不以改变语的基本理性义为标准，如果语的基本理性义改变，则认为是不同的语。

①《古今俗语集成》(温端政主编，山西人民出版社 1986 年出版）共六卷，卷一、二分别收古籍经史子集中的俗语，卷三、四分别收近代小说和戏曲里的俗语，卷五收中华人民共和国成立以后、“文化大革命”以前小说中的俗语，卷六收现代和当代作家全集、选集、文集里的俗语。本文所考察的俗语主要来源于卷一、二。

② 采用了国家语委课题《现代汉语常用语研究》的研究成果。本课题对成语、谚语、惯用语、歇后语四个语类在现代汉语中的常用语进行了考察和统计，并对各个语目的通用度进行了计算和排序，制订了《现代汉语常用语语表(草案)》。

一、汉语语汇的语形变化类型

从历时的角度来看，汉语语汇的语形具有两种变化类型：一是语形从产生至今构成成分或结构关系从未发生变化的，一是语形中部分构成成分或结构关系部分在使用中发生变化的，这两种情况动态地存在于汉语历代的书面文献及口语中。下文将以各语类中典型语例的历时变化情况为例进行分析。

（一）语形不变型

语形不变，指语的构成成分及其构成成分之间的结构关系从产生之初就呈现出与现代汉语中一致的面貌，在之后的使用过程中没有发生过明显的变化，而且一直沿用至今，在这一过程中没有产生明显的变体形式。

经考察，在各语类中语形不变型都有分布，如成语“别具一格”“节哀顺变”“妙不可言”“神色自若”“捧腹大笑”“无出其右”等，[①]谚语“尺有所短，寸有所长”“百闻不如一见”“宁为鸡口，无为牛后”“民以食为天”等，惯用语“风马牛不相及”“打退堂鼓”“小巫见大巫”“张家长李家短”等，歇后语“竹篮打水——一场空”“外甥打灯笼——照旧”“姜太公钓鱼——愿者上钩”等，都属于语形不变型语汇。

该类型语的构成成分无论其意义在现代汉语中是否已经发生了变化，在语的形式内部它并不会被同义、近义、类义等的其他成分所替代，如上例的“无出其右”中“右”表示“上”的意义，是古代以“右”为尊的语义表现，虽然现代汉语中“右”表“上”义的词汇意义

① 曹瑞芳:《论汉语成语语形的演变——语义不变背景下的成语应用类型分析》,《语文研究》,2012 年第 2 期。

已经消退，但“无出其右”中的“右”不会被现代汉语中意义相类的“上”或其他词所替代，仍保持原始语形。又如“宁为鸡口，无为牛后”在历时语料的检索中，曾出现过否定副词“无”替换为“毋”的语形，在作否定副词的意义上，二者意思相同，互为同音通假，因此我们认为其基础语形并未改变。

（二）语形部分变化型

语形部分变化，即语的构成成分或其构成成分之间的结构关系在历时发展中发生变化，主要有以下三种类型。

1. 构语成分变化

构语成分变化，即语的构成成分在其产生之初到现代汉语中已经固定了的形式之间存在一个变化的过程，其中构成成分的变化主要有如下三种。

一是增加成分。指语汇在基本理性意义不变的条件下，语形在其历时演变的过程中增加了某些成分。如：①

〔例 1〕有钱能使鬼推磨→

有钱可使鬼（晋·鲁褒《钱神论》）/有钱使得鬼推磨（《治世馀闻》）

〔例 2〕隔墙有耳→

墙有耳，伏寇在侧。（《管子·君臣下》）/常谓人曰：“还闻‘墙有耳’否？”（宋·路振《笔记小说大观》一〇册）/曰：“恐‘墙有耳’。议寄城中某戚家。”（清·诸晦香《笔记小说大观》二八册）

① “→”表示语的历时变化，“→”后为历代文献中曾经出现的形式及其语境，“→”前为现代汉语中基本固定的常用形式。

〔例 3〕胜败乃兵家常事→

郑锷曰："胜败乃兵家之常。王者之师亦有时而不胜而谓之师不功……"（宋·王兴之《周礼订义》）

从增加成分的情况来看，成分的增多也常伴随着结构的扩展，〔例 1〕原始语形"有钱可使鬼"中"使"的"致使"义在频繁作兼语式的第一个动词的强势推导下，逐渐虚化为纯粹的表"致使、使让"的使役义。这与汉语使役句的发展相关，结构的扩展促使增加成分"推磨"的出现，更符合近代、现代汉语的语法要求，同时具象了语义所指，并以此形式固定下来。〔例 2〕原始语形"墙有耳"为三音节主谓结构，随着汉语双音化的发展和复音词的增加，加之受到历代文学语言如《诗经》、四言诗、辞赋和骈体文四言格式的影响，以及在汉民族"以偶为佳"审美心理的作用下，三音节形式的成分向四音节发展，成为典型的二二相承四音节形式"隔墙/有耳"，语节之间也成为并列的动宾组合形式，发展出符合成语内部结构平行或对称性的特征。〔例 3〕由单音节词"常"后附名词"事"，成为双音节复合词"常事"，也符合汉语双音化的发展规律。

二是减少成分。指语汇在基本理性意义不变的条件下，语形在其历时演变的过程中减少了某些成分。如：

〔例 1〕亡羊补牢→

鄙语曰："见兔而顾犬，未为晚也；亡羊而补牢，未为迟也。"（《战国策·楚策四》）

〔例 2〕前事不忘，后事之师→

野谚曰："前事之不忘，后事之师也。"（《史记·秦始皇本纪》/

奢淫谄慢，鲜不夷戮，前事不忘，后事之师也。（《后汉书·张衡传》）

〔例 3〕投鼠忌器→

里谚曰："欲投鼠而忌器。"此善谕也。鼠近于器，尚惮而弗投，恐伤器也，况乎贵大臣之近于主上乎！（《汉书·贾谊传》）/又曰黥劓之罪不及大夫。故里谚曰："欲投鼠而忌器。"器君也，大夫近于君。（《太平御览·刑法部十四》）

从减少成分的情况来看，成分的减少也常伴随着结构的改变，〔例 1〕原始语形在初始语境中以自由词组的临时性组合出现，连词"而"表示前后两个动宾词组之间的相承关系，在后世文献的反复引用过程中，四音节双音步的汉语韵律发展特点使其外部形式简化兼及内涵深化，连词"而"被省略形成二二相承的成语语形。〔例 2〕原始语形为句子结构，前一分句中的"之"处在主谓之间，取消句子独立性，整句句末有语气词"也"表示肯定语气，这是古代汉语典型的语法特征。在后世文献的引用中，前一分句的"之"逐渐消失，但句末语气词仍有留存，而发展到现代汉语中，"之"和"也"消失，古代汉语遗存的语法特征也随之消失，定型为现代汉语的常用语形。〔例 3〕类同，此不赘述。

三是替换成分。指语汇在基本理性意义不变的条件下，语形在其历时演变的过程中某些成分被其他成分所替换。如：

〔例 1〕早看东南，晚看西北→

朝看东南，暮看西北（清·杜文澜《古谣谚·占云谚》）

〔例 2〕司马昭之心——路人皆知→

又谓：“司马昭之心，路人所知。”（《宋史·卷二百·志第一五三》）/夫封后之命，都督之命，贬谪周朝瑞之命，何皆不封还？“司马昭之心，路人知之矣。”（《明史·列传第一三四》）

〔例3〕喝西北风→

吸西北风（清·范寅《越谚》）

从替换成分的情况来看，常以同义、近义、类义等形式替换原始语形中的某个成分，〔例1〕原始语形中“朝”“暮”从上古汉语时期即有“早晨”和“日落的时候”的词义，但在词义的发展与分流中，与它们表示类同意义但口语性更强的“早”“晚”逐渐占据上风，发展到现代汉语时期，“早”“晚”已经成为“早晨”“日落的时候”意义的主体承担者，该谚语中的构成成分“朝”和“暮”即被“早”和“晚”替换，成为现代汉语中的常用语形。〔例2〕原始语形最早见于裴松之注《三国志·魏书·高贵乡公传》：“帝见威权日去，不胜其忿。乃召侍中王沈、尚书王经、散骑常侍王业，谓曰：‘司马昭之心，路人所知也。吾不能坐受废辱，今日当与卿等自出讨之。’”这一语形出自历史文献记载的对话内容，是个人的言语行为，描述具体历史人物和事件，历代史书中多为引用，以古喻今借指当时事，其句末多带有语气词“也”“矣”等。至民国时期的小说中，“所知”“知之”被“皆知”所替换，语气词“也”“矣”消失，语形得以固定。〔例3〕原始语形中动宾结构中的动词“吸”在语义上与液体或气体形成搭配，因此与“西北风”成为合法组合形式。但随着该组合形式通过隐喻引申为“没东西吃、挨饿”的语汇义，“吸”在原始语形中与气体搭配表具体动作的语义无法再与表示食物义的词语相匹配。而动词“喝”从上古汉语读去声、表示“大声喊叫，恫吓、吓唬”义，逐渐发展出近代汉语读平声、表“把液体或流食咽下去”的语义，更符合“没东西吃、挨饿”语汇义的语义对构成成分语义的要求。因此，在现代汉语中，“喝”代替“吸”成为该语汇的构成成分，语形固定为“喝西北风”。

2. 结构关系变化

结构关系变化，即语的构成成分之间的结构关系在历时发展中发生变化。如：

〔例 1〕比上不足，比下有余→

巨细舛错，种繁类殊。鹪鹩巢於蚊睫，大鹏弥乎天隅，将以上方不足而下比有余。（晋·张华《鹪鹩赋》）

〔例 2〕拔去眼中钉→

宋人喜而相谓曰：“‘眼中拔钉’，岂不乐哉！”（宋·欧阳修《新五代史》卷四六）/百姓欣贺曰：“眼中拔钉矣。”（明·郑瑄《笔记小说大观》一四册）

〔例 3〕狗尾续貂→

朝会之服，貂者大半，故谣云：“貂不足，狗尾续。”（宋·李昉《太平广记》卷一八六）/独谓世宗之初，张罗峰首建议以成大礼，此所谓“貂不足，狗尾续”者耶？（清·王士祯《笔记小说大观》一六册）

结构关系的变化是在基本理性意义不变的条件下对原始语形结构的分解和重构，这与汉语语法的发展、言语交际的需求以及四音节韵律特点的制约等因素有关。〔例 1〕比况短语“比上不足”和“比下有余”的对举其原始语形为“上方不足而下比有余”，“方”“比”在上古汉语中都有动词“比较”的意义，“上”“下”分别用作名词表示“等级或品质高/低的”，作动词“方”“比”的前置宾语。而到了现代汉语中，“比”经历了语法化过程发展出介词用法，用以比较程度和性状的差别。在现代汉语的比较句中以“比”为介词，是比较标记，“方”表示比较的词汇意义消失，其比较句标记作用也随之消失。这一变化在汉语语法的历时变化中表现为结构的调整，“上”“下”在句中由前置宾语的位置调整至介词“比”之后，作介词宾语，这也符合汉语语法发展中宾语由前趋后的演变规律。〔例 2〕原始语形“眼中拔钉”为复杂名词短语作主语的简单句，与现代汉语中的惯用语“拔去眼中钉”基本理性意义一致，具有语源衍生关系，但从其表达式在句中的语法功能来看，简单句充当句法成分的能力较低。就“眼中拔钉”一语的句法功能来看，我们在北京大学中国语言学研究中心的 CCL 语料库（以下简称为“CCL 语料库”）中分别考察了其在现代汉语和古代汉语中的句法分布，“眼中拔钉”现汉中出现频次为 0，古汉中出现频次为 1，如〔例 2〕所引，在句中作主语。由此可见，其原始语形限制了该语义表达在形式上的多样性，发展到近代汉语时期，“眼中”从原始语形中的状语位置移位至“钉”前作定语，凝固为带有比喻义的“眼中钉”一词。如：

〔例 4〕又且其夫有妾，一发易生疑忌，动不动就怄气，说道：“巴不得我死了，让你们自在快乐，省做你们眼中钉。”（明·凌蒙初《二刻拍案惊奇》卷二〇）

又对皇帝和宝妃道：“别假惺惺了，除了眼中钉，尽着你们去乐吧！”（清·曾朴《孽海花》二七回）

手里打的儿子，嘴里却骂的老爷，说：“我们娘儿俩今儿一齐死给他看！替他拔去眼中钉，肉中刺，好等他们来过现成日子！横竖你老子有了那个杂种，也可以不要你了！”（清·李伯元《官场现形记》二二回）

这一用法成为原始语形从动状结构向动宾结构演变的基础，到清代文献中出现了“拔去眼中钉”的用法。如：

〔例 5〕赵在礼孙廷勋仕宋，历岳、蜀二州刺史，而在礼传载其在宋州贪暴，及移镇，民相贺曰“拔去眼中钉矣！”（清·赵翼《廿二史札记》卷二一）

“拔去眼中钉”的动宾结构还出现了离合性用法，可以在动宾之间插入成分，除此之外，动词“拔”还可以带上补语“掉”和完成体标记“了”等，还可以被同样表“去除”义的“除”替代。经对 CCL 语料库检索，“拔去/掉/了眼中钉”及其离合形式在现汉中出现频次为 11，古汉中出现频次为 21，在句中充当复句的分句，单句中的主语、谓语等。

3. 构语成分及其结构关系均变化

语的历时演变形式常常多种变化形式交杂，可以在增加、减少、替换成分的同时伴随着结构关系的改变，或结构关系的改变带来了成分的上述各种变化，这是语在历时演变中的常态。上文分析中所涉及的类型及用例大多是两种变化同时发生的。如：

〔例 1〕要想人不知，除非己莫为→

“欲人勿闻，莫若勿言；欲人勿知，莫若勿为。”（《汉书·枚乘传》）/谚曰：“欲人勿知，莫若勿为。”（《晋书·苻坚载记上》/渔曰：“世常传云：‘欲人不知，莫若不为。’”（宋·苏轼《渔樵闲话录》）

〔例 2〕鞭长莫及→

古人有言："虽鞭之长，不及马腹。"（《左传·宣公十五年》）

〔例 3〕死马当活马医→

若恁么会去，许尔有安乐分，其或未然不免作死马医去也。（《宏智禅师广录》卷一）

从上文举例可以看出，汉语语汇在其出现的初始语境中常为临时性自由词组或句子，其中一部分语形在历时演变过程中一部分保持了原始状态，但大多数语形发生了或多或少的变化。经考察，无论是构成成分的变化还是结构关系的变化，都是在理性意义不变的基础上、在一定的范围之内进行调整的结果。

二、汉语语汇的语形演变特点

（一）语形的制约性变化特点

在汉语语汇语形的历时演进过程中，有一个显著的特点是语形的变化是发生在一定范围内的。所谓一定范围，是指制约语形变化的条件，受到如下两方面的影响。

一是受汉语词汇系统历时发展的影响。在汉语词汇发展的历程中，双音化始终是汉语词汇发展的一条重要规律。自两汉以后，双音节音步在汉语中大量出现，尤其是在现代汉语中占据着绝对统治的地位。这一特点也影响到语汇语形的基础形式，其中以成语二二相承的四音节双音步为典型代表。此外，词义的嬗变和更替也使得同义词族相互竞争，有些词在竞争中处于强势地位从而将原始语形中构成成分的词替换下来，形成表意相同但语形微调的新形式，如 174 页〔例 1〕

“早”“晚”对“朝”“暮”的更替造成的语形部分改变。

二是受汉语语法系统历时发展的影响。虚词和语序是汉语最主要的语法手段，汉语语形的历时演变必然也受到这两种手段的制约，如174页〔例2〕古汉语中结构助词“之”放在主谓之间，取消句子独立性，以及表示肯定的语气词“也”是古代汉语典型的语法特征，随着汉语的发展演变，这些语法特点在现代汉语中已经消失，因此在现代汉语语汇中这种古汉语虚词的用法也同样消失了，造成语形的部分改变。又如176页〔例1〕“比”在古代汉语动词的基础上发展出了比较标记的介词用法，也使得在现代汉语语汇中语序调整为介词+宾语的句法结构。

(二) 语形的相对固定性特点

在诸多制约条件的影响下，汉语语汇的语形演变表现出另一特点，即语形的相对固定性。同样包括两方面：语的内部构成成分的固化，即构成语的词相对固定，不可随意替代；语的构成成分之间的结构关系相对固定。

在语汇历时演变的过程中，同样的语汇义可以先后由几种语汇形式来表示，产生同义、近义、类义变体，方言变体，古今变体等不同形式，这些变体形式可能在同一时期并存，也可能在历时发展中此消彼长，但对原始语形的承递却始终遵守保持原则。换言之，语形的变化是在原始语形的基础上、社会集团规约化的作用下，遵循原始语形的造语理据而进行的。温端政认为“语的结构的固定性，来源于语的结构的历史传承性”，并将其原因归结为三方面的因素——惯用性、理据性和凝练性。

语形的制约性变化和相对固定性特点是分别从两个角度对汉语语汇形式的历时演变进行分析的结果，其本质相同，都反映出语汇在历时演变过程中语形趋向固定化的形式特征。需要特别说明的是，这种语形的固定化趋势与其变化和存在多种变体形式并不矛盾，这与语汇的口语性特点相关。语不仅仅是通过书面文献被保存、传播从而流传下来，更多的是通过口耳相传和在实际的言语交际活动中使用并传播的，这种口语性特点决定了语在时空范畴上发生变异的可能和必然，产生同一语形的语言性变体和言语性变体，其中，语言性变体包括同义、近义、类义变体，方言变体，古今变体。如：

〔例 1〕不自量力←→自不量力（同义变体），百闻不如一见←→千闻不如一见（近义变体），画虎不成反类犬←→画龙不成反为狗（类义变体）

〔例 2〕哑巴吃饺子——心里有数←→哑巴吃扁食——心里有数（方言变体）

〔例 3〕打破砂锅璺到底←→打破砂锅问到底（古今变体）

语言性变体是上文语形演变制约性变化和相对固定性特点影响下的产物，其变异仅表现在局部上。此外，在多种变体形式并存的同时，一种逆向的择一机制也发挥作用，即表达同一语汇意义的多种并存形式经过筛选和淘汰，最后缩减为一两种。如同一语源的成语“望梅止渴”，在历史文献中曾经出现过“说梅止渴”“望梅消渴”“止渴望梅”“止渴思梅”等不同的变体，但在同义词族的相互竞争和语言表达经济原则的制约下，最终只有“望梅止渴”成为这一语义表达形式上唯一的载体。言语性变体与语言性变体不同，后者的变化是在语言层面词汇、语法系统的发展中形成的，而前者则是临时性的言语活动中的变异现象，具有个人风格或语境的临时色彩。如惯用语“你走你的阳关道，我过我的独木桥”在言语交际中还有“你走你的康庄道，我走我的独木桥”“他走他的阳光道，咱们走咱们的独木桥”等变体形式。

因此我们可以说，汉语语汇在历时的演变过程中出现语汇化的趋势，其特点是：由临时性组合的自由词组或句子沿着语形趋向固定化的道路向非自由组合的词组或语汇单位的方向演化，在此过程中，各构成成分之间的关系缩近，黏合度增加，彼此之间的依附性增强，在结构上表现为自由组合的构成成分不变化或在一定范围内变化，内部结构的关系相对固定，构成成分之间的结合更加紧密，不能或只有在条件限制下才能插入其他的成分。

第二节　汉语语汇化的意义演变过程及特征

汉语语汇语形趋向固定化在形式上体现出语汇化的表层变化。从非语汇的自由分立的句法结构层面到结构相对固定的语汇单位层面的过程是一个范畴改变的过程，其中最重要并起决定性作用的是其深层意义的变化。在这一过程中，由于句法结构上紧密结合并长期连用，各构成成分在相对固化的组合关系中，不仅在句法结构上是一个整体，也形成了整体性的意义，整体意义根据各构成成分之间结合的紧密程度以及与组合意义之间的关系，分为组合性整体意义和融合性整体意义。

一、汉语语汇语义的组合性和融合性

（一）组合性

组合性是指语汇的各构成成分的语义都对语汇整体意义的形成具

有贡献作用，形成的语汇整体意义是其各成分意义的总和，整体意义以该语汇的结构形式固定下来，形式和内容达成了不可分割的统一。如：

成语　走马观花　任劳任怨　醉生梦死

谚语　功夫不负有心人　先下手为强　天无绝人之路

惯用语　比上不足，比下有余

大事化小小事化了

面和心不和

歇后语　秀才遇见兵——有理说不清

当一天和尚撞一天钟——得过且过

徐庶进曹营——一言不发

以上语例内部成分的意义和结构关系清晰，其构语理据透明度高，字面意义可直接反映其实际意义，可解析性强。从语义角度而言，其语汇化程度略低，只是长期习用且用频较高，从而被当作一个整体意义提取。

（二）融合性

融合性是指语汇的各构成成分的语义不等同于语汇的整体意义，而是在各构成成分意义的基础上经过概念整合，对语汇结构重新分析，使语义融合，形成汉语语汇。概念整合理论是认知语言学领域的重要理论之一，是指对两个来自不同认知域的概念有选择地提取其部分意义加以整合，进而形成一个复合概念结构。概念整合具有层级性，如果两个概念在其基本义基础上提取部分语义特征进行整合，那么这种整合就是低层级的整合，反映在语汇的语义上是其组合性的形成模式；如果两个概念在其引申义（包括转喻义或隐喻义）基础上提取语义进行整合，那么这种整合就是高层级整合，反映在语汇的语义上是其融合性的形成模式。语汇语义的融合性，就是语汇构成成分的部分或整体从最初自由组合时所代表的认知域投射到另一个认知域，从而产生从字面意义无法直接推知的意义，可推知性越高，语义的融合性越强，其整合程度也越高，融合性特点具体表现为语义的虚化和泛化。

下面以具体语例的语义演变过程做详细分析，如惯用语“见阎王”，指死亡，最初是单音节动词“见”与名词“阎王”的临时性组合，这一动宾词组在文献中始见于唐代拾得《诗》“死去见阎王，背后插扫帚”，“见阎王”表层语义及深层语义统一，是动词“见”和所见的对象“阎王”组成的支配关系。结构上“死去”和“见阎王”是并列的动词词组，表示动作的顺承；语义上“死去”是“见阎王”的前提和基础。至宋代释净昙《辞众偈》“今朝死去见阎王，剑树刀山得人怕”，“见阎王”也是动宾词组，并与“死去”顺序出现。唐宋时期“见阎王”的组配大多属于临时性组合，并不具有惯用语的特点，但南宋话本《快嘴李翠莲记》中出现了一个语例，显现出语义整体化的倾向，“若是婆婆打杀我，活捉你去见阎王”。在该语例中，“见阎王”没有与“死去”这样的动词词组连用表示顺承关系，并作为前提出现。“阎王”后也没有出现动词词组表示其发出的动作，如“遂下十八重地狱，乃见阎王居正殿与地藏菩萨耳语”中“阎王”作兼语的性质，而是作为一个语义整体表达“死亡”的含义，虽然此时的意义依然对语境具有较强的依赖性，但在性质上却和单纯的动宾结构的词与词的临时性组合截然不同，其实际意义不再是字面意义的简单相加，而是在字面意义的基础上通过引申而表达新的意义。

“见阎王”语汇意义的真正稳固，体现在数量上是用例的明显增加，明清时期的白话小说中，“见阎王”语汇义的使用频率很高，通过在 CCL 古代汉语语料库对“见阎王”的检索，共检得 42 条用例，其中表“死亡”语汇义的惯用语“见阎王”29 条，如：

〔例 1〕如意棒，身黑箍黄。戳着的魂归冥府，打着的定见阎王。（明·吴承恩《西游记》二一回）

〔例 2〕白姑子道：“鸮鹰进人房，流水抬灵床。不出三十日，就去见阎王。”（清·西周生《醒世姻缘传》六四回）

〔例 3〕众军士配合一齐着力盘绞。这一下手，城门洞内的活阎王真正要见阎王了！（《施公案》二〇四回）

临时性词语组合及语义凝固性弱的 13 条，如：

〔例 4〕道者说：“我是道士，所以放我转来。”那博士记了，见阎王时也说是道士。（明·兰陵笑笑生《金瓶梅词话》一回）

〔例 5〕五个将官，齐齐的一吵，满口吆喝道：“要捉判官！要见阎王！”故此有许多小鬼，报进灵曜府里去。（明·罗懋登《三宝太监西洋记》九〇回）

从数量比例上来看，惯用语“见阎王”已成为该语形表意的主体，即语汇化程度较词语临时性组合程度高。

现代汉语中，“见阎王”表“死亡”的语汇意义已经与其结构融合，通过结构的重新分析，动宾结构的行为义弱化，构成成分的词与词之间的组合意义虚化为引申后的语汇整体意义，这种整体的语汇义通过结构形式上的“见阎王”表达，并成为这一语形主要的语法和语用功能。从其在现代汉语中的使用频率上看，在 CCL 现代汉语语料库中共检得“见阎王”的用例36条，其中口号式的“不见阎王不撒手，见了阎王抬起头”重复3条，惯用语“小鬼见阎王”中嵌入的重复2条，其余31条都是表“死亡”义惯用语的语例。如：

〔例1〕我不晓得他留下那些钱做啥？死了能带着钞票去见阎王吗？（周而复《上海的早晨》）

〔例2〕傅贵惊魂甫定，拍拍那汉子肩膀，“你我都是有老婆娃儿的人，犯不着这么早去见阎王嘛。”（张卫《你别无选择》）

〔例3〕他们虽没人“见阎王”，却有2人被铁锤打断了手指，4人被石头砸断了胳膊，每一个人都是遍身伤痕。（《人民日报》1994年6月22日）

这种在现代汉语中的高频出现率更进一步推动了该惯用语的语汇化进程，在语义虚化的过程中伴随着语义的泛化，“见阎王”从词组行为义中引申出表“死亡”的语汇义，逐渐又引申出表示“事物消失、灭亡”义。如：

〔例4〕先有风光无限的“地王”，后有“地王”去见阎王，个中原因值得推敲。（马韵筠《还有多少“地王”赶着去见阎王》）

〔例5〕害人赌博机见阎王（《江南都市报》2008年3月19日）

“见阎王”表“事物消失、灭亡”义还不是主要义项，尚处在动态发展中，这也从侧面说明，语汇化是一个语汇发展演变的过程，而不是语汇发展的最终结果。

在语义的整合过程中，意义发生变化，构成成分的内部形式变得模糊，随着语汇化程度的加深，原本自由组合的词组和句子的内部结合能力下降，被重新分析为一个语义整体的语言单位，不再对其内部构成成分的各自语义进行组合分析。这种重新分析的程度与构成成分对整体语汇语义的贡献程度有关，构成成分对语汇义的贡献程度越大，语汇的理据性越强，其语义透明度越高，解析性越强，语汇化程度就越低；构成成分对语汇义的贡献程度越小，语汇的理据性越弱，其语义透明度越低，解析性越弱，出现语义的虚化和泛化，语汇化程度也就越高。

此外，我们还发现在这一过程中，语汇单位在表示语汇意义的同时，还发展出连词的句法功能，起到篇章连接作用，如成语“无独有偶”，其语汇义为“虽然罕见，但是不止一个，还有一个可以成对儿”。在具体的语境中，可以表示本身具有的语汇义，如：

〔例 1〕闻简某系蜀人，而此女亦是蜀人，可谓无独有偶。(清·壮者《扫迷帚》)

〔例 2〕此次之哭，比前更觉哀痛，呜呜咽咽，凄人心脾，与颦卿之哭埋香冢，诚可谓无独有偶。(《玉梨魂》二章)

〔例 3〕更为奇异的是，在祖国北方长白山的天池生长着的杜鹃科植物，在这南国天池畔也同样生长着多种杜鹃科植物，真是无独有偶，蔚为奇观！(庞业明《南国天池传奇》)

以上 3 例表示“无独有偶”语汇义的语境中，语前都有引语标记“可谓”“真是”等，是对前述内容的总结。而我们在现代汉语中检索到更多的语例则显示，“无独有偶”前的引语标记消失，连接前后两部分内容，表示递进的逻辑关系，如：

〔例 4〕无独有偶，80 年代中期，胶姆糖又一次成为军用必需品。（韩王荣《泡泡糖——二十一世纪的糖果》）

〔例 5〕在“南京路上好八连”曾经发生过一个脍炙人口的一分钱的故事。无独有偶，在六连记者也听到了一个一分钱的故事。（《人民日报》1995 年 6 月）

〔例 6〕一谈到个人背景，他便显得神秘，无独有偶，祖斐也不爱说她的过去，两个人都像决心从头开始。（亦舒《异乡人》）

以上 3 例中，“无独有偶”的语汇义在相当程度上被弱化、虚化，发展出与连词“另外”相同的连词用法，前句引入情况一，后句中的“又”“也”等逻辑算子与之形成对照，引入更进一步的情况二，“无独有偶”的作用主要是用来连接前后句，表示递进。谚语中的“善有善报，恶有恶报”“功夫不负有心人”等也发展出类似的用法。

二、使用频率变化对语义整体化的影响

除了结构和语义方面的变化之外，影响一个句法形式凝固成一个语汇单位的因素还有该形式在言语中的使用频率，使用频率的增加是意义整体化后与语言形式结合并固化的必然要求，而意义的固化则来源于较高的使用频率。[①] 一般情况下，使用频率与语汇化程度的高低成正比。

在我们考察的语料中，如上文中所举的惯用语“见阎王”，在古代汉语中最初以临时性词与词组合的身份出现，最早可检索到的语例是

① 李健雪:《论作为语法化反例的词汇化》,《广西师范大学学报》(哲学社会科学版),2005 年第 1 期。

在唐代，至两宋时期仍是临时性动宾组合，且用例极少；至明清时期“见阎王”语汇意义出现后，其使用数量出现了跨越式的增长，语汇义和临时性组合义的数量比为 29:13，基本是 2:1 的比例差；现代汉语中，其使用频率的增长更为明显，检得的 36 例语例中，除重复 5 例外，其余 31 例都为语汇义，临时性组合义则为 0，这种使用频率上压倒性的比例差表明，使用频率越高，其语汇化程度越深，语汇化的结果又提高了使用频率。

我们从语汇的形式和意义两方面对汉语语汇的历时演变及其特征进行了考察和分析，认为汉语语汇的演变经历了如下路径：词和词之间的自由组合（词组形式或句子形式）→构成成分相对固定、成分之间的结构关系相对固定→意义组合或融合而整体化→在全民共同语中使用频率高。

在语汇化过程中，汉语语汇的语形受到汉语词汇系统和语法系统发展的影响，表现出制约性变化及相对固定性的特点，反映了语汇化过程中语形趋向固定化的形式特征。汉语语汇的意义也表现出整体化趋势，语义的组合和融合生成有层级性差异的整体意义，在连续的渐变的语汇化过程中，部分语还发展出了连词的句法功能。同时，使用频率对语义的整体化也有影响，语义的整体化来源于较高的使用频率，使用频率与语汇化程度的高低成正比。

第七章　语典编纂与语汇规范

第一节　语典编纂对语汇规范的重要意义

对于一个统一的国家来说，必须有其通用的语言文字。语言文字的发展离不开规范。不规范，大家各行其是，说话写字没有了准则，实现不了交际工具的职能，就会影响社会的发展和进步。辞书是语言规范标准的重要载体，是在语言规范标准与语言使用者之间架起的桥梁。辞书具备指导语言使用规范和解决社会语言生活中提出的问题的双重作用。规范化是辞书编纂中的重大问题之一，甚至不少人把它作为辞书特性之一。因此，字典、词典都有规范字、词的功能属性。近年来兴起的“语典”同样具有辞书规范的性质。语典具有一般辞书的共性，但又不同于一般的字典、词典，它是以语汇为主要对象来解释其包含的汉语形、音、义的工具书。语典编纂的过程就是梳理规范语汇的过程，语典编纂对语汇的正确传承、标准解释、规范使用等具有重要意义。

一、语典编纂对语汇规范具有促进作用

2007年温端政先生在“海峡两岸《康熙字典》学术研讨会”（山西，晋城）上宣读的《语典的兴起及其对文化传承的贡献》一文中，提出“字典、词典、语典三分”的主张，指出：迄今为止，汉语语文工具书有字典、词典之别，而无“语典”一说。语典不管大中小型，一概归入词典……这显然名不副实。语典和词典收条对象不同，根据“语词分立”的主张，应当把“语典”从“词典”里分立出来。这样，以字为单位，按一定次序排列，每个字注上读音、意义和用法的工具书称为“字典”；收集词汇加以解释供人检查参考的工具书称为“词典”或“辞典”；收集语汇加以解释供人检查参考的工具书称为“语典”。①

李尔钢先生在《“规范”问题》一文中指出，语言规范有三种形式：自律规范、行政规范、辞典规范。自律规范就是语言使用者个体在使用和传授过程中自发地遵循规范。行政规范主要是国家语言管理部门通过法规、标准等手段，引导社会保持语言的规范、丰富和发展。②《中华人民共和国通用语言文字法》就是我国语言规范管理的法律依据。然而，语言文字具有历史的继承性和强烈的社会性，语言规范化工作需要多管齐下，必须顺乎自然，因势利导。因此，语言文字规范标准的推行和普及离不开相应的辞书编纂。

目前，学术界对语汇的概念、内涵、外延认识莫衷一是。仅就语汇中大家意见相对一致的成语来说，也是各持一端。从上海辞书出版社《语海·成语》编纂工作而言，“如何收条、立目”是首要问题。而“收

---

① 温端政：《语典的兴起及其对文化传承的贡献》，《辞书研究》，2007年第6期。

② 李尔钢：《“规范”问题》，《辞书研究》，2000年第1期。

条、立目”的前提是必须明确成语的定义，也就是说，首先要从概念上搞清究竟什么是成语，然后才能决定如何收条，如何确立主条、副条等。

从语言事实来看，成语在语汇中数量最多、使用频率最高，成语辞书的出版也特别红火，但学术界对成语的界定历来众说纷纭，各执一词，没有个明确、统一的标准，研究成果最多，认识分歧却很大。成语理论研究的不足和滞后，自然导致辞书编纂的收条混乱，也导致教科书及外语翻译的不统一和不规范。因此，语典的编纂过程就是语汇学深入研究的过程，从一个个语目的微观剖析，到整个语类的纵观，乃至语汇学宏观理论的建立，都需要语典编纂基础和研究。

语是由词和词组合而成，语相比词而言更具有综合性。每一个语目都是语音、词汇、语法和语义的综合体。语义的形成与民族的传统思想、道德观念、宗教信仰、民风习俗等有密切联系。语典把语目按照一定的规则汇集在一起，加以诠释，把民族的传统文化系统地、完整地呈现在读者面前。同时，语义的形成往往具有一定历史文化背景，语典通过语义的诠释和语源的梳理，全面地展现语的文化内涵，发挥其弘扬传统文化的特殊作用。因此，语典编纂对语汇的语音、词汇、语法、语义、使用等方面的规范都具有促进作用。

二、语典编纂是语汇规范思想的具体实践

辞书编纂是一项工程，工程需要设计方案和施工图纸，好的辞书则需要学术支撑，需要设计理念。张志毅先生在《理念演绎辞书》一文中指出：编著一部辞书，如同建造一个建筑物。施工者、水泥、钢筋、砖瓦等材料，对于所有的建筑物都是一样的，关键是设计师。辞书

质量的高低悬殊，一方面在于编写者和语料库，另一方面更主要的在于设计师的理念。[1] 理念的不断更新，推动了辞书的不断发展。历史事实告诉我们：先哲的理念演绎出不朽的辞书，现代大师的理念演绎出样板辞书，当代新理念正在演绎新辞书。现代辞书的编纂，既应继承古代训诂学家、辞书学家严谨治学的优良传统，发扬古代字典词典的“经典”“典范”作用，又要接受当代辞书学、语言学理论的指导，遵循辞书编纂的规律。因此，辞书编纂中的科学研究性质及创造性劳动，也就更为重要、更显突出，从某种程度上来说，辞典是把研究结果编辑成书。

词典的编纂过程离不开词汇学的理论指导，语典的编纂也离不开语汇学的理论指导，但由于语汇学正处在创建阶段，对语典编纂的理论指导严重滞后或缺失。语言学理论对语典编纂的指导，主要表现在立目和注释两个方面，其中立目的学术理论很重要，主要解决原则性问题，即语与非语、语类划界。

第二节　语典编纂中的规范观

一、从条目看语汇规范

在群众口头上和文学作品中“语”被大量频繁应用，展现着独特的语言功能，但是在很长的一个时期，语典编纂工作却不被人们所重视。同样，由于没有认识到语汇的内涵和外延，在很多语典中语汇的分类内部交叉、自相矛盾。特别是对于格言与谚语、谚语与成语、成语与惯

---

① 张志毅:《理念演绎辞书》,《辞书研究》,2007 年第 5 期。

用语等单位区别不清，导致辞书收条及分类十分混乱。这些现象发生的根源在于人们没有真正认识汉语语汇的本质特点。

美国词典学家查尔顿·莱尔德曾经说过：“一个辞典编纂者的工作就是：研究、编排、评介和解释语言事实，而不是整理编者偶然得知的或是个人认为可信的资料。”① 实际上就是说，辞典编纂者必须首先从各个方面的作者那里收集大量说明词的特点的例证，研究例证的意义，若有必要，还必须与专家商榷，然后把研究结果编排成书。但是，我们翻检市场上已出版的语汇类辞典，缺乏研究工作基础的辞书不胜枚举，语典编纂出版有待不断提高和规范。单从收条立目就可以看出语汇编纂需要正本清源。现就以成语为例来谈语汇条目的规范问题。

我们剖析了近几年在全国影响较大的五套权威大型成语辞书，首先从其《凡例》中了解他们收条和立目的指导思想。

《中华成语辞海》（刘万国等主编，吉林大学出版社，2000年4月），共收4万余条，《凡例》中说明：“除成语外，也酌收部分格言、谚语和俗语。”

《汉语成语源流大辞典》（刘洁修主编，开明出版社，2009年12月），共收5万余条，《凡例》中说明：“以四字成语为主，亦兼收二、三字至十四字者”。

《成语源流通释大辞典》（向光忠主编，江西教育出版社，2011年10月），共收近2万条，《凡例》中没有说明收条范围，但其正文的收条不限于四字格。

① [美]查尔顿·莱尔德：《语言与词典》，载《词典学论文译丛》，商务印书馆1981年版，第137页。

《成语辞海》（路丽梅等主编，光明日报出版社，2011 年 10月），《凡例》中说明：“本《成语辞海》收成语、熟语、惯用语共计5 万条。”

《新华成语大词典》（赵克勤等主编，商务印书馆，2013 年4 月），《凡例》中说明：“本词典共收成语 26000 余条，其中包括少量熟语。”

我们抽查了以上五套辞书中“一画”开头的语目，共 3896条，去掉重复的，还有 2018 条。其中：

二字的 38 条，如“一粲”“一鸱”“一瓻”“一臂”“一瓣”“一暴”“一眚”“一网”“一粟”“一瞬”“一索”“一丘”“一刹”“一枝”“一柱”等，都出自《汉语成语源流大辞典》。

以下条目，在五套辞书中均有交叉出现：

三字的 62 条，如“一锅煮”“一串珠”“一弹指”“一日长”“一犁雨”等。

四字的 1278 条，如“一团和蔼”“一路平安”“一隅偏安”等。

五字的 113 条，如“一报还一报”“一饮三百杯”“一饭三吐哺”等。

六字的 89 条，如“一代不如一代”“一个模子铸的”等。

七字的 122 条，如“一条跳板上走路”“一马有病百马忧”“一个萝卜一个坑”等。

八字的 164 条，如“一个谷穗儿上长的”“一碗清水看到了底”等。

九字的 27 条，如“一把火煮不熟一锅饭”“一床被里不盖两样人”等。

十字的 27 条，如“一张床上说不出两样话”“一条小泥鳅翻不起大浪、一锄头想挖出个金娃娃”等。

可以看出，尽管五套辞书中四字的成语占主导地位，但所收条目还是比较杂乱。二字的条目是词或自由词组，一般不认为是成语，只有一本书收录，作为成语的附录资料具有参考价值，但它毕竟不能算作成语。其他三字、五字以上的条目则在五套辞书中都有不同程度的收录，有的是谚语，有的是格言，有的是惯用语，有的是自由词组，甚至还有歇后语，可谓概念混淆、交叉混乱。可见，这些辞书对什么是语、语的类别种属关系等问题各持一端，莫衷一是。一部辞书的条目类似建筑工程中的框架结构和材料，条目收录规范与否决定辞书规范与否。因此，条目收录与否取决于其性质，语汇编纂过程体现了编者的语典规范观。

二、同义近义谚语主、副条的选择与语汇规范

条目是指“辞书中由说明（或翻译）的对象（即字头、语目或条目）和按一定格式对其做说明（或翻译）的释文所组成的整体”（见《辞海》第六版“条目”条）。条目在词典中也称“词条”，在语典中则称“语条”。在语典中，条目结构指的是正文中所收语条的构成要素及其排列次序。语条一般的构成要素和排列次序为：语目、语性、注音、释义、例证，其中语目和释义是不能缺少的两项。有的语典还含有语源考释、语用提示和相关知识介绍等项。

语目，过去也叫词目，分主语目和副语目。主语目，通常是该语的常见形式或规范形式，副语目是它的变体；如果古今兼收，则多以早期形式作为主语目。辞书一般应从选条立目、解词释义、引证例句等方面进行全面的规范，其中选条立目决定辞书整体框架，首先必须充分重视，根据辞书性质深入分析研究。就语典编纂来说，由于语汇流

传广泛、变体较多，主副条的确定就体现学术研究的功底以及符合语言应用的实际情况，主要包括古今变异、地域变异等。需要重视的是应该区别同一条语目的变异和同义、近义语汇的问题。下面以同义谚语来说明。

同义谚语和近义谚语的大量存在，是人们认识不断深化的结果。对同义谚语与近义谚语进行严格的界定，是使谚语研究走向精细化、科学化的一个关键步骤，具有理论和实践的双重意义。作为语言研究者，主动积极地探究辨析同义谚语与近义谚语之间的差异，不断提高准确辨析语义的能力，为读者查阅和使用谚语提供选择的最大可能性，是义不容辞的责任。

有些谚语尽管存在首字、字序、语气、句式、时代色彩、语体风格等异处，但语源相同，字面义和深层义基本相同。这类谚语属于同义谚语，在辞书编排中应该注意归纳、提示，形成语义场的连贯性、系统性。还有一些谚语，乍看似乎语义相同，细审就会发现它们的核心语素不同，或者句式有了扩展，或者取材大不相同，或者书证表意侧重点不同，在本义、比喻义或引申义上产生了细微的变化，甚至产生了语义交叉现象。这类谚语属于近义谚语，在辞书编排中应该另立条目，释义时也需要多方比较、铢分毫析、反复斟酌、钩深致远。

（一）同义谚语主副条选择问题

同义谚语大致有 6 种情况，为了节省篇幅，每类只举一组例句：

1. 首字不同

根据一般的情况看，首字相同的同义谚语容易辨析，容易编排。如“百善孝为先”“百善孝当先”“百事孝当先”“百行孝为先”“百行孝为首”等，都是指各种善行中，孝顺是第一位的，这无疑是一组同义谚语。再者，它们在辞书编纂中，无论是按音序，还是按笔画，或者按意义，都容易编排到一起。因此，辨析和编排同义谚语的难点之一在于首字不同，如：

〔例 1〕自古那人胯下能兴汉，矮檐前少不得头湾（弯）。则这破蚕书冷似无烟炭，赊雁塔远似望夫山。便休道长宵不旦死心熬，终得个鲇鱼上竹竿。（明·王辰玉《郁轮袍》四折）

〔例 2〕黎元洪一听，他这分明是图穷匕见，开始咄咄逼人了，可是处在矮檐下，不得不低头，只好赔笑答道："我实在是力不从心，所以才会被迫出京的。"（章君谷《吴佩孚传》四五）

〔例 3〕我们母后乃是战败的国君，即使是知道了你的始末根源，她老人家如今是打人檐下过，怎敢不低头，可又能把你驸马爷怎么样啊！（吴祖光《三关宴》）

〔例 4〕［丑］相公，京师已到。严宅虽仇，他威势甚焰，毕竟先去参见他才是。［生］正是到他檐下过，怎敢不低头。不免去走一遭。（明·张景《飞丸记》五出）

〔例 5〕众妖们，大家响响的答应了一声"是！"就把三藏望里面只是一推。这是既在矮檐下，怎敢不低头！三藏只得双手合着，与他见个礼。（明·吴承恩《西游记》二八回）

〔例 6〕世富，你要好好敷衍敷衍他。我们在人家手掌心里过日子，落在屋檐下，不得不低头。（周而复《上海的早晨》二部三四）

〔例 7〕想当初，我罗小通也是个大名鼎鼎的人物，可如今我是落地的凤凰不如鸡。好汉不提当年勇，人在矮檐下，岂敢不低

头。（莫言《四十一炮》第十五炮）

〔例 8〕哎！常言说："身居矮檐下，怎敢不低头？"我还是火烧眉毛顾眼前吧！（黄佩珠等《少西唐演义》三二回）

〔例 9〕古人道：不怕官，只怕管。在人矮檐下，怎敢不低头！只是小心便好！（明·施耐庵《水浒传》八回）

以上 9 例中，"矮檐前少不得头湾（弯）""处在矮檐下，不得不低头""打人檐下过，怎敢不低头""到他檐下过，怎敢不低头""既在矮檐下，怎敢不低头""落在屋檐下，不得不低头""人在矮檐下，岂敢不低头""身居矮檐下，怎敢不低头""在人矮檐下，怎敢不低头"，字面义都是说在别人低矮的房檐下，只能低着头进出；深层义都是比喻受制于人时，不得不顺从。它们分别出现在"A、C、D、J、L、R、S、Z"8 个字母里，从第一个字母到最后一个字母，跨越幅度很大。如果没有统筹全书、驾驭全局的能力，没有超强的记忆力和理解力，往往顾此失彼，丢三落四，很难把它们归纳到一起。越是大型辞书，这个问题越明显。因此，为方便读者着想，编纂辞书时，除在主条下列出"也说""也作""副条""变体""异体"外，还应该注意相关链接，可在每条的末尾注明"提示"或"参见"，或用"知识窗""小贴士"等加以说明。这样，有利于读者选择利用，避免单一、呆板。

2. 字序不同

〔例 1〕刘秀娟："我听说清凉寺中秋庙会特别大，算卦先生也多得很，我想去叫人家给我算上一卦，俗话说'天不转地转，山不转水转'，兴许过几年时来运转，我和芹芹也许能过上好日子。"（贾绍云等《山乡情话》一章）

〔例2〕她叹息着说："长松，咱不能说这个话。关天关地一个人来在世上，就得刚强的活下去！天不转地转，山不转路转，光景总有转变的时候。"（李凖《黄河东流去》一五章一）

〔例3〕"山不转路转，河不转水流。"你不要只看到眼前谭家遭了大难，就来欺侮人！（任光椿《戊戌喋血记》一九章）

〔例4〕其实，山不转水转，水不转路转，低头不见抬头见，又何苦与张钊、田芳为难呢？（顾汶光等《天国恨》一卷下四二章）

〔例5〕山不转水转，地不转人转。后会有期。（陈文明《梦笼紫竹林》二）

〔例6〕"山不转水转，人不转腿转。"客人和船家这头不见那头见。（张德义《董小婉传奇》一三章）

〔例7〕古话说得好："山不转路转，石头不转磨转。"我这人你是晓得的，狠起来可不认人。（映泉《人约黄昏后》五章一）

以上7例中，"天不转地转，山不转水转""天不转地转，山不转路转""山不转路转，河不转水流""山不转水转，水不转路转""山不转水转，地不转人转""山不转水转，人不转腿转""山不转路转，石头不转磨转"，从中可以看出，无论它们的字序怎么变化，转来转去，都是表明一个意思：比喻情况总是发展变化的，机会总会有的。这是因为，"天""地""山""水""人""腿""石头""磨"都是比喻词，核心语素是"转"。这就给我们以启示：辨析字序不同的谚语是否同义，主要看核心语素。只要核心语素一致，它所传达的信息就是一致的，其他修饰语素都仅是起辅助作用，可以自由替换，形成同一语义场。

3. 语气不同

〔例 1〕你也太操心了！难道大爷比咱们还不会用人？偏你又怕他不在行了。谁都是在行的？孩子们这么大了，没吃过猪肉，也看见过猪跑。（清·曹雪芹《红楼梦》一六回）

〔例 2〕本来我已有话在先，可老爷子硬是不让动，说动料就得凭盖了戳子的出库单，不然他没法交待。可那种单子能出吗？出了往哪儿下账？都是日后找机会再说嘛。可咋跟老爷子说，他只梗着脖子犟，还说他没吃过肥猪肉，也看过肥猪走。（孙春平《叹息医巫闾》）

〔例 3〕我刚说了一句我不会写，便遭到了他很有风趣的驳斥："嚯呀，没吃过猪肉，总见过猪跑，你总是干这一行的哇！"（西戎《在住招待所的日子里》）

〔例 4〕"娘！是你把田里的苗拔了吗？"他怒气冲冲地问。"是呀！那是谁种的？没吃过肉，也没看见猪跑？那像是种田人干的生活吗？密得插不下脚板，会长稻子吗？"（楚良《天地皇皇》第十三章）

〔例 5〕"让我来试试，没吃过猪肉，还没见过猪跑？"李高成拿过酒瓶子，显出很内行的样子开了起来。（张平《抉择》十七）

〔例 6〕一见面，薛白就说："你们还怪和、和睦哩！过日子似的。"我说："铡马草这个活挺好玩儿，我特别喜欢铡马草。""你是喜欢这种气氛吧？男女青年一起嘻嘻哈哈、动手动脚。""谁动手动脚来着？"她笑笑："我寻思的，没吃过猪肉，还没见过猪

走？”（刘玉堂《东北故事》七）

〔例 7〕“歌篓子”说：“看你婆婆妈妈的，什么‘五花’‘六花’？没吃过猪肉，还没见过猪肘？没见过绑人还没见过绑猪？反正绑住他的四个爪，别让他跑了呗！”（魏树海《沂蒙山好》二〇章二）

〔例 8〕写完了，夏天智说：“书前边是不是还得有个序什么的？”夏风说：“爹还知道序呀？”夏天智说：“没吃过猪肉，还没见过猪走路呀？！你的书本本有序的，我也得有个序，你来写吧。”（贾平凹《秦腔》）

以上 8 例中的加点谚语首字都一样，区别主要在于语气不同。前 3 例“没吃过猪肉，也看见过猪跑”“没吃过肥猪肉，也看过肥猪走”“没吃过猪肉，总见过猪跑”是肯定的语气；后 5 例中“没吃过肉，也没看见猪跑”“没吃过猪肉，还没见过猪跑”“没吃过猪肉，还没见过猪走”“没吃过猪肉，还没见过猪肘”“没吃过猪肉，还没见过猪走路”等，虽然都是反问语气，但它们与前 3 例的字面义大同小异，不难理解。深层义都是指对某事虽然没有直接经验，但也有间接经验，并非全然不懂。它们在辞书编纂中无疑是同义谚语，只是在立目时应该把反问句改为肯定句，即把其中的“也没”“还没”改为“也”字。

4. 句式不同

同义谚语的句式变化多端，主要有单句和复句之差别。如：

〔例 1〕为人莫作千年计，三十河东四十西。秋虫春鸟，共畅天机，何必浪生悲喜！（《增广贤文》）

〔例 2〕孩子，“十年河东转河西”，咱穷苦人兴许真能盼到出

头的日子！（李长华《花轿传奇》一章）

〔例 3〕老人沉默了一会，又忽然抬起头用激动的声音说道："这一晃，二十年过去了！俗话说，二十年河东转河西。万头领的话今天果然应着了！"（陈立德《前驱》二六）

〔例 4〕杨大个子却坐在灶后一张桌子上，大声叫道："老五，不要生气。这世界三年河东，三年河西，就知道你我没有一天发财吗？"（张恨水《丹凤街》一〇章）

〔例 5〕十年河东，十年河西，运河那白沙绿水的河床，年年雨季打滚儿；这边坍陷一个村落，那边就闪出一块河滩。"（刘绍棠《瓜棚柳巷》八）

〔例 6〕大先生，"三十年河东，三十年河西"，就像三十年前，你二位府上何等气势，我是亲眼看见的。而今彭府上、方府上，却一年盛似一年。（清·吴敬梓《儒林外史》四六回）

〔例 7〕话莫说绝噢。十年河东转河西，莫笑穷人穿破衣。人家巴根草今生今世难上台盘，还有儿子呢！（陈源斌《美的饥饿·巴根草》）

以上 7 例中的谚语，字面义都是指河流会不断改变河道，某个地方原来在河的东岸，若干年后却到了河的西岸；除〔例 5〕只体现字面义外，其他 6 例的深层义都是比喻世事盛衰无常，人的命运往往会发生周期性的变化。它们的区别主要在于句式不同：前 3 例"三十河东四十西""十年河东转河西""二十年河东转河西"是单句；后 4例中"三年河东，三年河西""十年河东，十年河西""三十年河东，三十年河西"是复句，但它们的意思大致都一样。末句"十年河东转河西，莫笑穷人穿破衣”的意思有所延伸，强调不要嘲笑穷人。类似这样反映共同意义最多的条目，可以作为主条，以便能够囊括、包容副条。当然，也可根据不同辞书的《凡例》要求另出条。

5. 时代色彩不同

〔例 1〕今人曰：“天乱矣，难以为善。”此不然也。夫“饥者易食，寒者易衣”，此乱而后易为德也。（战国·尸佼《尸子·神明》）

〔例 2〕且王者之不作，未有疏于此时者也；民之憔悴于虐政，未有甚于此时者也。饥者易为食，渴者易为饮。（战国·孟轲《孟子·公孙丑上》）

〔例 3〕又道是：“饥者易为食，渴者易为饮。”大凡人在饥渴之中，觉得东西好吃。况又在兴趣头上，就是肴馔粗些，鸡肉肥些，酒味薄些，一总不论，只算做第一次嘉肴美酒了。（明·凌濛初《二刻拍案惊奇》卷二二）

〔例 4〕“饥者易为食，渴者易为饮”，岂但政为然哉？处无教之时，民苦于无所系属，不问何一人，立一诞谬之教，亦足使民归命，不尤可悲乎！（清·谭嗣同《欧阳中鹄》一）

〔例 5〕语云：饥者易为食，渴者易为饮。此事实不难收效。一旦新政有成，民心感附，我东林何止本位得固，更能取信于新君，则奸邪纵欲危倾于我，又谈何容易！（刘斯奋《白门柳》二部四章）

〔例 6〕看来关于李自成行事仁义，饥民到处响应的话，确有其事，不过都不免传言过甚。这好比饥者易为食，寒者易为衣。

(姚雪垠《李自成》二卷四〇章)

〔例 7〕很久不出门的人是会比天天旅途跋涉的人更喜欢坐火车。渴者易为饮，饥者易为食嘛，什么事不是这样？(吴伯萧《火车，前进!》)

以上 7 例中的谚语，最早的源头是“饥者易食，寒者易衣”，出自《尸子》，相传是战国时晋国人尸佼撰写的。“食”读 sì，是指拿食物给人吃。字面义是说饥饿的人，不论给什么吃的，都会满意；寒冷的人，不论给什么衣服，都不会嫌弃。从例句中可以看出，此谚最初是针对“天下这么乱，做好事很难”的说法，认为社会大乱之后，更需要也更容易推行德政。随着时代、社会、知识、认识的发展，此谚的说法有了少许变化，引申义也变为：指人的某种需要十分急迫时，很容易满足。我们对这类同义谚语，在注释时要注意追本溯源，帮助读者了解谚语产生的历史背景，认识谚语的发展变化，更好地领会谚语的含义，明白谚语的实用价值。如此，才能历史地、立体地、恰当地把握和运用好同义谚语。

6. 语体风格不同

〔例 1〕谚曰：“人惧名，豕惧壮。”尔其戒哉！(清·方苞《跋先君子遗诗》)

〔例 2〕咱们一日难似一日，外面还是这么讲究。俗语儿说的，“人怕出名猪怕壮”，况且又是个空名儿，终究还不知怎么样呢。(清·曹雪芹《红楼梦》八三回)

〔例 3〕“人怕出名猪怕肥。”学校里多少教授，就他一个人在外面出足了风头，学生捧得他好像苏格拉底转世似的，行吗？背后

不满他的人太多了！（张系国《领导者》三）

〔例 4〕那声名竟是一日大似一日。从来说："猪怕肥壮，人怕名大。"安得海这样一来，便慢慢的传到了穆宗耳内。（许慕羲《清宫历史演义》八八回）

以上 4 例中的谚语，字面义都是人怕出了名招惹麻烦，就像猪长肥了就要被宰杀一样。它们的表意重点在"人怕出名"，指人一旦名声大了，如果不警惕，反而会招祸；"猪怕壮"是比喻，起辅助作用。这组同义谚语的区别在于语体风格，"人惧名，豕惧壮"是文言色彩，"惧"是"怕"的意思，"豕"指"猪"；"人怕出名猪怕壮""人怕出名猪怕肥""猪怕肥壮，人怕名大"则口语色彩较浓，比较通俗明白。我们在编纂辞书时，可选常用易懂、使用频率较高的"人怕出名猪怕壮"作主条，把"人惧名，豕惧壮"的书证作为语出，或在"提示"或"知识窗"中加以说明，为读者比较、参考同义谚语提供便利。

（二）同义与近义谚语区别

同义谚语与反义谚语如同黑白两种颜色，截然分明，容易辨别。同义谚语与近义谚语则如同黑蓝两种颜色，稍一疏忽，就容易混淆，正所谓"大同好辨，小异难分"。作为辞书编纂者必须明白同义和近义是不同的，同义谚语是意义相同，近义谚语则是意义相近。只有把同义谚语和近义谚语区别开来，才能科学地确定同义谚语的性质、范围和作用。

1. 核心语素不同

〔例 1〕从来是"创业犹如针挑土，败家好比水推沙"，如不迫使子弟走一条自强不息的道路，"崽花爷钱不心疼"，"身在福中

不知福”，到头来不但毁了父辈的业绩，也葬送了子弟的一生，良可慨叹！（王树山《劝君熟读教子谚》）

〔例 2〕俭为天下治家宝，勤是人间创业方哪！俗话说，一勤生百巧，一懒生百病；节约犹如针挑土，浪费犹如水推沙呵！这些话的道理深沉得很呀！（龙胜轩《姣姣上当》）

〔例 3〕正像俗话讲的：赚钱好比针挑土，用钱犹如水推沙呀。比如这进门就得划洋火，晚上还得点洋灯，真是见一点光亮都得要钱。（李晓明等《风扫残云》八回）

以上 3 例的谚语中，前句都出现了“针挑土”，后句都出现了“水推沙”，但是它们不是同义谚语，编排时不能“一锅煮”。因为核心语素不同，“创业犹如针挑土，败家好比水推沙”谈的是创业与败家的问题，“节约犹如针挑土，浪费犹如水推沙”谈的是节约和浪费的问题，“赚钱好比针挑土，用钱犹如水推沙”谈的是赚钱与用钱的问题，所以应分为 3 条，另行注释。

2. 句式有了扩展

〔例 1〕诸葛云：“主公，今曹操被张郃将此粮草献于俺。常言道‘无粮不聚兵。’他必然班师而回。”（明·无名氏《陈仓路》四折）

〔例 2〕为今之计，只有一着，须向这边太守讲了，教他出张禁止屠沽的告示。这叫三日无粮不聚兵，这伙人没了酒吃，自然散去。（清·刘璋《斩鬼传》九回）

〔例 3〕老老小小一大家子，你叫咱们怎么过呀！有道是：一朝无粮不驻兵。有的没的，好的孬的，张开眼睛七件事，揭开锅盖

就得有米下锅，这你都不想想么？（白危《垦荒风》一部二）

〔例 4〕这两个字是最重要的。剩下来的六个字，有些也是马虎过得去的，比如种子，一三零二七，暹黑七，都是良种。过不去的是肥字和密字。伙泰老头插嘴道："肥字也是挺要紧的，无粮不聚兵，无肥不长穗。"（陈残云《香飘四季》一〇章）

以上 4 例中，"无粮不聚兵""三日无粮不聚兵""一朝无粮不驻兵"都是同义谚语；〔例 4〕中的"无粮不聚兵，无肥不长穗"，由单句变成复句，而且书证的意思偏指后句，强调肥料的重要性，因此，它只能算作近义谚语。类似这样句式有了扩展、意思有了明显变化的谚语，都应该另外出条，另行释义。

3. 取材大不相同

〔例 1〕张俊臣原来沉默地吸着烟，这时也露出笑容，跟着说："对！对！对！舍不得孩子套不住狼。是这样！就是这样！"（雪克《战斗的青春》四章）

〔例 2〕贵国有句俚语说："舍不得牛犊，套不住老虎。"我们要放出"牛犊"，我们一定要套住"老虎"！（柳杞《战争奇观》七章）

〔例 3〕袁太太道："我家乡有一句话，舍不得牛皮，熬不出膏药。我们拿出牛皮来熬膏药吧。"（张恨水《巴山夜雨》下二〇章）

〔例 4〕东西嘛，随小姐的心意挑。我看，跟上五辆大车去吧，"舍不得米，捉不来鸡"！（何岳《三军过后》六三）

〔例 5〕"舍不得香饵，就钓不来金蟾"呀！"老虎跳"不回

来领青打头儿，咱今年大麦两秋没人挂得了帅印，眼睁睁看着丢金撒银呀！（刘绍棠《豆棚瓜架雨如丝》一三）

〔例 6〕风险自然会有，诚如俗话所说："舍不得金弹子，打不下凤凰来。"事事都要有了十成把握才去做，必将一事无成。(顾汶光等《天国恨》一卷上五章)

以上 6 例中的加点谚语，乍一看都是强调有"舍"才能有"得"，似乎是同义谚语，但其中的取材分别是"孩子"与"狼"、"牛犊"与"老虎"、"牛皮"与"膏药"、"米"与"鸡"、"香饵"与"金蟾"、"金弹子"与"凤凰"。类似的变体很多，如果不仔细斟酌，辞书就会成了大杂烩，给人以凌乱无序的感觉。实际上，取材不同的谚语，字面义不同，深层义也会有微妙的差异。比如上面 6 例中的谚语，有的是比喻不敢冒险，就难以成功；有的是比喻有了小的损失，才能换取大的收益；有的是比喻不付出较大的代价，就实现不了更大的目标；等等。因此，取材大不同的谚语，即使意思接近，也应该另外出条，另行释义。

4. 书证表义侧重点不同

〔例 1〕这真是浮萍大海，果有相逢。夫人你意下如何？（天花才子《快心编》三一回）

〔例 2〕彼此睁眼一认，虽然隔了六年，面貌依然，正是昔年还银义士。正是：一叶浮萍归大海，人生何处不相逢。(明·冯梦龙《醒世恒言》卷一八)

〔例 3〕［生］江畔扁舟喜见容。［外］却怜分手太匆匆。［合］两叶浮萍归大海，人生何处不相逢。(张伯起《女丈夫》二折)

〔例 4〕常言："大海浮萍，也有相逢之日。"或者天可怜，有近处人家拾得，抚养在彼，母子相会，对他说出根由，教他做个报仇之人，却不了却心愿。（明·冯梦龙《警世通言》卷一四）

〔例 5〕［小生］难得员外在此，再少住几日。［生］要去了，明年三月，再来看你，请了。鸡黍相留意颇浓，一番情话又成空。两处浮萍归大海，人生何处不相逢。（明·沈受先《三元记》一三出）

〔例 6〕俗语又说："浮萍尚有相逢日，人岂全无见面时。"倘或日后咱们遇见了，那时我又怎么报你的德行。（清·曹雪芹《红楼梦》七二回）

〔例 7〕利己损人终有害，察言观色永无虞。水萍尚有相逢日，岂料人无再会时。（明·金木散人《鼓掌绝尘》二七回）

以上 7 例中都出现了"浮萍"，是浮生在水面的一种草本植物，也叫紫萍或水萍。这组谚语的字面义是说浮萍在茫茫大海上漂浮，也有相逢的日子；比喻人分离之后，兴许会有再相见的时候。但是，从 7 例中的书证来看，〔例 1〕〔例 2〕的引申义是指聚散不定的人能偶然相遇，非常幸运；〔例 3〕至〔例 5〕的引申义是劝慰人不要过于为离散伤心；〔例 6〕〔例 7〕是设问的语气，指做事应该留后路。因此，以上 7 例不能笼统地归到一起，应该分别出条，另行释义。这类例句也提醒我们：辨析同义和近义不能光看语目，也不能单凭语感，而要依据客观材料，即服从于书证，用语言事实来印证。

5. 语义部分交叉

〔例 1〕［外］使臣走马到家门，教老夫急离龙凤阙，缉探虎狼军。[旦] 爹爹，朝中多少文和武，缘何独选家尊？[末] 惟行君命岂私身？正是：家贫显孝子，国难见忠臣。（元·施惠《幽闺记》一出）

〔例 2〕你们这些人的心，我却知道不是那树倒猢狲散的样子，我如今病着不能全好，你们依是照旧待我，士穷见节义，世乱见忠臣，这才见你们的真心。（清·吴贻棠《风月鉴》一五回）

〔例 3〕从来国家有成有败，有兴有亡，此是一定之理，全要忠臣义士竭力扶持。古语道："岁寒知松柏，国乱显忠臣。"（明·周楫《西湖二集》卷二六）

〔例 4〕[末上] 不得勤王旅，空余报国心。张宪禀事。[生] 夫人孩儿回避。[老旦] 疾风知劲草。[旦] 国乱见忠臣。（南宋·李梅实《精忠旗》二折）

〔例 5〕"疾风知劲草，乱世识英雄！"平型关总镇郭子春是也。闻听阳方口失陷，原平危急，带兵巡视各地，严防奸人蠢动。（田汉《新雁门关》五场）

〔例 6〕"真是疾风知劲草，患难识人心呀！"谷旸慨叹地说。（刘绍棠《含羞草》三）

以上 6 例中〔例 1〕至〔例 4〕的加点谚语中，后句"国难见忠臣""世乱见忠臣""国乱显忠臣""国乱见忠臣"是同义，但前句分别是"家贫显孝子""士穷见节义""岁寒知松柏""疾风知劲草"，意思就明显地变了；〔例 4〕至〔例 6〕的加点谚语中，前句"疾风知劲草"是同义，后句分别是"国乱见忠臣""乱世识英雄""患难识人心"，意思也明显变了。它们是近义，但不是同义，应该分别出条，另行释义。类似的语义交叉现象还有很多，有时呈现罗网状，相互纠缠在一起。我们不能以偏概全，不能望文生义，需要细辨深探，梳理归纳，以简驭繁，力求帮助读者正确掌握同一语义场的个体意义和实际用法，以便准确、鲜明、细致地表达思想认识。

同义谚语和近义谚语往往跨类重复，相互渗透，错综复杂。面对浩如烟海的语汇资料，能否群分类聚、取精用宏，是衡量语汇研究者、辞书编纂者的基本功之一。分析谚语的同义、近义现象，摸清它们的规律和特点，有利于展现谚语文化的深刻内涵，反映谚语形式的丰富多彩、绚丽多姿，为读者提供可多方选择利用的语汇大餐，让他们体会到谚海泛舟的快乐，增强驾驭语言的能力。只有把谚语的同义、近义问题解决好，才能在辞书编纂中科学、精确地选条、立目、释义和编排，不断提高辞书编辑和出版的质量。

第三节　规范性语典编纂问题

一、规范性语典编纂的原则

（一）语目收录符合语汇理论界定和语言实际

首先在语条收录上应力求完备，尽可能搜罗从古到今有实际资料为依据的所有语类。要做到这一点是很不容易的。除了要具备充足的资料以外，还有一个如何取舍的问题。大型语典应该兼具规范性辞典和查考性辞典的功能，一方面要考虑语言的规范化问题，同时更要重视语典的实用价值和研究价值。特别是对于古代语汇的收列，一般不能从现代汉语的一些标准和概念去考虑。如果限制过多，势必会丢弃许多有价值的语言资料，造成很多缺漏。同时必须坚持语汇理论界定，属于语汇类的必须收录，非语汇类的则勇于割爱。至于为了满足读者在教学、科研和阅读中的广泛需要，可以兼收一些非语类条目，但应明确注明性质，以正视听。

法兰西的词典编纂家认为：没有例句的词典是一堆枯骨。陈原先生解释此话说："血肉是由用例来提供的。"我们在实践中也深深体会到，一部辞书如果仅仅罗列语目，就显得内容稀薄、形式单调；如果有了出处，就显得内容丰满、富于变化；如果再加上不同时代、不同风格、不同角度的各种副条或例句，就会产生多姿多彩、琳琅满目的效果。语典编纂要重视实际的语言资料。凡见于古代著作的语汇应尽量收录，有的语类尽管在历史上只有一个作者使用过一次，也要广泛收录。作为历史上客观存在的语言现象，应当在大型语典中得到反映。更何况，有许多所谓"孤证"其实不"孤"，只是由于我们所见有限，一时未找到旁的例证而已。在这种情况下，更不能将其丢弃。

(二) 语目释义从语料中来到语料中去

汉语极富表现力，这一特点在大型辞典中应有突出集中的反映。辞书编纂者最感困难的工作，在于根据大量实际的语言材料，把各个词的众多意义罗列齐备，概括周全，分析词义的细致差别，恰当地区分义项，并且通过适当的安排以显示这些意义在历史发展中的演变过程，同时又要做到语义清晰、条理分明、避免义项间的相互交叉重叠。此外，释义扼要、文字简练也是中国辞书的一大优点，应加以发扬，求得在有限的文字中传达尽可能多的信息。类似于近年来一些学者探讨的"元语言"，争取以常用词语解释语汇，深入浅出，通俗易懂。因此，释义要以语料事实为基础，首先要大量掌握语料素材或资源。

编纂辞书越多，越能体会到：搜集语料是编书不可或缺的基础工作，是编者最起码的基本功，也是一门专业的学问。打个比方，编纂一部辞书好比一项建筑工程，搜集语料就好比采购原材料。只有及时搜集到丰富的、充足的、高质量的语料，才能保证辞书的编排和注释顺利进行。

从注释角度看，语料的有和无、多和少、好和差，产生的效果大不一样。编者即使苦思冥想，也得依据语料，否则绞尽脑汁也不见得能够注释得准确、全面。再者，判断注释得对与错、好与坏的标准，不是哪个人说了算，而是要经过语料事实的再检验，也就是说，注释必须同语料保持一致性，而不能是“两张皮”。如“穷灶门，富水缸”，孤立地拿出语目来看，就令人费解，体现不出它应有的价值；如果附有语境，就容易掌握它的含义；如果能举出现代例句，就更能看出它的演变规律，证明它的活力。

〔例 1〕穷灶门，富水缸。曲突徙薪，免致焦头烂额矣。(清·李光庭《乡言解颐·物部》)

〔例 2〕老话没错：“穷灶门，富水缸。”现在虽然不用到井里担水了，也得防着停电停水，趁着有水赶快接，至少储存上一桶，省得到时候抓瞎。(向成《乡下来的姨姥姥》)

古时没有自来水管，也没有煤气灶。因此，〔例 1〕的语境只讲了谚语的前半句——“穷灶门”，告诫人们应把烟囱改成弯曲形状（曲突），把灶边的柴火搬开（徙薪），以免引发火灾；〔例 2〕是现代例句，不存在烟囱和柴火的问题，因此，其语境讲的是谚语的后半句——“富水缸”，强调要多储存水，以防断电停水。由此可明白，“穷灶门”是指炉灶跟前要少放柴，以防火灾；“富水缸”是指水缸里边要盛满水，以备急用。不同的时代背景，体现不同的内容。

（三）语类例证应源流分明

在语目、释义、例证三要素中，例证所占的篇幅最大。例证是否恰当，对于大型语文辞典来说尤其重要。一般地讲，语目最早的出处只有一个，例证则会有许多个。相比之下，出处容易查寻，语境也容易选取，恰如其分的例证则最难寻。应该说，例句是语料中的重要成分。而且，出处只能证明语目的源头，例证才能证明语目的生命力和通用性。

由于汉语有悠久的历史，语典书证的取材要做到非常广博，既要追根溯源，又要明其流变，注意不同时代的作者和作品以及体裁的多样化，同时又应该重点突出。语文辞典应当大量援引经典著作中的语句，使例句具有示范作用和权威性。发扬新中国辞书，例如修订版《辞海》《辞源》中引证严谨的优良作风，对每条书证都要仔细复核原书，存疑之处不可不察，做到材料精确，出处翔实准确，将资料方面的差错减少到最低限度。

二、规范性语典编纂的实践

中国社会科学院语言研究所词典编辑室编纂、商务印书馆出版的《现代汉语词典》是规范性词典的代表。商务印书馆出版的《新华语典》则可以看作规范语典的代表。

《新华语典》是“新华”辞书家族又一新成员，意在同《新华字典》《新华词典》相配合，从字、词、语的不同角度，全方位展示现代汉语的面貌。以“语汇”概念统辖，囊括成语、谚语、歇后语、惯用语等，总计 25640 条。其语汇选条精当，释义简明实用，实例丰富经典；标注语类，明确区分不同“语汇”；例句突出语境，体现意义和用法；供中小学师生及中等以上文化程度的读者写作和教学查考。

（一）总体设计规范

语典编纂实施之前，先由温端政先生精心设计语典体例，拟定《新华语典》凡例，编写《新华语典》试编样稿，征求业内专业人士意见和出版社意见，在此基础上继续修改完善。同时，进一步制订了《新华语典》编写细则，指导编写人员分工合作，保证语典各编写组协调一致顺利完成整体任务。《新华语典》凡例主要从立目、排列、注音、释义、例句、索引方面予以明确规定。凡例就是辞书编纂工程的施工图纸和操作规程，保证辞书建筑总体立面协调统一，体现设计者的意图。《新华语典》编写细则是进一步明确收条、注音、释义、出处、例句、标点等技术层面更加具体的要求，体现了语汇学术思想、研究成果以及辞书功能定位。在编写过程中继续完善凡例和细则。现将《新华语典》最初编写的凡例摘录如下，与《新华语典》出版后的凡例并不完全一致。

《新华语典》凡例

一、本书是一部以中等文化程度读者为对象的中型语典。

二、本书除收成语、谚语、惯用语和歇后语外，还酌收格言、名句。其中谚语酌收百科性的，如经济谚、农谚、气象谚、养生谚等。

三、本书收成语 8000 条，谚语、惯用语各 4500 条，歇后语 3000 条，格言、名句 2000 条，合计 22000 条。全书约 200 万字。

四、收条注意实用性，古今兼收，以今为主。

五、条目按汉语拼音顺序排列。语目后注明所属语类：成语、谚语、惯用语、歇后语，分别简称为“成、谚、惯、歇”。格言、名言，不用简称。

六、语目不注音，个别难字及容易读错的字，随释文加注读音。

七、释文注意准确性和简明性。有出处的注明出处，或用白话简述。

八、释义后举例用仿宋体字，前加“例”表示。不止一例的，例与例之间用“|”隔开。例里出现的语目，如形式完全一样，用“～”替代。

九、副条分为“也说”条和“也作”条，只选常见的。首字与主条相同的为“也说”条，不另出条；首字不同的为“也作”条，要另出条，注明见“×××”条（主条）。“也说”“也作”条都不出例证。

十、书前附“语目首字拼音索引”，书后附“语目笔画索引”。

《新华语典》凡例就是语典的蓝图，通过对语典主体部分和主要结构线条性的勾勒，描绘出语典模型，只要同比例放大，即可实现语典建筑的拔地而起。

《新华语典》编写细则由于内容较长，仅就“收条”相关内容引述如下：

1. 基本语条和常用语条一定要收，可在此基础上适当扩大，但要注意实用性（对阅读或写作有用的），以满足中等文化程度读者查检的需要。

2. 成语、谚语、惯用语、歇后语的收条，可分别参照《新华成语词典》《新华谚语词典》《新华惯用语词典》《新华歇后语词典》的收条，以它们所收的语目为基础，做适当的增补。

3. 语类之间可以转化的语目，加以说明，不论首字是否相同，都要各自分别出条。首字相同的，如：

【矮子里选将军】〔惯〕从矮个子里挑选身材较高的充当将军。多指人才缺乏，在平常或较差的人群中挑选勉强可用的人。有时也用作谦辞。例人无完人，谁没有缺点，矮子里选将军，他还算基本符合条件。| 你们既然选中我，矮子里选将军，那我就凑个数吧！也说“矮子队里挑将军”。如作“矮子里选将军——短中取长”，则为歇后语。

【矮子里选将军——短中取长】〔歇〕指在一般的或较差的群体里挑选相对出色的人才。例限于条件，我们只好矮子里面挑将军——短中取长，你说不行，就自己去挑。如单作“矮子里选将军”，则为惯用语。

首字不同的，如：

【暗箭难防】〔成〕暗箭：从暗地里放出的冷箭。比喻来自暗处的隐蔽的攻击，难以提防。例要警惕敌人搞阴谋诡计，～啊！如作“明枪好躲，暗箭难防”，则为谚语。

【明枪好躲，暗箭难防】〔谚〕指公开的攻击容易对付，来自暗处的隐蔽的攻击难以提防。元·无名氏《独角牛》二折：“孩儿也，一了说‘明枪好躲，暗箭难防’。我暗算他，搬将过来，则一拳打倒那厮，救你父亲；打不倒，你躲开条路，我好走。”也说“明枪易躲，暗箭难防”“明枪容易躲，暗箭最难防”。如单作“暗箭难防”，则为成语。

4. 副条从严。注意区分“也说”条和“也作”条：首字相同的用“也说”，首字不同的用“也作”。“也说……”“也作……”用宋体字，放在释文和例句后面。如果二者同时出现，则“也说……”在前。

5. 歇后语出条时，前后两部分之间用破折号隔开。谐音性歇后语要在条目中添注谐音字，释文中再加注。如：

【矮子倒水——水瓶（平）不高】〔歇〕瓶：谐“平”。指人的水平有限。例他工作很积极，可惜～，只有初中文化程度。

《新华语典》编写细则明确了语典收语的范围，需要与中型辞典的定位相符合；明确了专项语典与综合性语典的关系，指出语类之间可以转化的语目，加以说明，不论首字是否相同，都要各自分别出条，并举例说明，以点带面。凡例规定了语目主副条关系，副条从严，区别对待。这些设计安排是基于对语汇特点深入研究之后的化繁为简，提纲挈领，纲举目张。

（二）条目设计恰当

语典条目即“语条”一般的构成要素和排列次序为：语目、语性、注音、释义、例证。其中，语目和释义是不可或缺的两项。有的语典还含有语源考释、语用提示和相关知识介绍等项。《新华语典》的语条举例如下。

【哀丝豪竹】〔成〕语出唐·杜甫《醉为马坠诸公携酒相看》诗。丝：指弦乐。竹：指管乐。悲哀的弦乐声和豪壮的管乐声。后指悲壮动人的乐声。例这部歌剧真是～，感人肺腑。

【挨金似金，挨玉似玉】〔谚〕靠近金就会像金，靠近玉就会像玉。比喻接近优秀人物，会使人的言行变好。例这孩子近来常和几个游泳健将在一起，进步很快，真个“～”!

【挨闷棍】〔惯〕闷（mèn）棍：趁人不防备时突然从背后猛击的一棍。比喻遭到暗中的或突如其来的打击。例遭到这番数落，他像挨了一闷棍，不知所措。也说“挨闷棒”“吃闷棍”。

【挨揍打呼噜——假装不知道】〔歇〕指明明受到打击，或明知某事，故意装作不知道。例这件事非同小可，你却～，到时候出了问题，后悔就来不及了。

编纂语典，首先语目定性要准确。如果分辨不清词汇、格言、谚语、惯用语、歇后语、成语等的界限，就会陷入混乱之中。目前市面上各类辞书虽然很多，但编纂水平参差不齐，质量优劣不等。学术界目前对于语言单位内部以及非语言单位之间的界限也还没有一个统一的标准，缺乏明确的规范，导致现实使用上出现混乱现象。因此，编纂辞书首先要从理论上搞清楚各个语类之间的划分标准，选条的时候才不至于出现大的错误。语条的收录方面，应在语汇学理论指导下，把成语、谚语、惯用语、歇后语之间的界限分辨清楚，不交叉、不矛盾。

曹先擢先生在评论《新华语典》编纂情况时说：“编一部辞书不难，难在尊重语言文字发展、恪守现代汉语规范，难在学理支撑和原创。网络时代，人们获取信息有太多渠道，利用网络百度一下，就轻而易举地找到答案。但要保证权威性、科学性，还是要到辞书中找答案。编一部辞书并不难，书店里各种各样的辞书琳琅满目。但其中很多是‘资料汇编’，组织几个人，剪刀加糨糊，起一个吸引眼球的书名，一本‘辞书’就这样问世了。辞书编纂难在原创，如果互相抄来抄去，就会被信息的泡沫所淹没。……历时 8 年缜密研究，确保了这部辞书的科学性、实用性、规范性。”①

温朔彬《论〈新华语典〉的原创性》② 一文指出《新华语典》是一部同《新华字典》《新华词典》相配套的原创性辞书，并从立目、释义、设例三个方面论述其原创性。可见，规范性语典编纂体现在语典编纂的每一个环节，学术研究决定辞书的灵魂，编纂流程决定辞书的质量和成败。从编纂体例的制定到每个语目的释义、举例，都离不开学术研究的支撑。没有学术作后盾，不可能编纂出有质量的辞书，更谈不上精品。目前，须深入探讨诸如语类的性质、范围、类型等问题，摸索辞书在选条、收例、注释、编排等方面如何做到准确、规范，把感性认识提升到理性认识高度。

（三）掌握现代化工具

进入信息化时代，编纂语典要掌握现代化的工具，优化辞书编纂流程，提高效率。利用电子计算机和网络检索工具搜集资料，建立电子语料库，使我们达到了事半功倍的效果。《中国谚语大全》《中国惯用语大全》《中国歇后语大全》等语典，近 700 万字，因有语料库作为支撑而大大提高了编纂效率，用了不到两年时间，就由上海辞书出版社出版了。如此高的效率，在过去是难以想象的。因此，虽然电子设备比较昂贵，进入新技术门槛会有一定难度，但随着时代的飞速发展，这是必由之路。我们必须与时俱进，力求对语料库、知识库、语义搜索引擎等新技术掌握得再深再透些，把现代化工具运用得更好些，进

① 曹先擢先生在《新华语典》审稿暨学术研讨会（2010 年，太原）上的发言。

② 温朔彬：《论〈新华词典〉的原创性》，《辞书研究》，2013 年第 4 期。

一步促进辞书编纂科学化。

（四）坚守严谨的作风

因为电脑是由人来操纵的，毕竟不能代替人脑，所以我们应该强调精神比技巧更重要，质量比速度更重要。首先是不能轻浮急躁，要有脚踏实地的作风。编纂辞书本身就是一个磨性子的工作，如同栽树一样，种植培育的过程，总比采伐、加工的过程要漫长得多，编纂辞书有十之七八甚至更多的时间都是用在搜集语料上。

老一辈辞书学者经常强调：做学问必须严谨细致，来不得半点马虎。我们在编纂中经常发现：有的语目很不错，但语境不妥，只好割舍不用，非常遗憾；有的基础资料有误，注释也跟着出错，结果是以讹传讹，贻误读者。编者即使能及时发现有错，也常因为一个字词之误致使整个条目作废；即使能再找到原著对照，也造成了重复劳动，拖延编纂进度。须知细节决定成败，编纂的每一个环节都要“狮子搏兔，亦用全力”；若不全力以赴，再小的“兔子”也会跑掉。所以说，每一个字、每一个标点都应该细心审核，不可因小失大。

总而言之，辞书是知识传播、文化积累的基础工程，要想保证语典质量，每个环节的功夫都得下到。人常说，能把简单的工作做好、做到底，就是不简单。辞书编纂人员必须具有踏踏实实、埋头苦干的严谨作风与只顾攀登莫问高的敬业精神。

附录

《新华语典》收录的部分“也说”条目

说明：温端政先生主编的《新华语典》(商务印书馆 2014 年版) 中收录的成语、惯用语、谚语和歇后语，有不少主条、副条都收录的条目，主条放在“【 】”内，副条用“也说”标注出来。这些主副条一部分是同义条目，一部分是语汇变异现象的反映。此处摘录了《新华语典》中 A 到 G 打头的成语、惯用语、谚语和歇后语（分别用〔成〕〔惯〕〔谚〕〔歇〕标出）条目的主条和副条，借此从一个侧面反映语汇变异的丰富性。

A

【阿斗当皇帝——有名无实】〔歇〕也说“阿斗当官——有名无实”“戏台上的夫妻——有名无实”。

【哀梨蒸食】〔成〕也说“蒸食哀梨”。

【挨家挨户】〔成〕也说“挨门挨户”“挨家按户”。

【挨板子】〔惯〕也说“挨巴掌”“吃板子”。

【挨闷棍】〔惯〕也说“挨闷棒”“吃闷棍”。

【矮半截】〔惯〕也说“矮三分”“低一头”“矬一截”。

【矮子过河——越盘越深】〔歇〕也说“暗里摇桩——越摇越深”。

【矮子看戏——见人道好，他也道好】〔歇〕也说“矮子看戏——随人上下”。

【矮子里面选将军】〔惯〕也说“矮子队里选将军”“矬子里面找将军”“瘸子里面拔将军”。

【矮子爬楼梯——步步高升】〔歇〕也说“矮子登楼梯——步步高升”。

【爱不释手】〔成〕也说“爱不忍释”。

【爱财如命】〔成〕也说“爱钱如命”。

【爱哭的孩子吃奶多】〔谚〕也说“爱闹的孩子有奶吃”。

【爱面子】〔惯〕也说“爱脸面”。

【爱盘不击鼠】〔惯〕也说“爱冰盘，不击鼠”。

【爱亲才做亲】〔谚〕也说“爱亲才结亲”。

【爱屋及乌】〔成〕也说“屋乌推爱”。

【碍面子】〔惯〕也说“碍脸面”。

【安邦定国】〔成〕也说“安邦治国”。

【安钉子】〔惯〕也说“插钉子”。

【安谷则昌，绝谷则亡】〔谚〕也说“安谷则昌，绝谷则危”。

【安居乐业】〔成〕也说“乐业安居”。

【安内攘外】〔成〕也说“攘外安内”。

【安贫乐道】〔成〕也说“乐道安贫”。

【安然无恙】〔成〕也说“安然无事”。

【安如磐石】〔成〕也说“安若磐石”。

【安如泰山】〔成〕也说“安若泰山”“稳如泰山”。

【鞍不离马，甲不离身】〔惯〕也说“鞍不离马背，甲不离将身”。

【鞍马劳顿】〔成〕也说“鞍马劳倦”。

【按甲寝兵】〔成〕也说“按甲休兵”。

【按老皇历办事】〔惯〕也说“照老皇历办事”。

【按下葫芦浮起瓢】〔惯〕也说“按倒葫芦瓢起来”“按倒葫芦起来瓢”“摁倒葫芦瓢起来”。

【案板上的肉——任人剁】〔歇〕也说“案板上的小面团——想怎么捏就怎么捏”。

【暗箭伤人】〔成〕也说“暗箭中人”。

【暗香疏影】〔成〕也说“疏影暗香”。

【暗箱操作】〔成〕也说“黑箱操作”。

【黯然销魂】〔成〕也说“黯然魂销”。

【熬胶不粘，做醋不酸】〔惯〕也说“做盐不咸，做醋不酸”。

【鳌鱼脱却金钩钓，摆尾摇头再不回】〔谚〕也说“鳌鱼脱却金钩钓，摆尾摇头逐浪游”“鳌鱼脱却金钩去，摆尾摇头再不来”“鲤鱼脱却金钩钓，大海宽江永不还”。

【傲雪凌霜】〔成〕也说“傲雪欺霜”。

B

【八辈子烧了高香】〔惯〕也说“不知哪辈子烧了高香”“上辈子烧了高香”。

【八竿子打不着】〔惯〕也说“八竿子打不着边”“八杠子打不着”。

【八哥啄柿子——拣软的吃】〔歇〕也说“八哥啄柿子——拣软的挑”“雷公打豆腐——拣软的来”。

【八个麻雀抬轿——担当不起】〔歇〕也说“八个麻雀抬轿——担不起”。

【八面光】〔惯〕也说“八面儿见光”。

【八面玲珑】〔成〕也说“八面圆通”。

【八面威风】〔成〕也说“威风八面”。

【八擒孟获——多此一举】〔歇〕也说“撑着阳伞戴凉帽——多此一举”“吃咸鱼蘸酱油——多此一举”“晴天打伞——多此一举”“脱了裤子放屁——多此一举”“圆珠笔蘸墨水——多此一举”。

【八十岁老头儿学吹打——上气不接下气】〔歇〕也说“八十的老汉学吹打——上气不接下气”。

【八抬大轿请不动】〔惯〕也说“八抬大轿抬不动”“八抬大轿抬不去”。

【八仙过海——各显神通】〔歇〕也说“八仙过海——各显其能”“八仙过海——各显身手”。

【八字不见一撇儿】〔惯〕也说“八字还没一撇儿”“八字没见一撇儿”。

【扒出眼珠儿当泡儿踩】〔惯〕也说“剜出眼珠儿当泡儿踩”。

【笆门对笆门，板门对板门】〔惯〕也说“板门对板门，竹篱门对竹篱门”。

【拔本塞源】〔成〕也说“拔本塞原”。

【拔出萝卜带出泥】〔惯〕也说“拔大葱带出蒜头来”。

【拔地摇山】〔成〕也说“拔树摇山”。

【拔根寒毛比腰粗】〔惯〕也说“拔根寒毛比腰壮”“拔根毫毛比腰粗”。

【拔虎须】〔惯〕“撩虎须”“捋虎须”“拈虎须”。

【拔了萝卜地皮宽】〔谚〕也说“拔得萝卜地头空，小姑走了嫂喜欢”。

【拔苗助长】〔成〕也说“揠苗助长”。

【拔山扛鼎】〔成〕也说“拔山举鼎”。

【拔眼中钉】〔惯〕也说“拔肉中刺”“除眼中钉”“剜眼中钉”。

【跋前疐后】〔成〕也说“跋前踬后”“跋胡疐尾”。

【把不住嘴】〔惯〕也说“把不住嘴门”“把不住嘴头”。

【把话咽回肚里】〔惯〕也说“把话咽了下去”。

【把脸装进裤裆里】〔惯〕也说“把脑袋藏在裤裆里”“脑袋扎进裤裆里”。

【把猫说成虎】〔惯〕也说“把猪说成大象”。

【把脑袋掖在腰带上】〔惯〕也说“裤带上拴着脑瓜子”“人头掖在腰里过日子”“头悬在裤带上”。

【把钱穿在肋条骨上】〔惯〕也说“把钞票串在肋骨上”“把荷包串在肋骨上”“一个小钱儿也要串在肋骨上”。

【把钱看得比铜盆还大】〔惯〕也说“把钱看得比磨盘大”。

【把日头从东山背到西山】〔惯〕也说“东山日头背到西山”。

【把死人说活】〔惯〕也说“把木头人说活”。

【把送殡的埋在坟里】〔惯〕也说“把送殡的埋在墓里”“掘坟先

埋了送殡的”。

【把新鞋往泥塘里踩】〔惯〕也说“把雪白的袜子往泥里踏”。

【掰开竹叶看梅花】〔惯〕也说“扳开竹子看梅花”。

【白布落在染缸里——洗不清】〔歇〕也说“白布进了染缸——漂不干净”“染缸里落白布——洗不清”“跳到染缸里——洗不清”。

【白吃果子还嫌酸】〔惯〕也说“白吃包子还嫌面黑”“白吃杨梅嫌核大”。

【白刀子进，红刀子出】〔惯〕也说“青刀进，红刀出”。

【白瞪眼】〔惯〕也说“干瞪眼”。

【白萝卜上扎刀子——不出血】〔歇〕也说“萝卜上扎刀——不是出血的筒子”。

【白眉赤眼】〔成〕也说“白眉赤脸”。

【白跑腿】〔惯〕也说“白遛腿”“白磨鞋底子”。

【白日里见鬼】〔惯〕也说“青天白日见了鬼”。

【白日里做梦】〔惯〕也说“大白天做梦”。

【白事要到，红事要叫】〔谚〕也说“白事到，红事叫”。

【白手起家】〔成〕也说“白手成家”“白屋起家”。

【白首穷经】〔成〕也说“皓首穷经”。

【白天游门走四方，黑夜点灯补裤裆】〔惯〕也说“白天串门说话，夜里点灯剥麻”“白日挨门子吃茶，夜晚点灯儿絮麻”。

【白头偕老】〔成〕也说“白首偕老”“白头到老”“白头相守”。

【白衣苍狗】〔成〕也说“白云苍狗”。

【白纸写着黑字】〔惯〕也说“黑字落在白纸上”。

【百尺井水看得清，寸厚人心看不透】〔谚〕也说“黄河万丈有底，人心三寸难测”。

【百端待举】〔成〕也说“百端待理”。

【百废待兴】〔成〕也说“百废待举”。

【百废俱兴】〔成〕也说“百废俱举”。

【百感交集】〔成〕也说“万感交集”。

【百孔千疮】〔成〕也说“千疮百孔”。

【百口莫辩】〔成〕也说“百喙（huì）莫辩”。

【百里不抽一】〔惯〕也说“百里难挑一”。

【百里不贩樵，千里不贩籴】〔谚〕也说“千里不贩樵，百里不贩粮”。

【百里不同风，千里不同俗】〔谚〕也说“百里不同风，十里不同俗”“一里不同俗，十里改规矩”。

【百里无真信，三里无真味】〔谚〕也说“三里地内没准信儿”“十里无真言”。

【百练不如一走，百走不如一抖】〔谚〕也说“百步走不如抖一抖”“百动走为先”。

【百密难免一疏】〔谚〕也说“百密恐有一疏”“百密总有一疏”。

【百年修得同船渡，千年修得共枕眠】〔谚〕也说“千世修来同船坐，万世修来共枕眠”。

【百人百条心，千人千个样】〔谚〕也说“百人百性儿，百人百样儿”。

【百身莫赎】〔成〕也说“百身何赎”。

【百思不解】〔成〕也说“百思莫解”。

【百万买宅，千万买邻】〔谚〕也说“百金买房，千金买邻”。

【百闻不如一见，百见不如一干】〔谚〕也说“百闻不如一见，百见不如一做”“千闻不如一见”。

【百姓百姓，百人百性】〔谚〕也说“百样雀儿百样音，百个人儿百个性”。

【百依百顺】〔成〕也说“百顺百依”“百依百随”。

【百战百胜】〔成〕也说“百战不殆（dài）”。

【百折不挠】〔成〕也说“百折不屈”“百折不回”。

【百足之虫，至死不僵】〔谚〕也说“百脚之虫，死而不僵”“百足之虫，虽死不僵”。

【摆不到桌面上】〔惯〕也说“搁不到桌面上”。

【摆架子】〔惯〕也说“端架子”“拉架子”“拿架子”。

【摆龙门阵】〔惯〕也说“摆三国”。

【摆虚架子】〔惯〕也说“摆空架子”。

【败军之将，不敢言勇】〔谚〕也说“败兵之将，不足以言勇”“败军之将，不可以语勇”。

【拜倒在石榴裙下】〔惯〕也说“跪倒在石榴裙下”。

【拜佛进了吕祖庙——找错了神】〔歇〕也说“拜佛进了吕祖庙——找错了门”。

【拜将封侯】〔成〕也说“拜相封侯”。

【稗官野史】〔成〕也说“稗官小说”。

【扳倒柳树要枣吃】〔惯〕也说“朝着柳树要枣吃”“冲着柳树要枣吃”。

【扳倒五味瓶——酸、甜、苦、辣全有】〔歇〕也说“扳倒了五味坛子——苦辣酸甜一齐涌到心口”。

【班门弄斧——不自量力】〔歇〕也说“班门弄斧——不知自量”。

【搬唇递舌】〔成〕也说“搬口弄舌”。

【搬口舌】〔惯〕也说“搬弄口舌”“搬挑舌头”。

【搬起石头砸自己的脚】〔惯〕也说“搬砖打人砸了自己的脚”“自搬砖头自压脚”。

【板上钉钉——没跑】〔歇〕也说“鸡窝里捉鸡——没跑”。

【半大小子，吃死老子】〔谚〕也说“半大小子，吃跑老子”“半桩小，吃过老”。

【半斤对八两】〔惯〕也说“一个半斤，一个八两”。

【半路上抽梯子】〔惯〕也说“半节上抽梯子”。

【半面之识】〔成〕也说“半面之交”。

【半天云里打灯笼——高明】〔歇〕也说“半天云里打灯笼——高明又高明”。

【半途而废】〔成〕也说“中途而废”。

【半信半疑】〔成〕也说“半疑半信”。

【半夜吃黄瓜——不知头尾】〔歇〕也说“半夜摸黄瓜——不知头尾”。

【半夜吃桃子——专拣软的捏】〔歇〕也说“半夜里偷桃吃——找软的捏”。

【半夜三更】〔成〕也说“三更半夜”“深更半夜”。

【伴君如伴虎】〔谚〕也说“伴驾如伴虎”“伴君犹如伴虎狼”。

【绊住了脚】〔惯〕也说“绊住了腿”。

【膀大腰圆】〔成〕也说“膀阔腰圆”。

【棒打鸳鸯——两分离】〔歇〕也说“棒打鸳鸯——两分飞”。也说

“棒打鸳鸯——两分开”。

【包老爷断案——六亲不认】〔歇〕也说“包黑脸断案子——六亲不认”。

【包子有肉不在褶上】〔谚〕也说“包子好吃不在褶上，人有学问不挂嘴上”。

【褒贬是买主，喝彩是闲人】〔谚〕也说“说三道四是买主”“憎嫌是买主”。

【饱经风霜】〔成〕也说“饱经风雨”“饱经霜雪”。

【饱暖思淫欲，饥寒起盗心】〔谚〕也说“饱暖生闲事，饥寒发盗心”“饱暖思淫欲，饥寒生盗心”“富贵思淫欲，饥寒起盗心”。

【宝剑赠与烈士，红粉赠与佳人】〔谚〕也说“宝剑赠与烈士，红粉付与佳人”“宝剑与烈士，红粉赠佳人”。

【宝马香车】〔成〕也说“宝马雕车”。

【抱粗腿】〔惯〕也说“搬粗腿”“抱大腿”。

【抱恨终天】〔成〕也说“抱憾终天”“抱恨终身”。

【抱老皇历】〔惯〕也说“抱旧皇历”。

【抱头大哭】〔成〕也说“抱头痛哭”。

【抱玉握珠】〔成〕也说“抱玉怀珠”。

【抱着干柴救火——帮倒忙】〔歇〕也说“抱着柴火救火——帮倒忙”。

【抱着琵琶进牛棚——对牛弹琴】〔歇〕也说“抱琵琶进磨坊——对牛弹琴”“抱着琵琶赶大车——对牛弹琴”。

【抱着元宝跳井——舍命不舍财】〔歇〕也说“抱着元宝跳井——要财不要命”。

【豹死留皮，人死留名】〔谚〕也说“豹留皮，人留名”。

【暴风骤雨】〔成〕也说“暴风疾雨”。

【暴戾恣睢】〔成〕也说“恣睢暴戾”。

【暴食狂饮，愚人自损】〔谚〕也说“狂饮伤身，暴食伤胃”。

【暴跳如雷】〔成〕也说“暴躁如雷”。

【爆竹脾气——一点就发火】〔歇〕也说“爆竹性子——一点就炸”“爆竹飞花的脾气——沾火就着”。

【杯杯酒吃垮家当，毛毛雨打湿衣裳】〔谚〕也说“毛毛雨打湿衣裳，杯杯酒吃败家当”。

【杯弓蛇影】〔成〕也说“弓影杯蛇”。

【卑躬屈膝】〔成〕也说“卑躬屈节”。

【背黑锅】〔惯〕也说“顶黑锅”。

【悲欢离合】〔成〕也说“离合悲欢”。

【悲喜交集】〔成〕也说“悲喜交加”。

【北门锁钥】〔成〕也说“北门管钥”。

【北人骑马，南人驶舟】〔谚〕也说“北人乘马，南人乘舟”“北人使马，南人使舟”。

【备席容易请客难，请客容易等客难】〔谚〕也说“备酒容易请客难，请客容易待客难”“酒席好摆请客难”“治席容易请客难”。

【背城借一】〔成〕也说“背城一战”。

【背后插一刀】〔惯〕也说“背后捅刀子”。

【背后莫道人短，人前莫夸己长】〔谚〕也说“别在人前夸自己，莫在背后论是非”。

【背井离乡】〔成〕也说“离乡背井”。

【背义忘恩】〔成〕也说“背恩忘义”。

【倍道兼行】〔成〕也说“倍道兼程”。

【悖入悖出】〔成〕也说“悖出悖入”。

【被人卖了还去数钱】〔惯〕也说“把你卖了，还帮着人家数钱”。

【被窝里骂皇帝】〔惯〕也说“关住门子骂皇帝”。

【笨嘴拙舌】〔成〕也说“笨口拙舌”“笨嘴笨舌”“笨嘴笨腮”“笨嘴拙腮”“拙口钝腮”。

【逼公鸡生蛋】〔惯〕也说“逼公鸡下蛋”“打着公鸡下蛋”。

【鼻青脸肿】〔成〕也说“鼻青眼肿”。

【鼻子不离腮】〔惯〕也说“唇不离腮”“耳朵不离腮”。

【鼻子不是鼻子，脸不是脸】〔惯〕也说“鼻子不是鼻子，眼睛不是眼睛”“脸子不是脸子，鼻子不是鼻子”。

【鼻子底下有嘴，嘴底下有腿】〔谚〕也说“鼻子底下长着嘴”“鼻子下面就是路”。

【鼻子上抹蜜糖——干馋捞不着】〔歇〕也说“鼻尖儿上的糖——看得到，舔不到”。

【鼻子是鼻子眼是眼】〔惯〕也说“鼻子是鼻子嘴是嘴”。

【比高低】〔惯〕也说“比雌雄”。

【比肩继踵】〔成〕也说“比肩接踵”。

【比泥鳅还滑】〔惯〕也说“比蛇还滑溜”。

【比上不足，比下有余】〔惯〕也说“比下有余，将上不足”“将上不足，比下有余”“上方不足，下比有余”。

【比翼双飞】〔成〕也说“比翼齐飞”。

【彼一时，此一时】〔惯〕也说“此一时，彼一时”。

【笔饱墨酣】〔成〕也说“笔酣墨饱”。

【笔头生花】〔成〕也说“笔底生花”“笔下生花”。

【毕恭毕敬】〔成〕也说“必恭必敬”。

【闭眼跳河——听天由命】〔歇〕也说“闭眼睛趟河——凭命由天”。

【闭月羞花】〔成〕也说“闭花羞月”“羞花闭月”。

【闭着眼睛说瞎话】〔惯〕也说“闭拢眼睛说假话”。

【闭着眼睛捉麻雀】〔惯〕也说“闭塞眼睛捉麻雀”。

【蔽明塞聪】〔成〕也说“蔽聪塞明”。

【弊绝风清】〔成〕也说“风清弊绝”。

【弊衣箪食】〔成〕也说“弊衣疏食”。

【壁垒森严】〔成〕也说“森严壁垒”。

【壁上挂团鱼——四脚无靠】〔歇〕也说“壁笆上挂团鱼——四脚无抓拿”。

【避实击虚】〔成〕也说“避实就虚”。

【臂长衫袖短】〔惯〕也说“手长衣袖短”。

【编筐编篓，贵在收口】〔谚〕也说“编筐编篓，全在收口”“编筐织篓，全在收口”。

【扁担长的一字不认识】〔惯〕也说“扁担倒了不知是个一字”“门闩大的一字不认识”“写个一字当是条扁担”。

【扁担没扎——两头失塌】〔歇〕也说“扁担没扎——两头打塌”。

【扁担上睡觉——想得宽】〔歇〕也说“铺着扁担睡觉——想得宽”“枕着扁担睡觉——想得宽”。

【便宜行事】〔成〕也说“便宜从事”。

【彪炳日月】〔成〕也说“彪炳千古”。

【别出心裁】〔成〕也说“独具心裁”。

【别鹤离鸾】〔成〕也说“孤鸾寡鹤”。

【别开生面】〔成〕也说“另开生面”。

【别人伤心你莫笑，明天你也会轮到】〔谚〕也说“他哭的时候你别笑，你哭的时候很快到”。

【别人偷牛他拔桩】〔惯〕也说“人家偷牛他拔橛儿”。

【别有风味】〔成〕也说“别具风味”。

【冰冻三尺，非一日之寒】〔谚〕也说“冰冻三尺，非一日之功”。

【冰清玉洁】〔成〕也说“玉洁冰清”。

【冰糖拌黄瓜——甘（干）脆】〔歇〕也说“冰糖调黄瓜——甘（干）脆”。

【兵不血刃】〔成〕也说“兵无血刃”。

【兵精将勇】〔成〕也说“兵强将勇”。

【兵精粮足】〔成〕也说“兵精粮广”。

【兵来将挡，水来土掩】〔谚〕也说“兵来将挡，水来土壅”“兵来将敌，水来土堰”。

【兵马未动，粮草先行】〔谚〕也说“军马未动，粮草先行”。

【兵随将令草随风，千军万马看首领】〔谚〕也说“兵随将行草随风”“兵听将令草随风”。

【兵行千里，不战自乏】〔谚〕也说“军行百里，不战自病”。

【兵熊熊一个，将熊熊一窝】〔谚〕也说“兵㞞㞞一个，将㞞㞞一伙”“兵㞞一个，将㞞一窝”。

【屏声静息】〔成〕也说“屏声息气”“屏声敛气”。

【并蒂芙蓉】〔成〕也说“芙蓉并蒂”。

【病从口入，祸从口出】〔谚〕也说“百病从口入，百祸从口出”。

【病来如山倒，病去如抽丝】〔谚〕也说“病来如堵墙，病去如抽丝”“得病如山倒，去病如抽丝”。

【拨云见日】〔成〕也说“拨云睹日”。

【玻璃罩里的苍蝇——前途光明，找不到出路】〔歇〕也说“玻璃瓶里的苍蝇——有光明没前途”。

【博古通今】〔成〕也说“通今博古”。

【博洽多闻】〔成〕也说“博物洽闻”。

【博士买驴】〔成〕也说“三纸无驴”。

【博闻强识】〔成〕也说“博闻强记”。

【博学多闻】〔成〕也说“博学洽闻”。

【薄情无义】〔成〕也说“薄情寡义”。

【补窟窿】〔惯〕也说“补空子”“堵窟窿”“填窟窿”。

【捕风捉影】〔成〕也说“捉影捕风”。

【不卑不亢】〔成〕也说“不亢不卑”。

【不吃苦中苦，难得甜上甜】〔谚〕也说“不吃苦中苦，哪有甜中甜”“不受苦中苦，难有福中福”。

【不吃鱼虾嘴不腥，不做坏事心不惊】〔谚〕也说“人不做贼心不惊，狗不吃鱼口不腥”。

【不痴不聋，不成姑公】〔谚〕也说“不痴不聋，不作家翁”“不瞎不痴聋，难为家主公”。

【不打不相识，不斗不相熟】〔谚〕也说“不打不成交，越打越热乎”“不打不成相识”。

【不到春分地不开，不到秋分籽不来】〔谚〕也说“不到时候花不开，不到时候瓜不结”。

【不到黄河心不死】〔惯〕也说“不到乌江心不死”。

【不等虾红就要吃】〔惯〕也说“炒虾等不得红”。

【不动声色】〔成〕也说“不露声色”。

【不费吹灰之力】〔惯〕也说“没费吹灰之力”。

【不分青红皂白】〔惯〕也说“不管青红皂白”“不问青红皂白”。

【不服庸医药，胜请中流医】〔谚〕也说“不吃药，为中医”“不服药，胜中医”“有病不治，常得中医”。

【不敢动一根汗毛】〔惯〕也说“不敢动一根毫毛”“不敢捅一指头”。

【不管白猫黑猫，抓住老鼠就是好猫】〔谚〕也说“无论黑猫白猫，能抓住老鼠就是好猫”。

【不管三七二十一】〔惯〕也说“不问三七二十一”“管他三七二十一”“休管三七二十一”。

【不会撑船嫌河小，不会骑车嫌路弯】〔谚〕也说“不会撑船怪河弯”。

【不会笑脸迎人，没有生意上门】〔谚〕也说“不会笑脸休开店”。

【不见棺材不下泪】〔惯〕也说“不见棺材不掉泪”“不见棺材心不死”。

【不见兔子不撒鹰】〔惯〕也说“逮住兔子才撒鹰”“捉住兔子才撒鹰”。

【不看僧面看佛面，不看鱼情看水情】〔谚〕也说“不看经面看佛面”“不念僧面念佛面”。

【不可名状】〔成〕也说“不可言状”。

【不可胜数】〔成〕也说“不可胜计”。

【不可捉摸】〔成〕也说“无可捉摸”。

【不念哪家书，不识哪家字】〔谚〕也说“不读哪家书，不识哪家字”。

【不怕不卖钱，就怕货不全】〔谚〕也说“不怕不挣钱，就怕货不全”。

【不怕不识货，就怕货比货】〔谚〕也说“不怕不认货，单怕货比货”“不识货，货比货”。

【不怕倒运，全怕懒性】〔谚〕也说“不怕倒了运，就怕懒了性”。

【不怕风大扇了舌头】〔惯〕也说“不怕风大闪了舌头”“说话不怕风扇舌头”“小心大风刮跑了舌头”。

【不怕该债的精穷，只怕讨债的英雄】〔谚〕也说“不怕该债的精穷，只怕要债的英雄”。

【不怕虎生三个口，最怕人怀两样心】〔谚〕也说“不怕虎生三只口，只怕人怀两样心”。

【不怕千招会，只怕一招熟】〔谚〕也说“不怕千招会，就怕一招独”“千招会不如一招熟”。

【不怕人老，就怕心老】〔谚〕也说“不怕人老，单怕心老”。

【不怕县官，就怕现管】〔谚〕也说“不怕官，就怕管”“不怕县官，只怕现管”。

【不怕一万，就怕万一】〔谚〕也说“不防一万，只防万一”“不怕一万，单怕万一”。

【不怕贼偷，就怕贼想】〔谚〕也说“不怕贼偷，就怕贼惦记”

“不怕贼偷，就怕贼谋”。

【不期而会】〔成〕也说“不期而遇”。

【不期而然】〔成〕也说“不期然而然”。

【不求同日生，只愿同日死】〔惯〕也说“不求同生，但愿同死”。

【不求有功，但求无过】〔惯〕也说“不求有功，只求无过”。

【不入虎穴，焉得虎子】〔谚〕也说“不入虎穴，安得虎子”“不探虎穴，难得虎仔”。

【不食人间烟火】〔惯〕也说“不食烟火”“不吃人间烟火”“不吃烟火食”。

【不是打虎手，过不得景阳冈】〔谚〕也说“没有打虎将，过不得景阳冈”。

【不是一家人，不进一家门】〔谚〕也说“不是一家人，不进一个门”“不是一路人，不在一家门”。

【不是鱼死，就是网破】〔惯〕也说“不是网破，便是鱼死”。

【不死也得脱层皮】〔惯〕也说“不死也得剥层皮”“不死也得掉层皮”。

【不听老人言，祸患在眼前】〔谚〕也说“不听老人言，吃亏在眼前”“不听老人言，后悔在眼前”。

【不为良相，则为良医】〔谚〕也说“不为良相，必为良医”“不为良相，便为良医”。

【不闻不问】〔成〕也说“不问不闻”。

【不显山不露水】〔惯〕也说“一不显山，二不露水”。

【不信好人言，必有恓惶事】〔谚〕也说“不听好人言，必有恓惶泪”“不听好人言，最终受可怜”。

【不行春风，难得秋雨】〔谚〕也说“不行清风，难下细雨”。

【不以规矩，不能成方圆】〔谚〕也说“不依规矩，不能成方圆”“没有规矩，不能成方圆”“无以规矩，不成方圆”。

【不翼而飞】〔成〕也说“无翼而飞”。

【不由分说】〔成〕也说“不容分说”。

【不远千里】〔成〕也说“不远万里”。

【不怨狼吃羊，倒怨羊上坡】〔惯〕也说“不怨狼吃羊，只怨羊上坡”。

【不怨自家麻绳短，只怪他家古井深】〔惯〕也说“不恨绳短，只怨井深”“不知绳短，但怨井深”。

【不蒸馒头蒸口气】〔惯〕也说“不蒸包子蒸口气”。

【不知道吃几碗干饭】〔惯〕也说“忘了吃几碗饭”。

【不知道葫芦里卖的什么药】〔惯〕也说“猜不透葫芦里卖的什么药”“闹不清葫芦里装的什么药”。

【不知道马王爷三只眼】〔惯〕也说“不知道马王爷长几只眼”。

【不知道盐打哪儿咸，醋打哪儿酸】〔惯〕也说“不知道盐从哪头咸，醋从哪头酸”。

【不知鹿死谁手】〔惯〕也说“未知鹿死谁手”。

【不知者，不为过】〔谚〕也说“不知者，不怪罪”“不知者，当无罪”。

【不值一钱】〔成〕也说“不值一文”“一钱不值”“一文不值”。

【不撞南墙不回头】〔惯〕也说“不撞鼻子不回头”。

【不自量力】〔成〕也说“自不量力”。

【不足挂齿】〔成〕也说“无足挂齿”。

【不做中人不做保，一辈子无烦恼】〔谚〕也说“不做中，不做保，不做媒人三代好”“不做中人不做保，一世不烦恼”。

【步履维艰】〔成〕也说“步履艰难”。

C

【擦粉进棺材——死要面子】〔歇〕也说“擦粉进棺材——死爱面子”“搽粉进棺材——死要面子”“吊死鬼搽粉——死要面子”“上吊搽粉——死要面子”。

【擦屁股】〔惯〕也说“揩屁股”。

【猜哑谜】〔惯〕也说“猜闷葫芦”“猜谜底”。

【才不压众，貌不超群】〔惯〕也说“才不压众，貌不惊人”“人不压众，貌不惊人”。

【才出虎口，又入狼窝】〔惯〕也说“方离狼窝，又逢虎口”“刚离虎口，又遇豺狼”“逃出虎口，掉进狼嘴”。

【才貌双全】〔成〕也说“才貌俱全”。

【才疏德薄】〔成〕也说“才轻德薄”。

【才疏学浅】〔成〕也说“学浅才疏”。

【才疏智浅】〔成〕也说“才薄智浅”。

【才子佳人】〔成〕也说“佳人才子”。

【财是富之苗，钱是人之胆】〔谚〕也说“钱是人的胆，财是富之苗”。

【财压奴婢，艺压当行】〔谚〕也说“钱压奴婢，艺压当行”“钱压奴婢手，艺压当行人”。

【采动荷花牵动藕】〔惯〕也说“采动荷花动了藕”“扯着藤蔓瓜动”。

【采薪之忧】〔成〕也说“采薪之患”。

【踩钢丝】〔惯〕也说“走钢丝”。

【踩在脚底下】〔惯〕也说“搓在脚板底”。

【踩着别人的肩膀往上爬】〔惯〕也说“拿别人当梯子往上爬”“踏着别人的肩膀向上爬”。

【踩着刀尖儿过日子】〔惯〕也说“在刀尖上过日子”。

【菜碟子舀水——一眼看到底】〔歇〕也说“菜碟子舀水——一眼看穿了底”。

【残花败柳】〔成〕也说“败柳残花”。

【残篇断简】〔成〕也说“残章断简”。

【残汤剩饭】〔成〕也说“残羹剩饭”。

【残垣断壁】〔成〕也说“断壁残垣”“颓垣断壁”。

【灿若晨星】〔成〕也说“灿若星辰”。

【苍蝇包网儿——好大面皮】〔歇〕也说“苍蝇戴网子——好大面皮”。

【苍蝇不钻没缝的蛋，蚂蚁不叮没缝的砖】〔谚〕也说“苍蝇不抱没缝的鸡蛋”“苍蝇不叮无缝的蛋”。

【苍蝇见了热血】〔惯〕也说“苍蝇见了蜜糖”“饿虎逢羊，苍蝇见血”。

【沧海桑田】〔成〕也说“桑田沧海”。

【藏垢纳污】〔成〕也说“藏污纳垢”。

【藏着乖的卖傻的】〔惯〕也说“揣着明白说糊涂”。

【槽里没马驴支差】〔惯〕也说“槽里没马拿驴顶”。

【槽里无食猪拱猪，分赃不匀狗咬狗】〔谚〕也说“槽内无食猪拱猪”。

【草怕严霜霜怕日，恶人自有恶人磨】〔谚〕也说“嫩草怕霜霜怕日，恶人自有恶人磨”。

【层见叠出】〔成〕也说“层出叠见”。

【层峦叠嶂】〔成〕也说“嶂叠峦层”。

【插不进嘴去】〔惯〕也说“插不上嘴”。

【插不上手】〔惯〕也说“插不得身，下不得手”。

【插翅难飞】〔成〕也说“插翅难逃”。

【插翅也飞不出去】〔惯〕也说“插翅也难飞”。

【插杠子】〔惯〕也说“插把子”。

【插起招兵旗，就有吃粮人】〔谚〕也说“插上招军旗，就有入伍兵”“竖起帅字旗，自有吃粮人”。

【插一脚】〔惯〕也说“插一手”“插一腿”。

【茶不思，饭不想】〔惯〕也说“饭不想吃，茶不思饮”。

【茶馆里不要了的伙计——哪一壶不开偏要提哪一壶】〔歇〕也说“茶馆不要的伙计——哪壶不开提哪壶”。

【茶壶打了把儿——只剩下嘴儿了】〔歇〕也说“茶壶掉了底儿——光剩下一张嘴儿”。

【茶壶里煮饺子——有货倒（道）不出】〔歇〕也说“茶壶里煮饺子——肚里有货，嘴里倒（道）不出来”。

【茶余饭后】〔成〕也说“茶余酒后”。

【搽胭脂抹粉】〔惯〕也说“擦胭粉”。

【察言观色】〔成〕也说“察言辨色”“察颜观色”。

【拆别人屋，盖自己房】〔惯〕也说“铲别人的土，填自己的坑”。

【拆穿西洋镜】〔惯〕也说“戳穿西洋镜”“揭穿西洋镜”“看穿西洋镜”。

【拆东墙补西墙】〔惯〕也说“拆东墙补西壁”“东墙缺了西墙补”“挖东墙补西墙”“移东篱，掩西障”。

【拆台子】〔惯〕也说“拆台脚”“拆戏台”。

【柴多火焰高，人多力量大】〔谚〕也说“柴多火焰高，人多声音大”“人多力量大，柴多火焰高”。

【柴米夫妻，酒肉朋友，盒儿亲戚】〔谚〕也说“酒肉兄弟，柴米夫妻”“酒食朋友，柴米夫妻”。

【柴无一根，米无一粒】〔惯〕也说“米无一粒，柴无半棵”。

【柴油机抽水——吞吞吐吐】〔歇〕也说“葫芦落水——吞吞吐吐”“小孩儿吃泡泡糖——吞吞吐吐”“咬着半截舌头——吞吞吐吐”。

【豺狼当道，安问狐狸】〔谚〕也说“豺狼横道，不宜复问狐狸”“虎狼当道，不治狐狸”。

【馋涎欲滴】〔成〕也说“垂涎欲滴”。

【馋嘴进药店——自讨苦吃】〔歇〕也说“馋嘴跑进药材店——自找苦吃”“土地老爷挖黄连根——自找苦吃”“做饽饽揉黄连——自找苦吃”。

【娼不笑人娼，盗不骂人盗】〔谚〕也说“娼不笑人娼，盗不笑人盗”。

【长不过五月，短不过十月】〔谚〕也说“长五月，短十月”。

【长草短草，一把挽倒】〔惯〕也说“长草短草，一把挽着”。

【长风破浪】〔成〕也说“乘风破浪”。

【长江后浪推前浪，一辈新人胜旧人】〔谚〕也说“长江后浪催前浪，一代新人换旧人”“长江后浪推前浪，一浪更比一浪高”。

【长木匠，短铁匠，不长不短成衣匠】〔谚〕也说“长木匠，短铁匠，不长不短是裁缝”“长木匠，短铁匠，没新没旧是石匠”。

【长驱直入】〔成〕也说“长驱而入”。

【长生不老】〔成〕也说“长生不死”。

【长袖善舞，多钱善贾】〔谚〕也说“长袖善舞，多财善贾”“长袖善舞，多资善贾”。

【长吁短叹】〔成〕也说“长嘘短叹”。

【肠子都悔青了】〔惯〕也说“肠子都悔断了”。

【常在河边走，难免踏湿鞋】〔谚〕也说“常在河边走，哪能不湿鞋”“常在河边走，早晚要湿脚”“久在江边站，没有不湿的鞋”。

【唱白脸】〔惯〕也说“扮白脸”。

【唱对台戏】〔惯〕也说“打对台”。

【唱红脸】〔惯〕也说“扮红脸”。

【唱鸿门宴】〔惯〕也说“摆鸿门宴”。

【唱老调子】〔惯〕也说“弹老调”。

【唱配角儿】〔惯〕也说“当配角儿”。

【唱头牌】〔惯〕也说“挂头牌”。

【唱戏的不瞒打锣的】〔谚〕也说“变戏法的瞒不过打锣的”。

【唱戏的跑圈儿——走过场】〔歇〕也说“唱戏的蹓腿儿——走个过场”。

【唱戏的腿，说书的嘴】〔谚〕也说“评书演员嘴快，戏曲演员腿快”“说书的嘴，唱戏的腿”。

【唱戏也要有个过场】〔谚〕也说“唱戏还要有个过场”。

【抄手问贼贼不招，用棒呼犬犬必逃】〔谚〕也说“抄手问事，万不肯应”“抄手问贼谁肯应”“执棍叫狗狗不到，抄手问贼贼不招”。

【超尘拔俗】〔成〕也说“超尘出俗”。

【朝廷爷吃煎饼——君（均）摊】〔歇〕也说“朝廷烙煎饼——君（均）摊”。

【嘲风咏月】〔成〕也说“嘲风弄月”。

【炒豆大伙吃，炸锅一人担】〔惯〕也说“炒豆众人吃，炸锅一人当”“炒下豆子众人吃，打烂砂锅一人赔”。

【炒冷饭】〔惯〕也说“炒剩饭”。

【车到山前必有路，水到滩头必有沟】〔谚〕也说“车到山前自有路，船到桥头自然直”“车到无恶路，船到无恶江”。

【车道沟里的泥鳅——掀不起大浪】〔歇〕也说“车道沟里的泥鳅——翻不起大浪”。

【车如流水马如龙】〔惯〕也说“车如流水马如星”。

【车水马龙】〔成〕也说“马龙车水”。

【车有车路，船有船路】〔谚〕也说“车是车路，马是马路”“车走车路，马走马路”。

【车子不动铃先响】〔惯〕也说“车轮没转，铃铛先响”。

【扯着耳朵腮动弹】〔惯〕也说“扯着耳朵腮颊动”“打着耳朵腮也动”。

【沉李浮瓜】〔成〕也说“浮瓜沉李”。

【沉吟不决】〔成〕也说“沉吟未决”。

【沉鱼落雁】〔成〕也说“落雁沉鱼”。

【晨钟暮鼓】〔成〕也说“暮鼓晨钟”。

【称心如意】〔成〕也说“可心如意”。

【趁打伙】〔惯〕也说“趁打哄”。

【趁热灶】〔惯〕也说“趁热劲”“趁热盘”。

【趁着浑水摸泥鳅】〔惯〕也说“趁浑水捞虾”“趁混水打虾螃”“混水里捞鱼吃”。

【撑船撑到岸，帮人帮到底】〔谚〕也说“撑船撑到岸，帮忙帮到底”。

【撑门户】〔惯〕也说“顶门户”。

【撑门面】〔惯〕也说“撑场面”“撑面子”。

【撑死胆大的，饿死胆小的】〔谚〕也说“撑煞大胆，饿煞小胆”“吃死胆大的，饿死胆小的”“胀死胆大的，饿死胆小的”。

【撑腰杆】〔惯〕也说“撑腰板”。

【成不了器】〔惯〕也说“成不了材料”。

【成大事者，不惜小费】〔谚〕也说“谋大事者不惜小费”“欲成大事者，不惜小费”。

【成家子，粪如宝；败家子，钱如草】〔谚〕也说“成家手，粪是宝；败家手，财是草”。

【成立之难如登天，覆败之易如燎毛】〔谚〕也说“成立之难如升天，覆坠之易如燎毛”。

【成龙配套】〔成〕也说“配套成龙”。

【成千上万】〔成〕也说“成千累万”“成千成万”。

【成群结队】〔成〕也说“成群结党”“成群结伙”。

【成事不足，败事有余】〔惯〕也说“败事有余，成事不足”“成事不能，坏事一准”。

【成双作对】〔成〕也说“成双成对”。

【成则为王，败则为寇】〔谚〕也说“成则王，败则虏”“成则王侯败则贼”“胜则为王，败则为贼”“胜者王侯败者贼”。

【诚心诚意】〔成〕也说“诚心实意”。

【承前启后】〔成〕也说“承先启后”。

【城隍庙里的匾额——有求必应】〔歇〕也说“土地庙的横批——有求必应”“灶王爷的横批——有求必应”。

【城隍庙里卖假药——哄鬼】〔歇〕也说“城隍爷唱戏——哄鬼”。

【城楼上的雀儿——耐惊耐怕】〔歇〕也说“城头上的麻雀——耐惊耐怕”。

【城门洞里扛竹竿——直出直入】〔歇〕也说“城门里扛竹竿——直进直出”“挑水扁担进屋——直出直入”“袖筒里的棒槌——直出直入”。

【乘船走马，去死一分】〔谚〕也说“乘船走马三分命”“走马行船三分险”。

【乘人之危】〔成〕也说“乘人之急”。

【乘兴而来，败兴而去】〔惯〕也说“乘兴而来，败兴而返”“乘兴而去，败兴而归”。

【程咬金上阵——三板斧】〔歇〕也说“程咬金的斧子——就这么三下”。

【惩恶劝善】〔成〕也说“惩恶扬善”“劝善惩恶”。

【秤杆不离秤砣，老头不离老婆】〔谚〕也说“秤不离砣，公不离婆”“公不离婆，秤不离砣”。

【吃白饭】〔惯〕也说“吃白食”。

【吃饱饭骂厨子】〔惯〕也说“酒足饭饱骂厨子”。

【吃笔墨饭】〔惯〕也说“吃白墨饭”“吃笔管儿饭”。

【吃别人嚼过的馍馍不香，吃别人嚼过的甘蔗不甜】〔谚〕也说“吃别人嚼过的馍没味道”。

【吃冰拉冰——没化（话）】〔歇〕也说“吃冰块儿拉冰块儿——没化（话）”。

【吃不好睡不香】〔惯〕也说“吃不下饭，睡不着觉”。

【吃不了兜着走】〔惯〕也说“吃不了包着走”“吃不了兜起来”。

【吃不穷，穿不穷，计划不周就受穷】〔谚〕也说“吃不穷，喝不穷，没得算计一世穷”“吃穿不穷失算穷”“穿不穷，吃不穷，算计不到定受穷”。

【吃大锅饭】〔惯〕也说“吃大锅粥”“开大锅饭”。

【吃的盐和米，讲的情和理】〔谚〕也说“吃饭吃米，说话说理”“煮饭要有米，做事要在理”。

【吃得苦中苦，方为人上人】〔谚〕也说“吃尽苦中苦，终为人上人”“受尽苦中苦，方为人上人”。

【吃得温炖耐得热】〔惯〕也说“吃得温吞耐得热”。

【吃定心丸】〔惯〕也说“吃安心丸”“吃镇心丸”。

【吃独食】〔惯〕也说“吃独份儿”。

【吃饭防噎，走路防跌】〔谚〕也说“吃饭防噎，行路防跌”。

【吃饭先喝汤，不用请药方】〔谚〕也说“吃饭不喝汤，细腿长脖项”。

【吃饭也恐米鲠喉】〔惯〕也说“吃豆腐也怕扎牙根”。

【吃干醋】〔惯〕也说“吃飞醋”“吃寡醋”“喝干醋”。

【吃甘蔗上山——步步高，节节甜】〔歇〕也说“吃甘蔗上山——一步比一步高，一节比一节甜”。

【吃官饭放私骆驼】〔惯〕也说“吃官饭摇私船”。

【吃回头草】〔惯〕也说“吃回头饭”。

【吃酒图醉，放债图利】〔谚〕也说“吃酒的望醉，放债的图利”。

【吃空额】〔惯〕也说“吃空饷”。

【吃苦头】〔惯〕也说“尝苦头”。

【吃了灯草灰——说得轻巧】〔歇〕也说“吃了灯草灰——放轻巧屁”。

【吃了冬至饭，一天长一线】〔谚〕也说“吃了冬至的面，一天多做一根线”“吃了冬至饭，巧女儿多做一条线”。

【吃了橄榄灰儿——回过味来】〔歇〕也说“吃了橄榄——晓得回味”。

【吃了迷魂汤】〔惯〕也说“吃了迷魂药”“喝了迷魂汤”。

【吃了木炭——黑了良心】〔歇〕也说“吃了枯炭——黑了心”。

【吃了人家的口软，使了人家的手软】〔谚〕也说“吃了人家的嘴短，花了人家的手短”“吃人的理短，拿人的手软”“拿人家的手短，吃人家的嘴软”“使人家的钱手短，吃人家的饭口软”。

【吃了上顿没下顿】〔惯〕也说“吃着朝顿无夜顿”“有上顿无下顿”“上顿不接下顿”。

【吃了五谷想六谷】〔惯〕也说“吃了五谷思六谷”“有了五谷想六谷，有了儿子想媳妇”。

【吃了熊心豹子胆】〔惯〕也说“吃了老虎心豹子胆”“吃了雷公胆”。

【吃里扒外】〔成〕也说“吃里爬外”。

【吃凉不管酸】〔惯〕也说“吃粮不管闲事”。

【吃两家茶】〔惯〕也说“吃两家茶，睡两家床”。

【吃柳条拉筐子——肚子里编】〔歇〕也说“吃柳条拉笊篱——肚子里编成”。

【吃奶不认娘】〔惯〕也说“吃饱了肚子不叫娘”“吃奶不知叫娘”。

【吃屁都赶不上热的】〔惯〕也说“吃屎都捡不到热的”。

【吃偏饭】〔惯〕也说“吃偏食”“喂偏食”。

【吃枪药】〔惯〕也说“吃火药”“吃戗药”。

【吃拳何似打拳时】〔谚〕也说“吃拳须记打拳时”。

【吃人不吐骨头】〔惯〕也说“吃肉不吐骨头”。

【吃人家的饭，看人家的脸；端人家的碗，受人家的管】〔谚〕也说“吃人茶饭，与人担担”“吃人家碗半，被人家使唤”“捧人家的饭碗，服人家的管”。

【吃软不吃硬】〔惯〕也说“服软不服硬”“受软不受硬”。

【吃烧饼也要赔唾沫】〔谚〕也说“吃烧饼还要赔唾沫”。

【吃剩饭长大的——净出馊主意】〔歇〕也说“吃剩饭，想点子——净出馊主意”。

【吃虱子留后腿】〔惯〕也说“吃虱子留大腿”。

【吃虱子也给留条大腿】〔惯〕也说“吃虱子也给分条大腿”。

【吃屎不知臭】〔惯〕也说“坐屎不知臭”。

【吃柿子拣软的捏】〔惯〕也说“吃糖捏软的”“瓜儿只拣软处捏”“拣软杏儿捏”。

【吃水不忘打井人】〔谚〕也说“吃水不忘挖井人”“喝水不忘淘井人”“饮水不忘掘井人”。

【吃顺不吃戗】〔惯〕也说“吃顺不吃强”。

【吃顺气丸】〔惯〕也说“吃开窍顺气丸”。

【吃王莽饭，干刘秀事】〔惯〕也说“吃霸王饭，给刘邦干事”“吃着曹操的饭，想着刘备的事”。

【吃五谷杂粮，保不住不生病】〔谚〕也说“人吃五谷生百病”。

【吃现成饭】〔惯〕也说“吃现成”“吃现成茶饭”。

【吃香的喝辣的】〔惯〕也说“吃酸的喝辣的”。

【吃小灶】〔惯〕也说“吃小锅饭”“开小灶”。

【吃药不忌口，坏了大夫手】〔谚〕也说“治病不忌口，枉费医生手”。

【吃一百个豆子不知豆腥气】〔惯〕也说“吃一百个豆儿不嫌腥”。

【吃一次亏，学一次乖】〔谚〕也说“吃了亏，学了乖”“吃一番苦，学一回乖”。

【吃一堑，长一智】〔谚〕也说“吃亏长见识”“吃一亏，长一智”“经一番挫折，长一番见识”“经一失，长一智”。

【吃着碗里的，看着锅里的】〔惯〕也说“吃着锅里，占着碗里”“吃着嘴里，盯着碗里”“扒着碗里，惦着锅里”。

【痴汉不会让人，让人不是痴汉】〔谚〕也说“痴汉不饶人，饶人不是痴”“饶人不是痴，痴汉不饶人”“饶人三分不为痴”。

【痴汉等丫头】〔惯〕也说“痴老婆等汉”“呆老婆等汉”“傻媳

妇等茶汉子”。

【痴心女子负心汉】〔谚〕也说“痴情女子薄情郎”“痴心女子千千万，负意郎君万万千”。

【池里爬出来，再掉到井里】〔惯〕也说“出了井底，又入海底”“井里爬出来，又掉进池里头”。

【池鱼之殃】〔成〕也说“池鱼之祸”。

【迟疑未决】〔成〕也说“迟疑不决”。

【尺短寸长】〔成〕也说“寸长尺短”。

【尺幅千里】〔成〕也说“尺幅万里”。

【尺有所短，寸有所长】〔谚〕也说“寸有所长，尺有所短”。

【赤胆忠心】〔成〕也说“忠心赤胆”。

【赤金难买赤子心】〔谚〕也说“金钱难动赤子心”。

【翅膀长硬了】〔惯〕也说“翅膀毛儿干了”。

【充大人灯】〔惯〕也说“混充大人灯”。

【重打鼓，另开张】〔惯〕也说“另敲锣鼓，另开戏”。

【重生父母】〔成〕也说“再生父母”。

【重温旧业】〔成〕也说“重操旧业”。

【重整旗鼓】〔成〕也说“重振旗鼓”。

【抽桥板】〔惯〕也说“抽跳板”。

【仇人相见，分外眼明】〔谚〕也说“仇人见仇人，眼睛分外明”“仇人相见，分外眼红”“冤家相见，分外眼明”。

【愁人莫向愁人说，说起愁来愁杀人】〔谚〕也说“愁人莫向愁人说，说与愁人转转愁”。

【丑妇家中宝，俊的惹烦恼】〔谚〕也说“丑妻近地家中宝，红粉佳人惹祸多”“丑是家中宝，可喜惹烦恼”“家有丑妻是个宝”。

【丑话说在前头】〔惯〕也说“明话说在头里”。

【丑媳妇迟早要见公婆】〔谚〕也说“丑媳妇躲不过公婆面”“丑媳妇总得见公婆”“再丑的媳妇也要见公婆”。

【臭虫钻到花生壳里——硬充好仁（人）儿】〔歇〕也说“花生壳包臭虫子——假充好仁（人）”。

【臭豆腐——闻着臭，吃着香】〔歇〕也说“臭豆腐——闻着臭吃起来香”。

【臭猪头，自有烂鼻子闻】〔谚〕也说“再臭的狗肉，也有烂鼻子闻”。

【出处不如聚处】〔谚〕也说“产处不如聚处”。

【出的牛马力，吃的猪狗食】〔惯〕也说“吃的是猪狗食，干的是牛马活”“干的牛马活，吃的猪狗饭”“下的牛马力，吃的猪狗食”。

【出风头】〔惯〕也说“出锋头”。

【出乖露丑】〔成〕也说“出乖弄丑”。

【出乎意料】〔成〕也说“出乎意外”。

【出家容易还俗难】〔谚〕也说“出家容易归家难”。

【出类拔萃】〔成〕也说“出类拔群”“出群拔萃”。

【出漏子】〔惯〕也说“出娄子”。

【出马一条枪】〔惯〕也说“出马一条线”。

【出门看天气，进门看脸色】〔谚〕也说“出门看天色，说话看脸色”。

【出门子】〔惯〕也说“出闺门”。

【出人意表】〔成〕也说“出人意料”“出人意外”。

【出水才看两腿泥，上山方显高和低】〔谚〕也说“出水方看两脚泥，登山才显高和低”。

【出水芙蓉】〔成〕也说“芙蓉出水”。

【出头椽儿先朽烂，离群骡马先挨鞭】〔谚〕也说“出头的椽子先遭难，直溜的木头先被砍”“出头鸟先死，出檐椽先烂”。

【初生牛犊不怕虎，雏鹰展翅恨天低】〔谚〕也说“初出狸猫凶似虎”“初生之犊猛于虎”“新出犊儿不怕虎”。

【初学剃头就遇着络腮胡】〔惯〕也说“初学剃头遇胡须”“才学剃头便碰上络腮胡子”。

【除旧布新】〔成〕也说“除旧更新”。

【除了死法，另有活法】〔谚〕也说“除了死法，便是活法”“除了死法，少不得又有活法”。

【除死无大灾，讨饭再不穷】〔谚〕也说“除死无大难，讨饭再不穷”“除死无大事，讨饭再不穷”。

【锄头上有水，杈头上有火】〔谚〕也说“杈头有火，锄头有水”“锄头三寸泽”“锄头下面有雨”。

【触景伤情】〔成〕也说“睹景伤情”。

【触景生情】〔成〕也说“见景生情”。

【触目惊心】〔成〕也说“怵目惊心。”

【穿壁引光】〔成〕也说“凿壁偷光”。

【穿钉鞋拄拐棍——稳上加稳】〔歇〕也说“穿钉鞋拄拐棍——稳当又稳当”。

【穿红着绿】〔成〕也说“穿红戴绿”。

【穿湿布衫】〔惯〕也说“揽湿布衫”“着湿布衫”。

【穿靴戴帽】〔成〕也说“穿鞋戴帽”。

【穿靴子搔痒——麻木不仁】〔歇〕也说“穿着靴子搔痒痒——木滋滋”。

【穿衣吃饭量家当】〔谚〕也说“食用量家道”。

【穿衣戴帽——各有所好】〔歇〕也说“穿衣戴帽——各有一好”。

【穿凿附会】〔成〕也说“附会穿凿”。

【传闻不如亲见，视影不如察形】〔谚〕也说“传闻不如所见”。

【船帮水，水帮船】〔谚〕也说“船靠水，水帮船”。

【船到桥头自会直】〔谚〕也说“船到江心自会直”“船到湾头自然直”。

【船烂还有三千钉】〔谚〕也说“船破有底，底破还有三千六百六十六颗钉”“大船烂了还有三千个钉”“破船还有三千钉”。

【船里不走针，瓮里不走鳖】〔谚〕也说“船底不漏针，漏针没外人”“船里不漏针，漏针船里人”。

【船头怕鬼，船尾怕贼】〔惯〕也说“船头慌鬼，船尾慌贼”。

【船头坐得稳，不怕浪来颠】〔谚〕也说“坐得船头稳，不怕浪来颠”。

【船无水难行，鸟无翅难飞】〔谚〕也说“船无水不行，事无钱不成”。

【船小好掉头，船大抗风浪】〔谚〕也说“船小掉头快，船大不易翻”。

【船载的金银，填不满烟花寨】〔谚〕也说“船载的金银，填不满烟花债”。

【窗户里吹喇叭——鸣（名）声在外】〔歇〕也说“打开窗户吹喇

叭——鸣（名）声在外”“门缝里吹喇叭——鸣（名）声在外”“桅杆顶上打响锣——鸣（名）声在外”。

【窗明几净】〔成〕也说“明窗净几”。

【创业难，守业更难】〔谚〕也说“创业容易守业难”。

【吹胡子瞪眼】〔惯〕也说“瞪眼珠吹胡子”。

【吹豁了边】〔惯〕也说“吹炸了牛皮”。

【吹牛皮】〔惯〕也说“吹大牛”。

【捶胸顿足】〔成〕也说“顿足捶胸”。

【春打六九头，吃穿不用愁】〔谚〕也说“春打六九头，贫儿不须愁”“春打五九尾，家家吃白米”。

【春风过马耳】〔惯〕也说“春风刮马耳”“东风吹马耳”“秋风贯驴耳”“西风贯驴耳”。

【春风满面】〔成〕也说“满面春风”。

【春雷一声，蛰虫咸动】〔谚〕也说“春雷惊百虫”。

【春树暮云】〔成〕也说“暮云春树”。

【春天孩儿脸，一天变三变】〔谚〕也说“春天孩儿面，一日变三变”“春天猴儿面，一日变三变”。

【春雨贵如油，滴水莫白流】〔谚〕也说“春雨贵似油”。

【唇红齿白】〔成〕也说“齿白唇红”。

【唇焦舌敝】〔成〕也说“舌敝唇焦”。

【唇枪舌剑】〔成〕也说“舌剑唇枪”。

【戳疮疤】〔惯〕也说“戳伤疤”。

【戳脊梁骨】〔惯〕也说“戳脊背”“嚼脊梁骨”“指脊梁骨”。

【戳心窝子】〔惯〕也说“戳心尖子”。

【慈悲胜念千声佛，作恶空烧万炷香】〔谚〕也说“持斋胜念千声佛，作恶空烧万炷香”。

【慈不掌兵，义不主财】〔谚〕也说“慈不带兵，义不掌财”“仁不统兵，义不聚财”“义不存财，慈不主兵”。

【此处不留人，自有留人处】〔谚〕也说“此处不留人，还有留人处”“此地不容人，自有容人处”。

【此地无银三百两】〔惯〕也说“此地无银三百两，隔壁王二不曾偷”。

【此起彼伏】〔成〕也说“此伏彼起”“此起彼落”。

【刺猬都说它娃光，黄鼠狼都说它娃香】〔谚〕也说“刺猬夸它孩子毛儿光，黄鼠狼夸它孩子味儿香”“刺猬摸着孩子光，蜣螂闻见孩儿香”。

【聪明反被聪明误，傻人自有傻人福】〔谚〕也说“聪明反使聪明误，傻人自有傻人福”“聪明偏受聪明苦，痴呆越享痴呆福”。

【聪明一世，糊涂一时】〔惯〕也说“聪明一世，懵懂一时”“精明一世，糊涂一时”。

【从宽发落】〔成〕也说“从轻发落”。

【从老虎口里讨肉吃】〔惯〕也说“从猴子嘴里掏枣核”“从狼嘴里掏肉”。

【从娘胎里带来的】〔惯〕也说“从胎里带来的”。

【从梢开始吃甘蔗——越来越甜】〔歇〕也说“从稍儿吃甘蔗——一节比一节甜”。

【从眼皮子底下溜走】〔惯〕也说“从鼻子底下溜掉”。

【撺人上屋拔了梯子】〔惯〕也说“撺掇人家上了竿，拔掉梯子看风凉”“扶上墙，半节上抽梯子”“哄人上了竿，随后抽了梯”“送上高竿，掇了梯儿闲看”。

【村看村，户看户，群众看干部】〔谚〕也说“村看村，户看户，村民看的是党支部”。

【寸步难行】〔成〕也说“寸步难移”。

【寸钉才入木，九牛拽不出】〔谚〕也说“寸铁入木，九牛难拔”。

【搓手顿足】〔成〕也说“搓手顿脚”。

【厝火积薪】〔成〕也说“积薪厝火”。

【错翻了眼皮】〔惯〕也说“错翻了眼珠子”。

【错认刘郎作阮郎】〔惯〕也说“错把张三当李四”。

D

【搭锯就想见末儿】〔惯〕也说“锯响就得见点末儿”。

【搭起戏台卖螃蟹——买卖不大，架子倒不小】〔歇〕也说“搭戏台卖豆腐——买卖不大，架子不小”。

【搭桥梁】〔惯〕也说“搭桥儿铺道儿”。

【打把式】〔惯〕也说“打把势”。

【打包票】〔惯〕也说“打保票”“写包票”。

【打抱不平】〔成〕也说“抱打不平”。

【打背后鼓】〔惯〕也说“打背后锣”。

【打不断的亲，骂不断的邻】〔谚〕也说“割不断的亲，打不断的邻”。

【打窗给门看】〔惯〕也说“打窗教门看”。

【打错了算盘】〔惯〕也说“拨错了算盘”。

【打到十八层地狱】〔惯〕也说“打入十八层地狱”。

【打掉门牙肚里咽——有苦说不出】〔歇〕也说“打掉了牙齿往肚子里咽——有苦难言”“打掉了牙往肚子里咽——苦不堪言”。

【打掉牙往肚里咽】〔惯〕也说“打掉门牙往肚里咽”“打落牙齿和血吞”“牙齿打掉朝肚里闷”。

【打断骨头连着筋】〔谚〕也说“打断胳膊连着筋”“砸断骨头连着筋”。

【打发秃老婆上轿】〔惯〕也说“哄秃老婆上轿”。

【打翻醋坛子】〔惯〕也说“扳倒了醋缸”“掀翻醋坛子”。

【打翻了五味瓶】〔惯〕也说“打翻了酱醋店”“倒翻了五味瓶”。

【打躬作揖】〔成〕也说“打恭作揖”。

【打狗要看主人面】〔谚〕也说“打狗看主面”“打狗还得看主人”。

【打官腔】〔惯〕也说“打官话”“拿官腔”“耍官腔”“说官话”。

【打虎不成，反被虎伤】〔惯〕也说“打虎不着，反被虎伤”“打蛇不死，反被蛇咬”。

【打虎还得亲兄弟，上阵须教父子兵】〔谚〕也说“打虎还须亲兄弟，上阵无过父子兵”“打虎亲兄弟，上阵父子兵”“上阵无过亲父子，打虎还须亲弟兄”“相杀无过父子兵，打虎还须亲兄弟”。

【打幌子】〔惯〕也说“扯幌子”。

【打江山】〔惯〕也说“打天下”。

【打开场锣鼓】〔惯〕也说“打开台锣鼓”“敲开场锣鼓”。

【打开话匣子】〔惯〕也说“拉开话匣子”。

【打开闷葫芦】〔惯〕也说“打开闷葫芦盖子”“打破闷葫芦”“解开闷葫芦”。

【打开天窗说亮话】〔惯〕也说“打开板壁讲亮话”“打开窗户说亮话”“揭开天窗说亮话”“敲开板壁说亮话”“推开窗户说亮话”。

【打哭一个，哄笑一个】〔惯〕也说“哄笑一个，打哭一个”。

【打老鼠伤了玉瓶】〔惯〕也说“打烂花瓶捉老鼠”。

【打了骡子马受惊】〔惯〕也说“打着狐狸兔搬家”“打马骡子惊”。

【打了盆说盆，打了罐说罐】〔惯〕也说“打烂盆说盆，打烂罐说罐”“打瓢论瓢，打罐论罐”“砸了盆料理盆，破了罐料理罐”。

【打了一冬柴，煮锅腊八粥】〔惯〕也说“一顿腊八粥，烧掉一冬柴”。

【打冷枪】〔惯〕也说“放冷枪”。

【打凉腔】〔惯〕也说“卖凉腔”“冒凉腔”。

【打马虎眼】〔惯〕也说“打迷糊眼”。

【打闷棍】〔惯〕也说“打闷杠子”“给闷棍”。

【打闷雷】〔惯〕也说“打闷葫芦”。

【打磨磨】〔惯〕也说“打磨磨转”“转磨磨”。

【打平伙】〔惯〕也说“打并伙”“打平和”。

【打破脑袋用扇子扇】〔惯〕也说“脑袋破了用扇子扇”。

【打破砂锅——璺（问）到底】〔歇〕也说“打烂砂锅——璺（问）到底”“打破砂罐——纹（问）到底”。

【打起来没好拳，骂起来没好言】〔谚〕也说“相骂没好口，相打没好手”“厮打没好手，厮骂没好口”。

【打前站】〔惯〕也说“打头站”。

【打强心剂】〔惯〕也说“打强心针”。

【打墙板儿——翻上下】〔歇〕也说“打墙的板子——翻上下”。

【打秋风】〔惯〕也说“打抽丰”。

【打人休打脸，骂人休揭短】〔谚〕也说“打人别打脸，骂人别揭短”“打人休打痛处，说人休说短处”“伤人不伤脸，揭人不揭短”。

【打入闷葫芦】〔惯〕也说“跌进闷葫芦里”“装进闷葫芦罐儿”。

【打蛇不死，自遗其害】〔谚〕也说“打蛇不死，后患无穷”“打蛇不死终有害”。

【打蛇先打头，擒贼先擒王】〔谚〕也说“打蛇要打头，擒贼要擒王”“射人先射马，擒贼先擒王”。

【打是亲，骂是爱，不打不骂是见外】〔谚〕也说“打是惜，骂是怜”。

【打水漂儿】〔惯〕也说“打水鼓”“打水抛”。

【打顺风旗】〔惯〕也说“扯顺风旗”“打顺风锣”“敲顺风锣”。

【打死一个够本，打死两个赚一个】〔惯〕也说“拚一个够本儿，拚两个赚一个”。

【打铁先得本身硬】〔谚〕也说“打铁贵在自身硬”“打铁先要本身硬”。

【打铁烤煳了裤裆——没看火色】〔歇〕也说“打铁烤煳了裤裆——没看火候”。

【打退堂鼓】〔惯〕也说“敲退堂鼓”。

【打小鼓】〔惯〕也说“敲小鼓”。

【打小算盘】〔惯〕也说“拨小算盘”“打细算盘”“打小九九”。

【打掩护】〔惯〕也说“打遮掩”。

【打一巴掌给个甜枣】〔惯〕也说“打一巴掌揉三揉”。

【打游飞】〔惯〕也说“打油飞”。

【打游击】〔惯〕也说“打游击战”。

【打预防针】〔惯〕也说“打防疫针”。

【打圆场】〔惯〕也说“打圆盘”“打圆台”。

【打在儿身，疼在娘心】〔谚〕也说“打在儿身，痛在娘心”“打在儿身上，疼在娘心上”。

【打着灯笼也难找】〔惯〕也说“打着灯笼没处找”。

【打肿脸充胖子】〔惯〕也说“打肿脸装胖子”“鼓着腮帮子充胖子”。

【大步流星】〔成〕也说“快步流星”。

【大才必有大用】〔谚〕也说“大材大用，小材小用”。

【大处着眼，小处着手】〔谚〕也说“大处着眼，小处入手”。

【大盗沿街走，无赃不定罪】〔谚〕也说“强盗沿街走，无赃不定罪”“贼在当门坐，无赃没奈何”。

【大恩不言谢】〔谚〕也说“大德不酬”“重恩不言谢”。

【大风吹倒梧桐树，自有旁人说短长】〔谚〕也说“大风吹倒街前树，自有人来问短长”。

【大风里吃炒面——有口难开】〔歇〕也说“大风天里吃炒面——没法张口”“大风地里吃炒面——张不开口”“刮大风吃炒面——张不开口”。

【大富由命，小富由勤】〔谚〕也说“大富由天，小富由俭”“大富由天，小富由人”。

【大姑娘裁尿布——闲时做下忙时用】〔歇〕也说“大姑娘裁尿片——闲置忙用”“大闺女裁尿布——闲时预备忙时用”“大小姐裁裤子——闲时置下忙时用”。

【大姑娘上轿——总有个头一回】〔歇〕也说“大姑娘坐花轿——迟早得有那么一回”。

【大海捞针】〔成〕也说“海底捞针”。

【大旱望云霓】〔惯〕也说“大旱天盼云彩”。

【大河有水小河满，大河没水小河干】〔谚〕也说“大河水涨小河满”“大河有水，小河不干”。

【大火烧着眉毛】〔惯〕也说“大火燎着眉毛”“大火烧着尾巴”。

【大祸临头】〔成〕也说“大难临头”。

【大将无能，累死三军】〔谚〕也说“将帅无才，累死三军”“主将无能，累死千军”。

【大嚼多噎，大走多蹶】〔谚〕也说“大嚼多咽，大走多跌”。

【大口小口，一月一斗】〔谚〕也说“大口小口，每月三斗”。

【大快人心】〔成〕也说“人心大快”。

【大懒使小懒】〔惯〕也说“大懒使小懒，小懒白一眼”“大懒使小懒，小懒使门槛”。

【大路朝天，各走一边】〔谚〕也说“大道青天，各走各边”“大路通天，各走半边”。

【大帽子底下开小差】〔惯〕也说“大帽子底下溜号”。

【大门不出，二门不迈】〔惯〕也说“大门不出，二门不到”“三门不出，四门不入”。

【大庙不收，小庙不留】〔惯〕也说“大庙不收，小庙不要”。

【大名鼎鼎】〔成〕也说“鼎鼎大名”。

【大难不死，必有后福】〔谚〕也说“大难不死，必有大福”“大难不死，必有后禄”。

【大年初一逮兔子——有它过年，无它也过年】〔歇〕也说“大年初一捉个兔子——有它也要过年，没它也要过年”“腊月三十逮只兔子——有它过年，没它也过年”。

【大气不敢出一声】〔惯〕也说“大气不敢喘”。

【大人不记小人过】〔谚〕也说“大人不见小人怪”“大人不责小人过”。

【大事化小，小事化了】〔惯〕也说“大事化小，小事化无”“以大化小，以小化无”。

【大树底下好乘凉】〔谚〕也说“背靠大树好乘凉”“大树底下好遮阴”“靠着大树好乘凉”。

【大水冲了龙王庙——一家人不认得一家人】〔歇〕也说“大水冲倒龙王庙——一家人不认识一家人”“大水冲倒龙王庙——不认得自家人”“大水冲了龙王庙——自家人不认识自家人”“大水淹了龙王庙——一家人不认一家人”。

【大庭广众】〔成〕也说“广庭大众”。

【大眼瞪小眼】〔惯〕也说“大眼对小眼”“大眼望小眼”。

【大展宏图】〔成〕也说“大展鸿图”。

【呆头呆脑】〔成〕也说“木头木脑”。

【逮住驴子当马骑】〔惯〕也说“拉住黄牛当马骑”“拿了黄牛当马骑”。

【带刺的鲜花——好看是好看，有点扎手】〔歇〕也说“带刺的鲜花儿——好看却扎手”。

【戴高帽子】〔惯〕也说“戴炭篓子”“顶高帽子”。

【戴紧箍咒】〔惯〕也说“戴笼头”。

【戴笠帽亲嘴——差远了】〔歇〕也说“戴草帽亲嘴——隔得太远”“戴着斗笠亲嘴——差着一帽子”“站在黄河两岸握手——差远了”。

【戴绿帽子】〔惯〕也说“戴绿头巾”。

【戴起眼镜喝滚茶——越发朦胧】〔歇〕也说“戴眼镜喝热茶——越喝越朦胧”。

【戴着乌纱弹棉花——有弓（功）之臣】〔歇〕也说“戴着纱帽弹棉花——有弓（功）之臣”。

【担担子】〔惯〕也说“担重担”“挑担子”。

【担水向河头卖】〔惯〕也说“在江边上卖水”。

【单枪匹马】〔成〕也说“匹马单枪”。

【单丝不成线，独树不成林】〔谚〕也说“单丝不成线，孤木不成林”“单丝不线，孤掌难鸣”。

【耽误了庄稼是一季子，耽误了孩子是一辈子】〔谚〕也说“耽误了庄稼是一季，误了孩子是一代”。

【胆大天下去得，胆小寸步难行】〔谚〕也说“胆大的漂洋过海，胆小的寸步难行”“大胆天下去得，小心寸步难行”。

【胆战心惊】〔成〕也说“胆战心寒”“心惊胆战”“心惊胆颤”。

【胆汁滴在睫毛上——苦在眼前】〔歇〕也说“胆汁滴在眉毛上——眼前苦”。

【但存方寸地，留与子孙耕】〔谚〕也说“但留方寸地，留与子孙耕”“且存方寸地，留与子孙耕”。

【但得方便地，何处不为人】〔谚〕也说“但得一步地，何须不为人”。

【但得一片橘皮吃，切莫忘了洞庭湖】〔谚〕也说“但得一片橘子吃，莫要忘了洞庭湖”。

【当参谋】〔惯〕也说“当军师”。

【当差不自由，自由不当差】〔谚〕也说“当差不自在，自在不当差”“官差不自由，自由不当差”“为人不当差，当差不自在”。

【当场不让步，举手不留情】〔谚〕也说“当场不让故，举手不留情”“当堂不认父，举手不留情”。

【当断不断，反受其乱】〔谚〕也说“当断不断，必受其害”“当断不断，自遭其乱”。

【当耳旁风】〔惯〕也说“当耳边风”。

【当官不为民做主，不如回家卖红薯】〔谚〕也说“当官不与民做主，不如回家卖红薯”。

【当家才知柴米价，养儿方晓父母恩】〔谚〕也说“不当家不知柴米贵，不养儿不知父母恩”“当家方知柴米贵，养儿方知报娘恩”。

【当家人疾老，近火的烧焦】〔谚〕也说“当家头先白，近火的先焦”。

【当家人是个恶水缸】〔谚〕也说“当家人，恶水缸”“干部是个恶水缸”。

【当家三年狗也嫌】〔谚〕也说“当家三年，猫狗都嫌”。

【当局者迷，旁观者清】〔谚〕也说“当事者迷，旁观者清”“旁观者清，当局者迷”。

【当面锣对面鼓】〔惯〕也说“当面鼓对面锣”。

【当面是人，背后是鬼】〔惯〕也说“当面是人，转脸是鬼”“明里装人，背后是鬼”。

【当面一套，背后一套】〔惯〕也说“人前一面，人后一面”。

【当一天和尚撞一天钟】〔惯〕也说“做一天和尚撞一天钟”。

【当冤大头】〔惯〕也说“做冤大头”。

【当着矮人，别说短话】〔谚〕也说“矮子面前，别说矬话”“当着瘸子，别说短话”“当着矬人别说短话，当着秃子别说疮疤”。

【当着矬子说矮话】〔惯〕也说“矮子面前说短话”“当着矮子说矮话”“当着瘸子说短话”。

【当做不做，豆腐放醋】〔惯〕也说“当做不做，做豆腐搁醋”“正做不做，豆腐里头放醋”。

【挡得住千人手，挡不住千人口】〔谚〕也说“挡得住千人手，捂不住千人嘴”。

【当了衣服买酒喝——顾嘴不顾身子】〔歇〕也说“当了衣服买肉吃——顾嘴不顾身”。

【刀疮药虽好，不割手为妙】〔谚〕也说“刀疮药虽好，不受伤为妙”。

【刀钝，石上磨；人钝，世上磨】〔谚〕也说“刀在石上磨，钢在火中炼”。

【刀架在脖子上】〔惯〕也说“菜刀搁在脖子上”“刀搁在脖子上”“刀子搁在颈项上”。

【刀尖儿上翻筋斗——玩命】〔歇〕也说“刀尖儿上翻筋斗——危险”。

【刀快不怕脖子粗】〔谚〕也说“刀快不怕鱼皮厚”。

【刀枪入库，马放南山】〔惯〕也说“兵藏武库，马入华山”“枪刀归库，马放南山”。

【刀山火海】〔成〕也说“火海刀山”。

【倒胃口】〔惯〕也说“败胃口”。

【到了大豆地，就要豆腐吃】〔惯〕也说“到了大豆地，就要吃豆腐”。

【到什么山上打什么柴，到什么山上唱什么歌】〔谚〕也说“到哪架山梁，唱哪架山歌”“到什么山，砍什么柴；进什么林，打什么鸟”。

【到嘴的肥肉吐出来】〔惯〕也说“到口的饭食丢掉”“进嘴的肥肉吐出来”。

【倒憋气】〔惯〕也说“倒噎气”。

【倒插门】〔惯〕也说“倒上门”“倒踏门”。

【倒抽一口冷气】〔惯〕也说“倒吸一口凉气”“吸了一口凉气儿”。

【倒悬之急】〔成〕也说“倒悬之危”。

【道三不着两】〔惯〕也说“着三不着两”。

【道士耍镰刀——少剑（见）】〔歇〕也说“道士舞大钳——少剑（见）”。

【得放手时须放手，得饶人处且饶人】〔谚〕也说“得放手时须放手，可饶人处且饶人”“好放手时须放手，得饶人处且饶人”“能罢手时便罢手，得饶人处且饶人”。

【得黄金百斤，不如得季布一诺】〔谚〕也说“得黄金百，不如得季布诺”“得黄金百镒，不如季布一诺”。

【得了便宜卖乖】〔惯〕也说“得着便宜还卖乖”。

【得理不让人】〔惯〕也说“得理不饶人”“咬住理儿不撒口”。

【得了屋子想炕】〔惯〕也说“得了锅台想上炕”“蹬着锅台想上炕”。

【得一日过一日】〔惯〕也说“挨一天算一天”“过一日算一日”。

【得一望十，得十望百】〔惯〕也说“得一盘十，得十盘百”“得一求十，得十求百”。

【得意客来情不厌，知心人到话相投】〔谚〕也说“得意友来情不厌，知心人至话相投”“合意客来心不厌，知音人听话偏长”“合意友来情不厌，知心人至话相投”。

【得意洋洋】〔成〕也说“得意扬扬”。

【得意之事，不可再做；得便宜处，不可再往】〔谚〕也说“得意不可再往”“得意不宜再往”。

【得志犬猫强似虎，失时鸾凤不如鸡】〔谚〕也说“当时的狸猫猛如虎，去时的凤凰不如鸡”“得胜狸猫强似虎，及时鸦鹊便欺雕”“得志猫儿雄似虎，败翎鹦鹉不如鸡”“在势的狸猫欢似虎，落配的凤凰不如鸡”。

【德才兼备】〔成〕也说“才德兼备”。

【灯草打鼓——不响（想）】〔歇〕也说“受潮的炸药——不响（想）”。

【灯火辉煌】〔成〕也说“灯烛辉煌”。

【灯盏无油——火烧芯（心）】〔歇〕也说“灯盏没油——火烧芯（心）”。

【登山临水】〔成〕也说“登山涉水”。

【登坛拜将】〔成〕也说“登台拜将”。

【等到驴年马月】〔惯〕也说“待到猴年马月”。

【等人易得久，瞋人易得丑】〔谚〕也说“等人易久，瞋人易丑”“嫌人易丑，等人易久”。

【低眉顺眼】〔成〕也说“低眉下眼”。

【羝羊触藩——进退两难】〔歇〕也说“触藩羝羊——进退两难”“光脚放在蒺藜窝——进退两难”“老母猪钻篱笆——进退两难”“沙滩上行船——进退两难”。

【地广人稀】〔成〕也说“地旷人稀”。

【地没坏地，戏没坏戏】〔谚〕也说“地没赖地，戏没赖戏”。

【地在人种，戏在人唱】〔谚〕也说“戏在人唱，地在人种”。

【弟兄协力山成玉，父子同心土变金】〔谚〕也说“弟兄协力山成玉，手足同心土变金”。

【递眼色】〔惯〕也说“递眼神”“丢眼色”“使眼色”。

【掂斤播两】〔成〕也说“掂斤簸两”。

【掂斤两】〔惯〕也说“掂分量”。

【颠沛流离】〔成〕也说“流离颠沛”。

【点石成金】〔成〕也说“点铁成金。”

【电线杆上吊暖壶——高水瓶（平）】〔歇〕也说“飞机上挂暖壶——高水瓶（平）”。

【垫舌根】〔惯〕也说“垫舌头”。

【雕梁画栋】〔成〕也说“画栋雕梁”。

【雕塑匠不给神像叩头——知道老底】〔歇〕也说“雕花匠不给神像叩头——知道老底”。

【吊桶落在井里】〔惯〕也说“桶掉到井里头”。

【掉花枪】〔惯〕也说“掉枪花”。

【掉进冰窟窿里——从头到脚都凉了】〔歇〕也说“掉在冰窟窿里——透凉”。

【掉进面缸的老鼠——翻白眼】〔歇〕也说“猴儿舔芥末——翻白眼”。

【掉书袋】〔惯〕也说“掉书包”“掉书囊”。

【掉下树叶儿怕砸破脑袋】〔惯〕也说“掉个灰星也怕砸破头”“怕树叶掉下来打破头”。

【掉在糨糊盆里】〔惯〕也说“进面糊盆”。

【爹走娘嫁人——各人管各人】〔歇〕也说“爹死娘嫁人——个人管个人”“爹死娘嫁人——个人顾个人”“爹死娘改嫁——自己管自己”。

【跌倒也得抓把土】〔惯〕也说“跌倒地上还要捞把泥”。

【碟子里的水——一眼看到底】〔歇〕也说“碟子里盛的水——一眼看到底”。

【丁是丁，卯是卯】〔惯〕也说“钉是钉，铆是铆”“铆是铆，钉是钉”。

【顶风臭十里】〔惯〕也说“顶风臭出四十里”。

【顶星去，戴月归】〔惯〕也说“顶着星星出，背着月亮归”“顶着星星走，顶着星星回”。

【顶着鹅毛不知轻，压着磨盘不知重】〔惯〕也说“放着鹅毛不知轻，顶着磨子不知重”“头顶磨子不觉重，头顶尿泡不觉轻”“头顶石臼，不知轻重”。

【钉在耻辱柱上】〔惯〕也说“钉到耻辱柱上”。

【丢饭碗】〔惯〕也说“打破饭碗”“砸饭碗”。

【丢盔卸甲】〔成〕也说“丢盔弃甲”“抛戈弃甲”。

【丢了三魂七魄】〔惯〕也说“丢了三魂，丧了七魄”。

【丢面子】〔惯〕也说“丢脸面”“失面子”。

【丢入爪哇国】〔惯〕也说“抛到爪哇国”“撇向爪哇国”。

【丢三落四】〔成〕也说“丢三忘四”。

【丢下耙儿弄扫帚】〔惯〕也说“丢了耙儿弄笤帚”“放下篦子摸扫帚”“撂下叉耙拿扫帚”。

【丢下嘴里的肉，去等河里的鱼】〔惯〕也说“丢了嘴里的肉，去等河里的鱼”。

【丢在九霄云外】〔惯〕也说“丢到九霄云外”“飞到九霄云外”“抛到九霄云外”。

【丢在脑后】〔惯〕也说“放在脖子后”“抛在脑后”“撇在脑背后”“扔到脊背后头”。

【东奔西走】〔成〕也说“东奔西跑”。

【东不成，西不就】〔惯〕也说“东来不就，西来不成”。

【东扯葫芦西扯瓢】〔惯〕也说“东扯扁担西扯箩”。

【东床坦腹】〔成〕也说“东床佳婿”“东床娇婿”。

【东倒西歪】〔成〕也说“东歪西倒”。

【东风吹来往西倒，西风吹来往东倒】〔惯〕也说“东风大，往西倒；西风大，往东倒”“东风硬，随东风；西风硬，随西风”。

【东风马耳】〔成〕也说“东风射马耳”。

【东家种竹，西家治地】〔谚〕也说“西家种竹，东家治地”。

【东家子出，西家子进】〔惯〕也说“东门出来，西门进去”。

【东鳞西爪】〔成〕也说“一鳞半爪”。

【东庙里烧香，西庙里许愿】〔惯〕也说“东庙里拜佛，西庙里烧香”“东庙里打斋，西寺里修供”。

【东挪西凑】〔成〕也说“东拼西凑”。

【东逃西窜】〔成〕也说“东跑西窜”。

【东一句，西一句】〔惯〕也说“东扯一句，西拉一句”“天上一句，地上一句”。

【东一榔头，西一棒子】〔惯〕也说“东一榔头，西一镐”。

【东张西望】〔成〕也说“东瞧西望”。

【东征西讨】〔成〕也说“东讨西征”。

【冬吃萝卜夏吃姜，不找郎中开药方】〔谚〕也说“冬吃萝卜夏吃姜，免请医生免烧香”。

【冬练三九，夏练三伏】〔谚〕也说“冷练三九，热练三伏”“热练三伏，冷练三九”。

【冬天的大葱——叶黄根枯心不死】〔歇〕也说“房檐上的大葱——叶黄根枯心不死”“腊月的葱——叶黄根枯不死心”。

【冬天麦盖三层被，来年枕着馒头睡】〔谚〕也说“今年雪盖二尺被，明年枕着馒头睡”“麦盖三层被，头枕馒头睡”。

【动脑筋】〔惯〕也说“动脑子”。

【动一根毫毛】〔惯〕也说“动一根汗毛”“碰一根毫毛”。

【冻豆腐——难拌（办）】〔歇〕也说“冻豆腐——不好拌（办）”“冻豆腐——拌（办）不成”。

【冻死迎风站，饿死不弯腰】〔惯〕也说“冻死迎风站，饿死不低头”“饿死不低头，冻死迎风立”“天冷迎风站，肚饥挺胸行”。

【洞察其奸】〔成〕也说“洞烛其奸”。

【洞天福地】〔成〕也说“福地洞天”。

【兜头盖脸】〔成〕也说“兜头盖脑”。

【兜头一盆冷水】〔惯〕也说“兜头浇一瓢凉水”“当头淋冷水”。

【斗大的字认不上两石】〔惯〕也说“斗大的字不识一升”“巴掌大字识不满一斗”“核桃大的字，没有认得一巴掌”“西瓜大的字识不上两箩”。

【斗筲之人】〔成〕也说“斗筲之辈”。

【斗转星移】〔成〕也说“星移斗转”。

【斗鸡走狗】〔成〕也说“斗鸡走马”。

【斗口角】〔惯〕也说“斗口齿”。

【斗心眼儿】〔惯〕也说“斗心思”。

【豆腐掉到灰窝里——吹不得，打不得】〔歇〕也说“豆腐掉到灰窝里——吹掸不得”。

【豆腐渣贴门神——两不粘（沾）边】〔歇〕也说“豆腐渣贴门神——互不粘（沾）边”。

【毒蛇口中吐莲花】〔谚〕也说“毒蛇口里吐莲花。”

【独步当时】〔成〕也说“独步一时”。

【独步天下】〔成〕也说“天下独步”。

【独断专行】〔成〕也说“独断独行”。

【独具慧眼】〔成〕也说“独具只眼”。

【独来独往】〔成〕也说“独往独来”。

【独木难支】〔成〕也说“一木难支”。

【堵窝掏麻雀——没跑】〔歇〕也说“关起笼子抓老鼠——没跑”。

【堵住嘴】〔惯〕也说“封嘴巴”“捂住嘴”。

【赌场无父子】〔谚〕也说“赌场之上无父子”“赌台上没父子”。

【赌近盗，淫近杀】〔谚〕也说“赌博出窃贼，奸情出人命”“赌生盗贼奸生杀”“奸近杀，赌近盗”。

【睹物思人】〔成〕也说“睹物怀人”。

【肚饱眼里馋】〔惯〕也说“肚饱眼不饱”“肚饱眼睛饥”“眼饥肚里饱”。

【肚里连颗米也放不下】〔惯〕也说“肚里存不住二两香油”“心里藏不下一粒芝麻”。

【肚里长牙齿——心真狠】〔歇〕也说“肚子里长牙齿——心肝肠肺都又硬又狠”。

【肚皮里打鼓】〔惯〕也说“肚子里唱洋戏”。

【肚子里撑得开船】〔惯〕也说“肚子里能跑下火车”。

【肚子里道道多】〔惯〕也说“肚子里有丘壑”。

【肚子里没有墨水】〔惯〕也说“腹中无滴墨”“没喝过墨水”。

【肚子里长牙】〔惯〕也说“肚子里有牙”“心里边长牙”。

【肚子疼怪罪灶王爷】〔惯〕也说“肚痛埋怨灶司”。

【端老窝】〔惯〕也说“抄老窝”。

【端起碗来吃肉，放下筷子骂娘】〔惯〕也说“端起碗来吃肉，放下碗来骂娘”。

【短见薄识】〔成〕也说“短见浅识”。

【断壁颓垣】〔成〕也说“断垣残壁”“断井颓垣”。

【断编残简】〔成〕也说“残编断简”。

【断了线的风筝——下落不明】〔歇〕也说“断了线的风筝——不知去向”。

【断了香烟】〔惯〕也说“断了香火”。

【堆山积海】〔成〕也说“堆山塞海”。

【对床夜雨】〔成〕也说“夜雨对床”。

【对答如流】〔成〕也说“应答如流”“应对如流”。

【对屠门而大嚼】〔惯〕也说“过屠门而大嚼”。

【对胃口】〔惯〕也说“对脾胃”。

【对症下药】〔成〕也说“对症发药”。

【对着香炉打嚏喷——喷（碰）了一鼻子灰】〔歇〕也说“癞蛤蟆爬香炉——碰一鼻子灰”。

【钝刀子割肉】〔惯〕也说“钝刀子切肉”。

【钝刀子杀人】〔惯〕也说“钝锯子锯人”。

【遁入空门】〔成〕也说“遁迹空门”。

【多层纱纸隔层风，多个菩萨多炉香】〔谚〕也说“多一位菩萨多一炉香”。

【多吃几年咸盐】〔惯〕也说“多吃几年老米饭”。

【多得不如少得，少得不如现得】〔谚〕也说“多得不如现得”。

【多个朋友多条路，少个对头少堵墙】〔谚〕也说“多个朋友多条路，多个冤家多堵墙”“多交个朋友多一条路，多得罪个人多一堵墙”。

【多年的媳妇熬成婆，多年的道儿走成河】〔谚〕也说“千年的大道走成河”。

【多年为老娘，倒绷孩儿】〔惯〕也说“多年老娘，错剪脐带”“三十年老娘，倒绷了婴儿”。

【多钱善贾】〔成〕也说“多财善贾”。

【多事不如少事，少事不如无事】〔谚〕也说“多一事不如少一事”“多一事不如省一事”。

【躲鬼躲到庙里】〔惯〕也说“躲鬼躲进城隍庙”。

【躲过不是祸，是祸躲不过】〔谚〕也说“躲脱不是祸，是祸躲不脱”。

【躲过了今日，躲不过明日】〔谚〕也说“躲过今天，躲不过明天”“躲了初一，躲不过十五”“逃得了初一，逃不过月半”。

【躲了雷公，遇着霹雳】〔惯〕也说“脱了天雷，又遭霹雳”。

【躲灾的遇上避难的——都是一样的命】〔歇〕也说“躲灾的遇上避难的——都是一号命”。

【堕入五里雾中】〔惯〕也说“陷入五里雾中”“坠在五里云雾中”。

【跺跺脚，两头颤】〔惯〕也说“一跺脚地皮颤三颤”。

E

【阿谀奉承】〔成〕也说“阿谀逢迎”。

【鹅吃砻糠鸭吃谷——各人自有各人福】〔歇〕也说“鹅吃草，鸭吃谷——各人自享各人福”。

【鹅卵石垫床腿——不稳】〔歇〕也说“鹅卵石砌墙角——不稳当”“鹅子石塞床脚——未稳”。

【鹅行鸭步】〔成〕也说“鸭步鹅行”。

【额角上放扁担——头挑】〔歇〕也说“额角头上放扁担——头

挑”。

【额头连下巴——没脸】〔歇〕也说“额头连下巴——没面孔”。

【扼杀在摇篮里】〔惯〕也说“扼死在摇篮中”。

【恶疮还须恶疗治】〔谚〕也说“恶疮要苦治”。

【恶贯满盈】〔成〕也说“恶贯已盈”。

【恶名儿难揭，好字儿难得】〔谚〕也说“好名儿难得，恶名儿难揭”。

【恶伤好治，臭名难医】〔谚〕也说“重伤可治，臭名难除”。

【恶使三年，善使一辈子】〔谚〕也说“善使一辈子，恶使三年”。

【恶衣恶食】〔成〕也说“恶衣粗食”。

【饿死不吃瞪眼食】〔谚〕也说“宁死不吃眼角食”。

【饿死不讨口】〔惯〕也说“饿死不讨米”。

【恩不在大小，而在救急；怨不在大小，而在伤心】〔谚〕也说“仇无大小，只怕伤心；恩若救急，一芥千金”。

【恩怕先益后损，威怕先松后紧】〔谚〕也说“恩怕先厚后薄，威怕先松后紧”。

【恩同再造】〔成〕也说“恩同再生”。

【恩威并用】〔成〕也说“恩威并行”。

【恩义广施，人生何处不相逢；冤仇莫结，路逢狭处难回避】〔谚〕也说“恩义广施，人生何处不相逢；冤仇免结，路逢险处先回避”“恩义广施，人生何处不相逢；怨家免结，路逢险处须回避”。

【儿不嫌母丑，狗不嫌家贫】〔谚〕也说“儿不嫌母丑，狗不怨家贫”“儿不嫌母丑，犬不嫌家贫”“狗不嫌家穷，儿不嫌娘丑”“子不嫌母丑，狗不嫌家贫”。

【儿大不由爹，女大不由娘】〔谚〕也说“儿大不由爷，女大不由娘”“女大不由母，儿大不由父”“崽大不由娘”。

【儿多不如儿少，儿少不如儿好】〔谚〕也说“儿女不在多，一个顶十个”。

【儿好不在分家，女好不在陪嫁】〔谚〕也说“好男不吃婚时饭，好女不穿嫁时衣”。

【儿女多来冤也多】〔谚〕也说“儿女眼前冤”。

【儿女是父母的心头肉】〔谚〕也说“儿是娘的贴心肉”“儿是娘身一块肉”。

【儿女手里磨性子】〔谚〕也说“儿女手里没脾气”。

【儿孙自有儿孙计，莫与儿孙作马牛】〔谚〕也说“儿孙自有儿孙福，莫替儿孙作马牛”“儿孙自有儿孙算，枉与儿孙作远忧”。

【儿孝不如媳孝】〔谚〕也说“儿子孝，不如媳妇孝”“子孝不如媳孝”。

【儿要自养，谷要自种】〔谚〕也说“儿要亲生，谷要自种”“谷要自种，儿要自生”“要儿自养，要谷自种”。

【儿作的儿当，爷作的爷当】〔谚〕也说“儿作儿当，爷作爷当”。

【尔虞我诈】〔成〕也说“尔诈我虞”。

【耳鬓厮磨】〔成〕也说“耳鬓相磨”。

【耳不听，心不烦】〔谚〕也说“耳不听，肚不闷”“耳不闻，心不恼”。

【耳朵根软】〔惯〕也说“耳朵软”“耳朵是棉花做的”。

【耳朵尖】〔惯〕也说“耳朵灵”。

【耳朵磨出茧子】〔惯〕也说“耳朵眼儿磨出茧花”。

【耳朵塞鸡毛】〔惯〕也说“耳朵里塞棉花”“鸡毛堵着耳朵”。

【耳目长】〔惯〕也说“耳朵长”。

【耳目多】〔惯〕也说“耳朵多”。

【耳濡目染】〔成〕也说“耳染目濡”“目染耳濡”“目濡耳染”。

【耳提面命】〔成〕也说“面命耳提”。

【耳闻不如眼见，眼见不如实践】〔谚〕也说“耳闻不如目睹，目睹不如实干”“亲闻不如亲见，亲见不如实践”。

【二八月，看巧云】〔谚〕也说“七八月，看巧云”。

【二两荞麦皮要榨出四两油】〔惯〕也说“半斤荞麦皮，也想榨出四两油”“瘪芝麻也要榨出油来”“四两荞麦也要榨出二两油”。

【二马同槽，不能相容】〔谚〕也说“二马不同槽”“二马同槽，定有风波”。

【二三其德】〔成〕也说“二三其操”“二三其节”。

【二十年后又是一条好汉】〔谚〕也说“过二十年又是一条好汉”“十八年后，又是一条好汉”。

【二十四斤重的榔头敲钢板——当当响】〔歇〕也说“二十四磅榔头敲钢板——当当响”。

【二十一天不出鸡——坏蛋】〔歇〕也说“二十一天不出壳——坏蛋”。

【二一添作五——平分】〔歇〕也说“二一添作五——一半”“二一添作五——一人一半”。

【二月小蒜，香死老汉】〔谚〕也说“二月半，挑小蒜”“三月小蒜，香死老汉”。

【二月休把棉衣撤，三月还有梨花雪】〔谚〕也说“二月别把棉衣拆，三月还下桃花雪”“二月休把棉衣撇，三月还有梨花雪”。

F

【发愤图强】〔成〕也说“发奋图强”“奋发图强”。

【发昏章第十一】〔惯〕也说“发昏章第九”“发昏章第一百二十八”。

【罚一劝百】〔成〕也说“罚一儆百”。

【法不传六耳】〔谚〕也说“法不通六耳”“话不传六耳”。

【法不治众】〔成〕也说“法不责众”。

【法无三日严，草是年年长】〔谚〕也说“官无三日紧，倒有七日宽”。

【法正天心顺，官清民自安】〔谚〕也说“国泰天心顺，官清民自安”“国正天心顺，官清民自安”。

【翻葫芦倒瓢】〔惯〕也说“调过来葫芦，翻过去瓢”“翻过来葫芦，倒过去瓢”“翻来葫芦倒去瓢”。

【翻江倒海】〔成〕也说“倒海翻江”。

【翻旧账】〔惯〕也说“翻陈账”“翻老账”。

【翻老皇历】也说“搬老皇历”。

【翻烙饼】〔惯〕也说“翻烧饼”。

【翻脸不认人】〔惯〕也说“转脸不认人”。

【翻手为云，覆手为雨】〔惯〕也说“翻手是雨，合手是云”。

【翻箱倒柜】〔成〕也说“翻箱倒箧”。

【翻云覆雨】〔成〕也说“覆雨翻云”。

【凡夫俗子】〔成〕也说“庸夫俗子”。

【凡人不开口，神仙难动手】〔谚〕也说“三个不开口，神仙难下手”“死活不开口，神仙难下手”。

【凡人不可貌相，海水不可斗量】〔谚〕也说“人不可貌相，海不可斗量”。

【凡事留人情，日后好相见】〔谚〕也说“凡事留人情，后来好相会”“人情留一线，日久好相见”“万事留人情，转来好相见”。

【凡事只因忙里错】〔谚〕也说“万事尽从忙里错”。

【烦恼只为多开口，是非皆因强出头】〔谚〕也说“是非只为多开口，祸乱皆因强出头”。

【繁文缛节】〔成〕也说“繁文缛礼”“繁礼多仪”。

【反败为胜】〔成〕也说“转败为胜”。

【反戈一击】〔成〕也说“反戈相向”。

【反躬自问】〔成〕也说“反躬自责”。

【返朴归真】〔成〕也说“返璞归真”“归真返璞”。

【犯口舌】〔惯〕也说“犯口角”。

【犯牛脾气】〔惯〕也说“犯牛脖子”“发牛脾气”。

【犯夜的倒拿住巡更的】〔惯〕也说“犯夜的倒拿住巡夜的”。

【饭得一口一口地吃，路得一步一步地走】〔谚〕也说“饭得一碗一碗地吃，路得一步一步地走”“路要一步一步地走，饭要一口一口地吃”。

【饭店里买葱】〔惯〕也说“饭店里回葱”。

【饭后百步走，活到九十九】〔谚〕也说“饭后百步走，长寿九十九”。

【方枘圆凿】〔成〕也说“圆凿方枘”“枘圆凿方”。

【方兴未艾】〔成〕也说“未艾方兴”。

【房顶开门——六亲不认】〔歇〕也说“房顶开门——眼里没有左邻右舍”。

【房檐上的冰凌柱——根子在上边】〔歇〕也说“房檐上的冰溜子——根儿在上边”“房檐上的冰槌——根子在上面”。

【房中密语，窗外有人】〔谚〕也说“房内密语，窗外有耳”。

【放大炮】〔惯〕也说“放冲天炮”。

【放黑枪】〔惯〕也说“打黑枪”。

【放空炮】〔惯〕也说“放空枪”。

【放冷箭】〔惯〕也说“放暗箭”“射冷箭”。

【放邪火】〔惯〕也说“点邪火”。

【放烟幕弹】〔惯〕也说“放烟幕”。

【放羊的拾柴火——捎带】〔歇〕也说“放羊的打捆柴——捎着办”“放羊娃拾酸枣——捎带活”。

【放一百二十个心】〔惯〕也说“放一千二百个心”。

【放一马】〔惯〕也说“让一马”。

【放着河水不洗船】〔惯〕也说“放着河水不行船”“放着河水不下船”“落得河水不洗船”。

【放着阳光大道不走，偏走独木桥】〔惯〕也说“放着通天路不走，偏往地缝里钻”。

【放着一星火，能烧万顷山】〔谚〕也说“放下一星火，能烧万重山”“放着一星火，能烧万仞山”。

【飞蛾扑火——自取灭亡】〔歇〕也说“飞蛾扑火——自损其身”

“飞蛾扑火——自烧其身”“飞蛾投火——自焚其身”“灯蛾扑火——自取灭亡”。

【飞机上扔相片——丢人不知高低】〔歇〕也说“坐着飞机扔相片——丢人不知深和浅”。

【飞鸟尽，良弓藏；狡兔死，良犬烹】〔谚〕也说“高鸟尽，良弓藏；狡兔殚，猎犬烹”“狡兔死而猎狗烹，鸟雀尽而良弓藏”。

【非分之想】〔成〕也说“非非之想”。

【肥水不流外人田】〔谚〕也说“肥水不落别人田”“肥水不能往外流”。

【肥头大耳】〔成〕也说“肥头大面”。

【吠形吠声】〔成〕也说“吠影吠声”。

【废寝忘食】〔成〕也说“废寝忘餐”“忘餐废寝”。

【费唇舌】〔惯〕也说“费口舌”“费唾沫”“费嘴皮”。

【费力不讨好】〔惯〕也说“吃力不讨好”“出力不讨好”“卖力不讨好”。

【费了九牛二虎之力】〔惯〕也说“花了九牛二虎之力”。

【分不出东南西北】〔惯〕也说“不分东西南北”“分不出东西南北”。

【分道扬镳】〔成〕也说“分路扬镳”“扬镳分路”。

【坟地里的猫头鹰——不是好鸟儿】〔歇〕也说“坟地里的夜猫子——不是好鸟儿”。

【焚林而田】〔成〕也说“焚林而猎”“焚林而畋”。

【焚琴煮鹤】〔成〕也说“煮鹤焚琴”。

【粪桶改水桶——臭气还在】〔歇〕也说“粪桶改水桶——断不了

臭气”。

【愤愤不平】〔成〕也说“忿忿不平”。

【愤世嫉俗】〔成〕也说“愤世嫉邪”“疾世愤俗”。

【丰功伟绩】〔成〕也说“丰功伟业”。

【风不来，树不动；船不摇，水不浑】〔谚〕也说“风不吹不响，树不摇不动”。

【风餐露宿】〔成〕也说“餐风宿露”“露宿风餐”。

【风车脑袋——哪股风大就顺哪股转】〔歇〕也说“风车脑袋——哪股风硬就顺哪股转”。

【风吹不着，雨打不着】〔惯〕也说“风不打头，雨不沾身”“风吹不着，雨淋不着”。

【风吹墙头草——东吹西倒，西吹东倒】〔歇〕也说“风吹墙头草——两边倒”。

【风儿都吹得倒】〔惯〕也说“风一吹就会倒”“一阵风吹得倒”。

【风和日丽】〔成〕也说“日丽风和”。

【风急雨至，人急智生】〔谚〕也说“河狭水急，人急计生”。

【风浪里试舵手，困难中识英雄】〔谚〕也说“困难中识英雄，风浪中试舵手”。

【风里来，雨里去】〔惯〕也说“风里闯，浪里钻”。

【风流云散】〔成〕也说“云散风流”。

【风前的残烛，瓦上的霜雪】〔惯〕也说“风中之烛，草上之霜”。

【风清月朗】〔成〕也说“风清月白”“风清月皎”。

【风声鹤唳】〔成〕也说“鹤唳风声”。

【风声紧】〔惯〕也说“风头紧”。

【风箱板做锅盖——受了凉气受热气】〔歇〕也说“风匣板修锅盖——受了冷气受热气”。

【风箱里的老鼠——两头受气】〔歇〕也说“老鼠钻风箱——两头受气”“钻进风箱的老鼠——两头受气”。

【风云际会】〔成〕也说“际会风云”。

【风姿绰约】〔成〕也说“丰神绰约”。

【蜂拥而至】〔成〕也说“蜂拥而来”。

【逢强智取，遇弱力敌】〔谚〕也说“逢强者智取，遇弱者力敌”“逢强智取，遇弱活擒”。

【逢山开路，遇水架桥】〔惯〕也说“逢山开道，遇水搭桥”。

【凤凰不落无宝地，庄稼不长无肥田】〔谚〕也说“凤鸟不栖无宝之地”“麒麟不踏无宝地”。

【凤凰飞在梧桐树——自有傍人话短长】〔歇〕也说“凤凰飞上梧桐树——自有傍人道短长”。

【凤凰老鸹不同窝，老虎狗熊不同路】〔谚〕也说“凤凰山鸡不同林，麋鹿狼狈不同群”。

【凤凰落地不如鸡，虎落平川被犬欺】〔谚〕也说“凤凰落架不如鸡，老虎下山被狗欺”“虎入平川任狗欺，背时凤凰不如鸡”“老虎离山被犬欺，凤凰落难不如鸡”。

【凤凰落在草窠里】〔惯〕也说“凤凰落到老鸦群里”。

【凤凰乌鸦不同音，老虎瞎熊不同路】〔谚〕也说“凤凰乌鸦不同窝，老虎瞎熊不同路”。

【奉公守法】〔成〕也说“奉公如法”。

【奉如神明】〔成〕也说“奉若神明”。

【佛面上刮金】〔惯〕也说“古佛脸上剥金”。

【佛爷的眼珠——动不得】〔歇〕也说“老佛爷的眼珠——不能动”。

【夫唱妇随】〔成〕也说“夫倡妇随”。

【夫贵妻荣】〔成〕也说“夫荣妻贵”“夫尊妻贵”。

【夫妻本是同林鸟，大限来时各自飞】〔谚〕也说“夫妻本是同林鸟，巴到天明各自飞”“夫妻本是同林鸟，大难临头各自飞”。

【夫妻是福齐】〔谚〕也说“夫者，福也；妻者，齐也”。

【夫妻无隔夜之仇，父子无隔日之仇】〔谚〕也说“夫妻不记隔夜仇，父子没有隔宿怨”。

【敷衍塞责】〔成〕也说“敷衍搪塞”。

【扶老携幼】〔成〕也说“扶老挈幼”“携老扶幼”“携幼扶老”。

【扶起不扶倒】〔惯〕也说“扶强不扶弱”。

【扶倾济弱】〔成〕也说“济弱扶倾”。

【扶上马】〔惯〕也说“扶上鞍”。

【扶危济困】〔成〕也说“扶危救困”“济困扶危”。

【扶正祛邪】〔成〕也说“扶正黜邪”“辅正除邪”。

【服药求神仙，多为药所误】〔谚〕也说“服食求神仙，多为药所误”。

【浮皮潦草】〔成〕也说“肤皮潦草”。

【浮萍尚有相逢日，人生岂无再见时】〔谚〕也说“浮萍尚有相逢日，人岂全无见面时”“水萍尚有相逢日，岂料人无再会时”。

【浮踪浪迹】〔成〕也说“浮迹浪踪”。

【抚今追昔】〔成〕也说“抚今思昔”。

【斧利不怕柴纹乱，多思何惧学问深】〔谚〕也说“斧快不怕扭丝柴”“斧利不怕扭纹柴”。

【俯拾即是】〔成〕也说“俯拾皆是”。

【俯首帖耳】〔成〕也说“俯首贴耳”。

【俯仰由人】〔成〕也说“俯仰随人”。

【釜底游鱼】〔成〕也说“釜中之鱼”。

【付之东流】〔成〕也说“付诸东流”。

【付之一炬】〔成〕也说“付诸一炬”。

【付诸洪乔】〔成〕也说“误付洪乔”“洪乔莫误”。

【负屈含冤】〔成〕也说“负屈衔冤”。

【妇姑勃谿】〔成〕也说“妇姑勃溪”。

【妇人无夫身无主，男人无妻家无柱】〔谚〕也说“妇去夫无家，夫去妇无主”“男子无妻家无主，妇人无夫身无主”。

【富家一席酒，穷汉半年粮】〔谚〕也说“财主一桌菜，穷人十年粮”“富家一席酒，穷汉一年粮”“富人一席筵，贫汉半年粮”“高楼一席酒，穷汉半年粮”。

【富可敌国】〔成〕也说“富堪敌国”。

【富了贫，还穿三年绫】〔谚〕也说“贵了贫，还穿三年绫”。

【富人过年，穷人过难】〔谚〕也说“富人过年，穷人过关”。

【富在深山有远亲，贫居闹市无人问】〔谚〕也说“富有远亲，穷无近邻”“富在山野有人瞅，穷在闹市无人识”。

【腹诽心谤】〔成〕也说“心谤腹诽”。

【腹心之疾】〔成〕也说“腹心之患”。

【覆车之鉴】〔成〕也说“覆车之戒”。

【覆水难收】〔成〕也说“反水不收”。

G

【该一是一，该二是二】〔谚〕也说“二则二，一则一”。

【改朝换代】〔成〕也说“改朝换姓”。

【改恶从善】〔成〕也说“改恶迁善”。

【改过迁善】〔成〕也说“改过从善”。

【改换门庭】〔成〕也说“改换门楣”。

【改名换姓】〔成〕也说“改名易姓”“更名改姓”。

【改弦更张】〔成〕也说“改弦易张”。

【盖棺论定】〔成〕也说“盖棺定论”。

【干柴遇烈火——一点就着】〔歇〕也说“茅草洒汽油——一点就着火”“炮药房放火——一点就着”“蘸了汽油的柴火——一点就着”“直炮筒——一点就着”。

【干吃大鱼不费网】〔惯〕也说“干吃大鱼不用网”。

【干打雷不下雨】〔惯〕也说“干响雷不下雨”“光打雷不下雨”。

【干卿何事】〔成〕也说“干卿底事”。

【干云蔽日】〔成〕也说“干霄蔽日”。

【甘心情愿】〔成〕也说“心甘情愿”。

【甘言夺志，糖食坏齿】〔谚〕也说“甘言夺志，甜食坏齿”。

【甘蔗老头甜，辣椒老来红】〔谚〕也说“甘蔗老来甜，辣椒老来红”。

【赶潮流】〔惯〕也说“赶浪头”。

【赶得早，不如赶得巧】〔谚〕也说“来得早不如来得巧”“碰得好，不如碰得巧”。

【赶鸭子上架】〔惯〕也说“逼着鸭子上架”“打鸭子上架”。

【感今怀昔】〔成〕也说“感今念昔”“感今思昔”。

【感慨万千】〔成〕也说“感慨万端”。

【感人肺腑】〔成〕也说“感人肺肝”。

【擀面杖吹火——一窍不通】〔歇〕也说“对牛弹琴——一窍不通”“擀饼轴儿吹火——一窍不通”“擀面杖做吹火管——一窍不通”“七窍通六窍——一窍不通”“实竹子吹火 ——一窍不通”。

【干啥的务啥，卖啥吆喝啥】〔谚〕也说“干什么说什么，卖什么吆喝什么”。

【刚出窑的瓦盆——一套一套的】〔歇〕也说“卖瓦盆的进村——一套一套的”。

【钢刀虽快，不斩无罪之人】〔谚〕也说“刀斧虽利，不加无罪之人”“钢刀不斩无罪的人”“国家刀快，不斩无罪之人”。

【高不成，低不就】〔惯〕也说“高不凑，低不就”“高不能攀，低不屑就”“高门不达，低门不就”。

【高不可攀】〔成〕也说“高不可登”。

【高才疾足】〔成〕也说“高才捷足”。

【高飞远举】〔成〕也说“远举高飞”。

【高风亮节】〔成〕也说“高风峻节”。

【高山上倒马桶——臭名远扬】〔歇〕也说“高山上倒马桶——臭气冲天”。

【高山有好水，平地有好花】〔谚〕也说“平地有好花，高山有好女”。

【高文典策】〔成〕也说“高文大册”。

【高屋建瓴】〔成〕也说“屋上建瓴”。

【膏粱锦绣】〔成〕也说“膏粱文绣”。

【胳膊折了袖子里藏】〔惯〕也说“打断胳膊袖里藏”“胳膊折了袖子吞”“折断了胳臂吞进袖口里”。

【胳膊肘不能往外拐】〔谚〕也说“胳臂没有向外撇的”“胳膊肘儿不往外拧”。

【胳膊肘往外拐】〔惯〕也说“胳膊肘往外拧”。

【搁着他的，放着咱的】〔惯〕也说“放着他的，搁着我的”。

【割了头不过碗大个疤】〔惯〕也说“砍了头不过碗大的疤”“脑袋掉了碗大的疤”“杀了头不过碗大的疤”。

【割猫儿尾拌猫儿饭】〔惯〕也说“割猫尾拌猫食”“将猫儿尾拌猫饭”。

【歌台舞榭】〔成〕也说“舞榭歌台”。

【隔层肚皮隔垛墙，隔层爷娘总艰难】〔谚〕也说“隔层肚皮隔层山”“隔重肚皮隔重山”。

【隔重门户隔重山，隔层楼板隔层天】〔谚〕也说“隔墙如隔山”。

【隔门缝儿看吕洞宾——小看大仙】〔歇〕也说“隔门缝瞧不见吕洞宾——小看仙人”。

【隔墙有耳】〔成〕也说“隔窗有耳”。

【隔三差五】〔成〕也说“隔三岔五”。

【隔山买老牛】〔惯〕也说“隔口袋买猫”。

【隔着锅台上炕】〔惯〕也说“隔着梯子上房”“隔着桌子抓菜”

“越着锅台上炕”。

【隔着门缝瞧人——把人看扁】〔歇〕也说“隔着门缝儿看人——把人瞧扁了”“门缝里看人——把人看扁了”。

【隔着皮儿，看不透瓤儿】〔谚〕也说“隔着皮儿，辨不清瓤儿”“看了皮儿，瞧不了瓤儿”。

【各持己见】〔成〕也说“各执己见”。

【各吹各的号，各唱各的调】〔惯〕也说“各打各的锣，各唱各的调”“各敲各的磬，各行各的令”。

【各打五十大板】〔惯〕也说“各打五十闷棍”。

【各家门另家户】〔惯〕也说“各家门各家户”。

【各人各心事，旁人哪得知】〔谚〕也说“各人有各人的心事”。

【各人养，各人疼】〔谚〕也说“各人养的各人疼”。

【各人有各人的小九九】〔惯〕也说“各人心头有个打米碗”。

【各人自扫门前雪，莫管他家瓦上霜】〔谚〕也说“各家自扫门前雪，休管他人屋上霜”“各人自扫门前雪，不管他人瓦上霜”。

【各式各样】〔成〕也说“各种各样”。

【给个棒槌就纫针】〔惯〕也说“给个棒槌认作针”“举着个榔头当针纫”“拿着棒槌认针”。

【给脸上抹黑】〔惯〕也说“朝脸上抹灰”“往脸上抹黑”。

【给脸子看】〔惯〕也说“给脸色看”“给冷脸子看”。

【给面子】〔惯〕也说“给脸面”。

【给人当枪使】〔惯〕也说“被人当枪使”“让人当炮筒使”。

【给三分颜色，就想开染坊】〔惯〕也说“得三分颜色，就要开染坊”“给三分颜料，就开染坊”“与几分颜色，就要染大红”。

【根深不怕风摇动，树正哪怕月影斜】〔谚〕也说“根深不怕风摇动，树正何愁月影斜”“树直不怕影子歪，根深哪怕大风摇”。

【根深蒂固】〔成〕也说“根深柢固”。

【根子深】〔惯〕也说“根底深”“根基深”。

【根子硬】〔惯〕也说“根子粗”。

【跟在屁股后边转】〔惯〕也说“跟在屁股后头跑”。

【跟着高人长见识】〔谚〕也说“跟着能人长本事”。

【跟着好人学好人，跟着巫婆会跳神】〔谚〕也说“跟好人学好人，跟着师父学假神”“跟着啥人学啥人，跟着巫婆会跳神”。

【跟着龙王吃贺雨】〔惯〕也说“跟上龙王多喝水”。

【更深人静】〔成〕也说“更深夜静”。

【耕牛为主遭鞭打，哑妇倾杯反受殃】〔谚〕也说“耕牛为主遭鞭杖，哑妇倾杯反受殃”“耕牛为主遭鞭罪，哑妇倾杯反受殃”。

【耕田不离田头，读书不离案头】〔谚〕也说“读书不离案头，种田不离田头”“驾船不离码头，种田不离田头”。

【耕则问田奴，绢则问织婢】〔谚〕也说“耕当问奴，织当访婢”“耕问仆，纺问婢”。

【公报私仇】〔成〕也说“官报私仇”。

【公道自在人心】〔谚〕也说“公理自在人心”。

【公鸡生蛋马生角——痴心妄想】〔歇〕也说“公鸡下蛋——妄想”。

【公门之中好修行】〔谚〕也说“公门里面好修行”“公庭里面好修行”“衙门里面好修行”。

【公人见票，牲口见料】〔谚〕也说“公人见钱，如蝇子见血”

“牲口见料，公人见票”。

【公说公有理，婆说婆有理】〔惯〕也说“公有公理，婆有婆理”。

【公修公得，婆修婆得】〔谚〕也说“公修公德，婆修婆德”“你修你得，我修我得，不修不得”。

【公众马，公众骑】〔谚〕也说“大家的马儿大家骑”。

【功败垂成】〔成〕也说“事败垂成”。

【功成名就】〔成〕也说“功成名遂”“名成功就”。

【功大者无过救驾，计毒者无过断粮】〔谚〕也说“功高莫过救驾，计毒莫过绝粮”“计毒无过断粮，功高无过救难”。

【功夫不负有心人】〔谚〕也说“功夫不负苦心人”。

【恭敬不如从命】〔谚〕也说“尊敬不如从命”。

【恭敬桑梓】〔成〕也说“敬恭桑梓”。

【沟死沟埋，路死路葬】〔惯〕也说“沟死沟葬，路死路埋”“路死路埋，水死水葬”“野死野葬，路死路埋”。

【钩心斗角】〔成〕也说“勾心斗角”。

【狗逮耗子——多管闲事】〔歇〕也说“狗逮老鼠——多管闲事”“狗拿耗子——多管闲事”“狗咬老鼠——多管闲事”。

【狗戴嚼子——胡勒（嘞）】〔歇〕也说“狗戴嚼子——胡勒勒（嘞嘞）”“嘴上戴嚼子——净胡勒（嘞）”。

【狗肚子盛不了四两香油】〔惯〕也说“狗肚子里装不了二两酥油”。

【狗改不了吃屎，猫改不了吃腥】〔谚〕也说“狗走遍天下吃屎，狼走遍天下吃肉”“狼行千里吃肉，狗行千里吃屎”。

【狗赶鸭子——呱呱叫】〔歇〕也说“狗撵鸭子——呱呱叫”“狗

咬鸭子——呱呱叫”“鸭子下河——呱呱叫”。

【狗肉上不了筵席，稀泥糊不上墙壁】〔谚〕也说“狗肉上不得台盘，烂泥糊不上墙壁”“狗肉上不了正席，稀泥糊不上墙壁”。

【狗屎做鞭子——闻（文）也闻（文）不得，舞（武）也舞（武）不得】〔歇〕也说“粪坑里的搅屎棍——闻（文）也闻（文）不得，舞（武）也舞（武）不得”。

【狗头上顶不了四两渣】〔谚〕也说“狗头上顶不住四两油”。

【狗掀门帘——全靠一张嘴】〔歇〕也说“狗掀门帘——全凭一张嘴”“狗掀门帘——全仗着嘴”“狗掀门帘子——全凭嘴的功夫”“野猪拱红薯——全靠一张嘴”。

【狗血喷头】〔成〕也说“狗血淋头”。

【狗眼看人三分低】〔谚〕也说“狗眼看人低”。

【狗咬包子——露了馅儿】〔歇〕也说“黄表纸包饺子——全露了馅儿”“饺子破了皮——露馅儿”。

【狗咬刺猬——没处下嘴】〔歇〕也说“狗咬刺猬——无从下口”“狗逮刺猬——无法下口”“狗咬刺猬——无从下嘴”。

【狗咬狗——两嘴毛】〔歇〕也说“狗咬狗——一嘴毛”。

【狗咬吕洞宾——不识好人心】〔歇〕也说“狗咬吕洞宾——不认识好人”“狗咬吕洞宾——不识好歹”“狗咬吕洞宾——不识好歹人”“狗咬吕洞宾——不知好丑人”。

【狗咬尿泡——空欢喜】〔歇〕也说“猴子井中捞月——空欢喜”“老母鸡刨谷壳——空欢喜”“老鼠跌在糠缸里——空欢喜一场”“麻雀掉进粗糠里——一场空喜”“猫咬尿胞——空欢喜”“尼姑看拜堂——空欢喜”“小尼姑看拜堂——一场空欢喜”“鸭吃砻糠——一

场空欢喜”“做梦娶媳妇儿——一场空欢喜”。

【狗有湿草义，马有垂缰志】〔谚〕也说“马有垂缰之力，狗有守户之功”“犬有湿草之义，马有垂缰之恩”。

【狗长犄角——出羊（洋）相】〔歇〕也说“狗长犄角——羊（洋）相”。

【狗彘不若】〔成〕也说“狗彘不如”。

【狗嘴里吐不出象牙，狼窝里敬不了菩萨】〔谚〕也说“狗口里吐不出象牙”“狗嘴里长不出象牙”。

【狗坐轿子——不识抬举】〔歇〕也说“狗上轿——不识抬举”“狗崽坐花轿——不识抬举”“狗坐轿子——不识人抬”。

【呱呱坠地】〔成〕也说“呱呱堕地”。

【沽名钓誉】〔成〕也说“钓名沽誉”。

【孤犊触乳，骄子骂母】〔谚〕也说“孤犊触乳，骄子詈母”。

【孤儿寡妇】〔成〕也说“孤儿寡母”。

【孤军奋战】〔成〕也说“孤军作战”。

【孤苦伶仃】〔成〕也说“伶仃孤苦”。

【古色古香】〔成〕也说“古香古色”。

【谷锄八遍不见糠，棉锄八遍白如霜】〔谚〕也说“谷锄八遍吃干饭，豆锄三遍角成串”“谷锄八遍出净米，麦锄八遍八一面”。

【谷贵饿农，谷贱伤农】〔谚〕也说“谷甚贱则伤农，甚贵则饿农”。

【骨鲠之臣】〔成〕也说“股肱之臣”。

【骨肉离散】〔成〕也说“骨肉分离”。

【骨软筋酥】〔成〕也说“骨软筋麻”。

【骨瘦如柴】〔成〕也说“骨瘦如豺”。

【骨头里榨油】〔惯〕也说“骨头里熬油”。

【骨头软】〔惯〕也说“脊梁骨软”。

【鼓不打不响，理不辩不明】〔谚〕也说“鼓不打不响，话不说不明”“锣不敲不响，理不辩不明”。

【故步自封】〔成〕也说“固步自封”。

【故伎重演】〔成〕也说“故技重演”。

【顾得西来，顾不了东】〔惯〕也说“顾了吹笛，顾不了捏眼”“顾了打鼓，顾不了敲锣”“顾了东来，顾不了西”。

【顾盼生姿】〔成〕也说“顾盼生辉”。

【顾前不顾后】〔惯〕也说“顾头不顾尾”。

【瓜地里挑瓜——越挑越花】〔歇〕也说“瓜地里挑瓜——挑得眼花”。

【瓜皮搭李皮】〔惯〕也说“瓜皮搭李树”“瓜藤搭柳树”。

【瓜熟自落蒂，水到自成川】〔谚〕也说“瓜熟自落，水到渠成”。

【瓜田李下】〔成〕也说“李下瓜田”。

【瓜子不饱是人心】〔谚〕也说“瓜子不饱表人心”“瓜子不大敬人心”。

【刮地皮】〔惯〕也说“铲地皮”“卷地皮”。

【刮目相看】〔成〕也说“刮目相待”。

【寡妇门前是非多】〔谚〕也说“寡妇门前是非多，光棍出门有人晙”。

【挂空名】〔惯〕也说“挂虚名”。

【挂羊头，卖狗肉】〔惯〕也说“悬羊头，卖狗肉”。

【挂在嘴上】〔惯〕也说“挂在嘴边”“挂在嘴皮上”“挂在嘴头上”。

【拐棍捅到鸡窝里——成心捣蛋】〔歇〕也说“拐棍子捅到鸡窝里——捣蛋”。

【怪人须在腹，相见有何妨】〔谚〕也说“怪人在腹，相见何妨”“恼人须在肚，相见又何妨”。

【关夫子卖豆腐——人硬货不硬】〔歇〕也说“关大王卖豆腐——人硬货不硬”“关老爷卖豆腐——人硬货不硬”。

【关公卖秤砣——人硬货也硬】〔歇〕也说“张飞打铁——人硬货也硬”。

【关门养虎，虎大伤人】〔谚〕也说“栽林养虎，虎大伤人”。

【关上门打叫花子——拿穷人开心解闷儿】〔歇〕也说“关起门来打花子——拿穷人开心”。

【观棋不语真君子，把酒多言是小人】〔谚〕也说“观棋不语真君子，看着多言是小人”。

【官大不压乡邻】〔谚〕也说“富贵不压乡里”。

【官大一级压死人】〔谚〕也说“官大一品压死人”“官高一级压死人”。

【官断十条路，九条人不知】〔谚〕也说“官断十条路，九条猜不着”。

【官风正，民风清】〔谚〕也说“官风正，民风纯”。

【官高必险，势大必倾】〔谚〕也说“官大有险，权大生谤”“官大者必险，位重者身危”。

【官官相护】〔成〕也说“官官相卫”“官官相为”。

【官凭印信，私凭票约】〔谚〕也说“地凭文书官凭印”“官凭文书私凭约”“官凭印信，私凭笔据”“私凭文契官凭印”。

【官情如纸薄】〔谚〕也说“官情如纸”“官情纸薄”。

【官穷翻旧案，人穷翻旧债】〔谚〕也说“人穷思旧债”“无钱拣故纸”。

【官无中人，不如归田】〔谚〕也说“官无中人，不如种田”“仕无中人，不如归田”。

【官向官，民向民】〔谚〕也说“官向官，民向民，和尚向的是出家人”“官向官，民向民，穷人向的是穷人”。

【官字两个口，说话有两手】〔谚〕也说“官字两个口，官家有两手”“官字两只口，横直都顺口”。

【冠盖相望】〔成〕也说“冠盖相属”。

【棺材出了门，才讨挽歌郎钱】〔惯〕也说“出了丧，讨材钱”。

【棺材头边，没有咒死鬼】〔谚〕也说“棺材头边无咒死鬼”。

【管鲍之交】〔成〕也说“管鲍之谊”。

【管山的烧柴，管河的吃水】〔谚〕也说“管山吃山，管水吃水”“管山的烧柴，管水的吃水”。

【管闲事，落不是】〔谚〕也说“管闲事，落闲事”。

【惯子如杀子】〔谚〕也说“娇子如杀子”“惜子如杀子”。

【灌迷魂汤】〔惯〕也说“灌浆糊”“灌米汤”。

【罐里的王八——越长越抽抽】〔歇〕也说“罐里养王八——越养活越抽抽”。

【光瞅着鼻子底下】〔惯〕也说“光看到眼皮子底下”。

【光芒万丈】〔成〕也说“万丈光芒”。

【光明磊落】〔成〕也说“磊落光明”。

【光明正大】〔成〕也说“正大光明”。

【光阴似箭】〔成〕也说“光阴如箭”。

【光宗耀祖】〔成〕也说“荣宗耀祖”。

【归根结底】〔成〕也说“归根结蒂”“归根到底”。

【归心似箭】〔成〕也说“归心如箭”。

【规矩绳墨】〔成〕也说“规矩准绳”。

【鬼斧神工】〔成〕也说“神工鬼斧”。

【鬼哭狼嚎】〔成〕也说“鬼哭狼嗥”。

【鬼哭神号】〔成〕也说“鬼哭神嚎”。

【鬼使神差】〔成〕也说“神差鬼使”“神使鬼差”。

【贵不若贱无忧，富不若贫无求】〔谚〕也说“富不如贫，贵不如贱”。

【贵人话语迟】〔谚〕也说“贵人语迟”。

【贵人难见面】〔谚〕也说“贵人稀见面”。

【滚瓜溜圆】〔成〕也说“滚瓜溜油”。

【滚汤泼老鼠——一窝都是死】〔歇〕也说“滚汤泡老鼠——一窝都要死”“热汤泼老鼠——一窝儿都完蛋”。

【锅吊起来当钟敲】〔惯〕也说“锅吊起来当锣敲”“锅挂起来当钟敲”“吊起铁锅当钟敲”。

【锅盖上的米——熬出来了】〔歇〕也说“锅边的小米——熬出来了”“锅盖上的小米——熬了出来”。

【国不可一日无君，家不可一日无主】〔谚〕也说“朝廷不可一日无君，营中不可一日无帅”“国一日不可无君，家一日不可无主”。

【国步艰难】〔成〕也说“国步艰危”。

【国计民生】〔成〕也说“民生国计”。

【国破家亡】〔成〕也说“国亡家破”“亡国破家”。

【国色天香】〔成〕也说“天香国色”。

【国泰民安】〔成〕也说“国富民安”。

【国有国法，家有家规】〔谚〕也说“家有家规，军有军规”。

【过的桥比你走的路还多】〔惯〕也说“过的桥比你走的路还长”。

【过独木桥】〔惯〕也说“走独木桥”。

【过耳之言，不可听信】〔谚〕也说“过耳之言，不足为凭”“过耳之言，深不足信”。

【过河的卒子——只能进，不能退】〔歇〕也说“过河卒子——有进无退”“过河的卒子——只能进，无法退”。

【过继儿子——指不上】〔歇〕也说“过房儿子——指不上”。

【过了七月半，人似铁罗汉】〔谚〕也说“过得七月半，便是铁罗汉”“过了八月半，人似铁罗汉”。

【过了这个村，没有这个店】〔惯〕也说“错过此处无船渡”“错过此村无好店”。

【过头饭吃不得，过头话讲不得】〔谚〕也说“锅头饭好吃，过头话难说”“过头饭儿难吃，过头话儿难讲”“宁吃过头饭，莫说过头话”。

【过五关斩六将】〔惯〕也说“过了五关，斩过六将”。

【过眼烟云】〔成〕也说“过眼云烟”。

参考文献

一、论著类

[1] 温端政. 汉语语汇学[M]. 北京：商务印书馆，2005.

[2] 温端政. 谚语[M]. 北京：商务印书馆，2000.

[3] 温端政. 俗语研究与探索[C]. 上海：上海辞书出版社，2005.

[4] 王晓娜. 歇后语和汉文化[M]. 北京：商务印书馆,2001.

[5] 谢贵安. 中国谣谚文化——谣谚与古代社会[M]. 武汉：华中理工大学出版社，1994.

[6] 刘洁修. 成语[M]. 北京：商务印书馆，1985.

[7] 马国凡. 成语[M]. 呼和浩特：内蒙古人民出版社，1978.

[8] 倪宝元，姚鹏慈. 成语九章[M]. 杭州：浙江教育出版社，1990.

[9] 史式. 汉语成语研究[M]. 成都：四川人民出版社，1979.

[10] 温端政. 方言与俗语研究——温端政语言学论文选集 [C]. 上海：上海辞书出版社，2003.

[11] 马国凡，高歌东. 惯用语[M]. 呼和浩特：内蒙古人民出版社，1982.

[12] 马国凡. 谚语·歇后语·惯用语 [M]. 沈阳：辽宁人民出版社，1961.

[13] 杨振兰. 汉语词汇的语用探析 [M]. 济南：山东大学出版社，2002.

[14] 教育部，国家语言文字工作委员会. 第一批异形词整理表[Z]. 北京：语文出版社，2001.

[15] 唐雪凝，许浩. 现代汉语常用成语的语义认知研究[M]. 北京：社会科学文献出版社，2010.

[16] 温朔彬，温端政. 汉语语汇研究史 [M]. 北京：商务印书馆，2009.

[17] 向光忠. 成语概说[M]. 武汉：湖北教育出版社，1982.

[18] 杨建国. 基于动态流通语料库的汉语熟语单位研究[M]. 北京：北京语言大学出版社，2009.

[19] 孙维张. 汉语熟语学[M]. 长春：吉林教育出版社，1989.

[20] 刘中富. 文学词汇探究 [C]. 北京：中国社会科学出版社，2017.

二、论文类

[21] 徐耀明. 成语的划界、定型和释义问题[J]. 中国语文，1997（1）.

[22] 张铁文. 成语的数量及产生年代[J]. 语文建设，1999(5).

[23] 周荐. 论成语的经典性[J]. 南开学报，1997(2).

[24] 吕冀平，戴昭明，张家骅. 惯用语的划界和释义问题[J]. 中国

语文，1987(6).

[25] 钱旭菁. 汉语语块研究初探[J]. 北京大学学报(哲学社科版)，2008(5).

[26] 沈孟璎. 现代汉语惯用语初探 [J]. 文史哲，1982(2).

[27] 郭继荣，等. 我国最近二十年语言变异研究综述[J]. 西安交通大学学报(社会科学版)，2013(5).

[28] 杜晓萍. 语言变异理论研究综述（上)[J]. 吉林教育学院学报，2010(1).

[29] 杜晓萍. 语言变异理论研究综述（下)[J]. 吉林教育学院学报，2010(3).

[30] 刘庆伟. 中国语言变异理论研究的内涵阐释[J]. 厦门广播电视大学学报，2011(2).

[31] 徐大明. 语言的变异性与言语社区的一致性——北方话鼻韵尾变异的定量分析[J]. 语言教学与研究，2008(5).

[32] 田贵森，孙建民. 语言变异研究的理论与方法[J]. 北京科技大学学报(社会科学版)，2009(3).

[33] 李占芳，单慧芳. 语言变异研究：方法及应用[J]. 北京科技大学学报(社会科学版)，2013(4).

[34] 杨卓娅. 拉波夫语言变异研究中的定量分析法 [J]. 海外英语，2010(7).

[35] 彭春霞，文莉秋. 语境与语言变异 [J]. 南昌航空大学学报，2008(3).

[36] 姜艳红. 现代俄语中借词变异现象研究[J]. 外语学刊，2008(4).

[37] 康国章. 晋人南迁与豫北晋方言的语言变异 [J]. 殷都学刊，

2012(4).

[38] 贾晞儒. 语言接触与语言变异——以青海汉话和青海蒙古语的关系为个案[J]. 青海民族研究，2012(1).

[39] 舍秀存. 湟水河流域的语言接触与语言变异[J]. 宁夏师范学院学报，2013(1).

[40] 李昱. 汉语双及物构式二语习得中的语言变异现象研究[J]. 世界汉语教学，2014(1).

[41] 曹凤霞. 从当代新词语使用看语言变异[J]. 文史哲，2010(10).

[42] 李秉震. 网络语言的奢化和简化[J]. 济南大学学报(社会科学版)，2009(1).

[43] 王晓梅. 马来西亚华语社会称谓语"安娣"探析[J]. 华文教学与研究，2010(4).

[44] 王燕. 城市青年女性的语言变异特征[J]. 哈尔滨学院学报，2012(12).

[45] 王勤. 论惯用语[J]. 语文研究,1982(1).

[46] 徐国珍，朱磊. 语言规范：话语领域中的博弈 [J]. 当代修辞学，2012(5).

[47] 王颖，姜鑫. 略论汉语语言规范与国际传播[J]. 淮海工学院学报（人文社会科学版），2013(1).

[48] 李英姿. 论中国和谐语言社会的构建[J]. 北华大学学报（社会科学版），2009(4).

[49] 冯广艺. 论语言生态与语言国策[J]. 中南民族大学学报(人文社会科学版)，2013(3).

[50] 李贞. 关于文学言语问题的再思考[J]. 浙江社会科学，2008

（12）.

[51] 司罗红. 网络语言规范化研究述评[J]. 南昌师范学院学报（社会科学），2015(2).

[52] 尚伟. 网络语言规范化的对策研究 [J]. 长春大学学报，2011(7).

[53] 金永寿. 中国朝鲜语规范化方向与规范原则的思考[J]. 东疆学刊，2010(7).

[54] 张庭华. 树立正确的国家体育语言规范观[J]. 北京体育大学学报，2009(2).

[55] 钱伟. 西班牙语言规范管理对海内外华语协调的启示[J]. 内蒙古师范大学学报，2014(6).

[56] 叶竹钧. 论社会交际中的语言规范策略 [J]. 内蒙古大学学报（哲学社会科学版），2010(1).

[57] 李俊. 基于“零度和偏离”理论下的语言规范化[J]. 广东第二师范学院学报，2015(1).

[58] 侍建国，卓琼妍. 关于国家语言的新思考 [J]. 语言教学与研究，2013(1).

[59] 孟倩玫. 从“习非成是”看修辞原则与语言规范的关系[J]. 现代语文（语言研究），2013(8).

[60] 耿红岩. 零度、偏离与语言规范[J]. 河南社会科学，2008(6).

[61] 张慧远. 孔子的语言规范观探微 [J]. 杭州电子科技大学学报（社会科学版），2010(9).

[62] 张宗华. 关于惯用语词典的收词问题[J]. 辞书研究，1985(5).

[63] 周荐. 惯用语新论[J]. 语言教学与研究，1998(1).

[64] 郑莉娟.《围城》成语活用[J]. 文教资料，2010（7，下）.

[65] 高歌东，高鹏. 汉语描述语辞典（前言）[J]. 天津：天津教育出版社，2006.

[66] 高歌东，张志清. 汉语惯用语大词典（前言）[J]. 天津：天津教育出版社，1995.

[67] 李行健. 现代汉语惯用语规范词典（前言）[J]. 长春：长春出版社，2001.

[68] 陈光磊. 中国惯用语（前言）[J]. 上海:上海文艺出版社，1997.

三、辞书类

[69] 温端政. 中国歇后语大词典（新一版）[K]. 上海：上海辞书出版社，2011.

[70] 温端政. 中国俗语大词典（新一版）[K]. 上海：上海辞书出版社，2011.

[71] 温端政，吴建生. 中国惯用语大词典[K]. 上海：上海辞书出版社，2011.

[72] 温端政. 中国谚语大词典[K]. 上海：上海辞书出版社，2011.

[73] 王涛，等. 中国成语大词典（新一版）[K]. 上海：上海辞书出版社，2011.

[74] 温端政. 中国谚语大全[K]. 上海辞书出版社，2004.

[75] 温端政. 中国歇后语大全[K]. 上海辞书出版社，2004.

[76] 温端政. 中国惯用语大全[K]. 上海辞书出版社，2004.

[77] 钟敬文，等. 二十世纪中国民俗学经典·史诗歌谣卷[K]. 北京：社会科学文献出版社，2002.

[78] 农业出版社编辑部. 中国农谚（上）[K]. 北京：农业出版社，1986.

[79] 郑勋烈. 谚语手册[K]. 北京：知识出版社，1985.

[80] 李泳炎，李亚虹. 中华俗语源流大辞典[K]. 北京：中国工人出版社，1992.

[81] 徐宗才，应俊玲. 俗语词典[K]. 北京：商务印书馆，1994.

[82] 王树山. 中国古代谚语[K]. 太原：山西教育出版社，1999.

[83] 朱祖延. 引用语大辞典[K]. 武汉：武汉出版社，2000.

[84] 翟建波. 中国古代小说俗语大词典[K]. 上海：汉语大词典出版社，2002.

[85] 孟守介. 汉语谚语词典[K]. 北京：北京大学出版社，1990.

[86] 温端政，等. 谚海[K]. 北京：语文出版社，1999.

后记

在从事语典编纂的工作中，我们发现汉语语汇存在着丰富的变异现象。通常我们会按照语典编纂体例的要求，把这些变异现象用“同”“也作”“参见”等不同的形式标注出来，以辞书条目的形式来展示这些丰富多彩的变异现象。随着一部一部语典的出版，我们的手头也积累了大量语汇变异的材料。2010 年，吴建生研究员牵头申请到了国家语委年度科研项目“《现代汉语常用语表》的研制”，在研究过程中我们又一次深切感受到了语汇变异现象的丰富。

长期以来，随着对语汇变异现象的感性认识逐步增加，如何对这些变异条目进行科学分析并加以合理规范，就成为一项新课题。在平时的讨论中，大家对这方面的问题各抒己见、畅所欲言，部分成果发表在期刊和论文集上。这些是本书的前期成果。

2013 年年底，我们供职的单位山西省社会科学院组织出版基础研究丛书，本课题有幸入选。列入丛书之后，我们把之前发表的相关成果进行了认真梳理，并在此基础上继续探讨。这几年我们语言所还承担了国家社科基金重点项目“汉语方言俗语语料库建设研究”（吴建生研究员主持）和国家“十三五”重点工具书出版项目《语海》（温端政先生主编）两个大型项目，在完成这些项目的过程中进一步加深了对汉语语汇变异和规范问题的认识。目前，“汉语方言俗语语料库建设研究”已经以“优秀”等级顺利通过国家社科基金专家的评审，《语海》也即将编纂完成。在努力完成这些项目的同时，我们依然在断断续续地完善基础课题的研究。现在最终的研究成果即将出版，这是非常令人高兴的事情。

本书是集体合作完成的。先由主编拟定研究大纲，然后分头撰写。具体的分工情况如下：第一章由安志伟撰写，第二章、第七章由王海静撰写，第三章由马启红撰写，第四章由温朔彬撰写，第五章由李淑珍撰写，第六章由刘钦撰写；绪论第一、三节由李岑星（武警工程大学）撰写，第二、四节由安志伟撰写。初稿完成后，各位作者又对自己负责的内容认真进行了修改、加工，最后由吴建生、安志伟统稿。

汉语语汇的变异和规范问题，是语汇研究中不容忽视的一个重要问题。前人对这方面有零散的研究，但是系统的论述还没有见到。虽然掌握了丰富的语言材料，但是如何用现代语言学理论把这些材料组织起来去论证，我们依然是在尝试，希望今后能够有机会继续在这方面做出更深入的探讨。书中可能还有这样那样的不足，敬请批评指正。

本书出版之际，借此机会衷心感谢山西省社会科学院领导、院科研处将本书列入院基础研究丛书并资助出版。温端政先生提供了部分资料，范楠先生摘录了《新华语典》中的全部“也说”条目，也向他们表示诚挚的谢意。同时还要感谢为本书的出版付出心血和汗水的全体编校人员。

吴建生　安志伟

2017 年 12 月